Um Outro Amor

Márcio Lima Silva
Hei de vencer!!
12/01/13

Um Outro Amor

Pelo espírito

Madalena

Psicografia de

Márcio Fiorillo

Lúmen
Editorial

Um outro amor
Pelo espírito Madalena
Psicografia de Márcio Fiorillo

2ª edição – novembro de 2011

Direção editorial: *Celso Maiellari*
Assistente editorial: *Fernanda Rizzo Sanchez*
Revisão: *Mary Ferrarini*
Projeto gráfico e arte da capa: *Ricardo Brito / Designdolivro.com*
Imagem da capa: *Marcio Goldzweig / Dreamstime*
Impressão e acabamento: *Bartira Gráfica*

Dados Internacionais de Catalogação na Publicação (CIP)
(Câmara Brasileira do Livro, SP, Brasil)

Madalena (Espírito).
Um outro amor / pelo espírito Madalena ; psicografia de Márcio Fiorillo. – São Paulo : Lúmen Editorial, 2011.

ISBN 978-85-7813-043-5

1. Espiritismo 2. Psicografia 3. Romance espírita
I. Fiorillo, Márcio. II. Título.

11-02922 CDD-133.93

Índice para catálogo sistemático:
1. Romances espíritas psicografados : Espiritismo 133.93

LÚMEN EDITORIAL

Rua Javari, 668
São Paulo – SP
CEP 03112-100
Tel./Fax (0xx11) 3207-1353

visite nosso site: www.lumeneditorial.com.br
fale com a Lúmen: atendimento@lumeneditorial.com.br
departamento de vendas: comercial@lumeneditorial.com.br
contato editorial: editorial@lumeneditorial.com.br
siga-nos no twitter: @lumeneditorial

2011

Impresso no Brasil – *Printed in Brazil*

No Brasil, um jovem se suicida por dia ao sucumbir ao desespero pelo preconceito sofrido em seu próprio lar. E mais de 700 desencarnam todos os anos vítimas da intolerância da sociedade.

Essa é a história de Miguel e Fernando, mas pode ser a do Felipe, Sérgio, José... e de todos os que sofrem preconceitos por serem diferentes.

E quem se considerar digno em pensamento, ato ou palavra para julgá-los, que o faça atirando-lhes a primeira pedra.

Madalena

SUMÁRIO

CAPÍTULO I

UMA ESPERANÇA

MIGUEL remexeu-se na poltrona desconfortável, já desgastada pelo tempo. A sala em penumbra denunciava seu estado de espírito. Olhou a sua volta e mais uma vez sentiu raiva de si mesmo. Por que nada dava certo em sua vida? O que fizera a Deus para viver de forma tão miserável?

Ele já estava com trinta e sete anos. Era alto, forte, tez clara, cabelos castanhos levemente ondulados, parecendo ganhar vida a cada toque de suas mãos. Sua boca carnuda e os dentes alvos e bem distribuídos tornavam seu sorriso encantador.

– Preciso reagir – murmurou quase em súplica, que mal chegava aos seus ouvidos.

A cena do dia anterior ainda martelava em sua cabeça:

"– Você não serve para trabalhar em nossa empresa, meu rapaz. Não toleramos libertinagem em nossa instituição.

– Mas eu não fiz nada! Foi Aloísio quem criou aquela situação só para me ver longe daqui.".

Seu chefe o mediu de cima a baixo com ar de repulsa, como se ele fosse um leproso em estado adiantado da doença. Sem prolongar ainda mais aquele momento, e para se livrar logo da situação, ponderou:

"– Seu tipo de vida desregrado vai levá-lo a situações piores do que esta. Siga meu conselho. Veja se vira homem daqui para a frente! Quanto à minha palavra, não mudo. Está despedido!"

Miguel balançou a cabeça negativamente e saiu da sala, indo até sua mesa. Pegou seus pertences e deixou o local. Nenhum colega ousara olhar em seus olhos. Saiu com o coração apertado, não por perder o emprego, pois já estava acostumado a ser demitido por motivos banais, mas por sair escorraçado da empresa, acusado de algo que não cometera.

O dia estava para clarear quando ele, vencido pelo cansaço, acabou adormecendo no próprio sofá. Ao acordar, já era dia alto. Após se espreguiçar e esticar a perna dormente, levantou-se, indo até a pequena cozinha para preparar um café. Ao sorver um gole do líquido quente, lembrou-se dos obstáculos que já havia enfrentado pelo caminho e sorriu; afinal, não era o primeiro emprego que perdia e provavelmente não seria o último. Foi para o banheiro e tomou um banho demorado. Voltando à sala, ligou o aparelho de TV e já ia sentar para ver o noticiário quando a campainha soou. Foi com aspecto sisudo que ele abriu a porta e deparou com a figura de Glória, uma colega do trabalho com quem mantinha um relacionamento amigável na empresa. Ela, ao vê-lo, abriu um singelo sorriso e disse:

– A Sônia, do departamento pessoal, passou-me seu endereço. Tirei o dia de folga para vir até aqui. Posso entrar?

Miguel passou levemente as mãos pelos cabelos e deu espaço para a jovem passar, apontando-lhe o sofá, num gesto para que se sentasse. Acomodando-se, em seguida, na outra poltrona, obtemperou:

– Não sei em que posso ajudá-la, mas já que está aqui, quer tomar um café? Acabei de coar.

– Não, obrigada! – respondeu Glória, que, ao ver o amigo arisco, tratou logo de se explicar. – Não vim aqui para lhe pedir ajuda. Ao contrário, sei que foi vítima das maldades de Aloísio. Gostaria de prestar minha solidariedade!

Miguel passou a mão no rosto nervosamente. Fora humilhado diante de seus colegas, sendo acusado por um companheiro de trabalho visivelmente inescrupuloso e ninguém ousara dizer uma palavra para defendê-lo. Agora, na presença de Glória, todos os sentimentos negativos lhe vinham à tona:

– Sabe o que acho engraçado? Você vir até aqui para me dizer isso! Por que não falou na frente do cretino do seu chefe? Agora é tarde, não preciso de sua solidariedade.

– Ora, Miguel! Você queria que eu fizesse o quê? Aloísio preparou com cuidado sua cama de gato. Ninguém pôde contestar nada, embora muitos, ao contrário do que você pensa, acreditaram na sua inocência e ficaram penalizados com o que lhe aconteceu.

Miguel levantou-se num salto. A conversa o deixava ainda mais estressado. Decidido a acabar com o assunto, falou com o tom de voz agressivo:

– Diga para seus colegas que não preciso da piedade de ninguém. Agora, se me der licença, tenho o dia cheio. Como sabe, estou desempregado e não posso me dar ao luxo de ficar trocando figurinhas com você. Preciso sair para procurar emprego.

Glória levantou-se, tirou um papel da bolsa, que continha seu endereço e telefone, e o entregou a ele, dizendo:

– Não vou levar em consideração suas ofensas. Se quiser conversar, ligue-me.

Sem obter resposta, virou-se e saiu.

Miguel, ao se ver a sós, pegou sua carteira e foi para a rua. O dia estava ensolarado, o movimento de carros era grande. Ele não tinha para onde ir, mas decidiu andar sem rumo. Ao avistar um ônibus, fez sinal e, quando ele parou, entrou. Tudo o que queria era sumir, desaparecer como num passe de mágica.

Lembrou-se da sua infância, das brincadeiras com seus amiguinhos e de ter esse mesmo sentimento quando seu pai e seu irmão brigavam com ele por estar às voltas com as brincadeiras das meninas.

Seu Antonio, quando via o filho brincando com as meninas da vizinhança, o repreendia dizendo:

– Já lhe falei para não brincar com meninas! Você é um homenzinho e tem de brincar de carrinho com os meninos.

Miguel baixava a cabeça e, com tristeza, entrava em casa. Adorava estar entre as meninas, que eram mais interessantes, menos grosseiras e quase nunca arrumavam brigas, ao contrário dos meninos.

Talvez por tudo isso seu pai não gostasse dele como gostava do irmão. Quando esse pensamento lhe vinha à mente, ele sentia uma profunda tristeza e a vontade de não existir lhe vinha à tona com força.

– Miguel, tudo bem?

Miguel olhou para o lado. Estava tão absorto em suas lembranças que não havia percebido uma presença masculina ao seu lado. Olhou atentamente para aquele que o chamava à realidade e viu que conhecia aquele rosto. Era Luiz, um dos poucos amigos da adolescência. Estava diferente, mais magro e até mais charmoso, com sua pele morena, estatura mediana, olhos castanho-escuros e uma covinha no queixo, que chamava a atenção quando ele sorria.

Procurando não transparecer seu estado de espírito, abriu um largo sorriso, dizendo:

– Luiz, quanto tempo! Desde quando se mudou para São Paulo?

– Desde que me casei, há alguns anos. Mas e você? Saiu de Ribeirão sem se despedir de ninguém. Sabe que cheguei a ir a sua casa procurá-lo. Sua mãe, com lágrimas nos olhos, falou de sua briga com seu pai e de sua partida forçada.

Luiz fez uma pausa, tentando buscar na memória o passado perdido, dizendo em seguida:

– Eu me lembro de que fiquei muito triste. Você era meu único amigo sincero.

Miguel olhou fixamente nos olhos de seu interlocutor ficando feliz por reencontrá-lo. Mas o tempo havia passado e Luiz se tornara um estranho. O melhor a fazer seria tratá-lo bem, sem maiores delongas.

– Pois é, a vida acaba separando as pessoas. Eu também senti falta da sua amizade e fico realmente muito feliz em vê-lo bem.

Luiz olhou pela janela do ônibus. Estava para descer do veículo, então tirou um cartão do bolso e entregou-o ao amigo, dizendo:

– Tenho de descer. Vou pegar meu automóvel na oficina. Mas quero vê-lo em breve em minha casa. Quero apresentá-lo à Mercedes. Ela sempre quis conhecê-lo, pois sempre falo de você em casa. Em seguida, ele se levantou e, após estender a mão para o amigo, que a apertou com força, tornou: – Foi muito bom reencontrá-lo. Sábado vamos oferecer um jantar para alguns amigos e faço questão da sua presença. No cartão tem meu endereço. Espero-o às oito horas – disse, abrindo um sorriso sincero para o amigo, que já ia agradecer o convite e recusá-lo quando o veículo parou e Luiz desceu, deixando Miguel absorto em seus pensamentos e voltando sua atenção para a paisagem, que passava rapidamente por suas vistas.

*

Já passava das sete e meia da noite quando Miguel chegou ao bairro de Moema, na rua indicada pelo cartão que Luiz lhe dera. O local era arborizado e as belas casas ali situadas fizeram-no pensar em como a vida de seu amigo tomara um rumo diferente da sua, que mal conseguia pagar o aluguel do quarto e sala minúsculos em que morava, no centro velho da cidade.

A essa constatação, pensou que aquele não era um ambiente para ele. Luiz falara que receberia alguns amigos que provavelmente eram tão afortunados quanto ele. O que fazer naquele local? Como se comportar ao lado daquelas pessoas que ele nem sequer sabia a origem? A essas indagações íntimas, sentiu-se desanimado e pensou em voltar para casa. Começava a se arrepender de ter aceitado o convite, mas uma força maior procurava predominar em seu ser, fazendo-o avançar.

Ao chegar à frente da casa, ficou maravilhado com o que viu. O muro alto, coberto por trepadeiras, o belo portão de madeira trabalhada e a parte superior da mansão iluminada denotavam a distância de seus mundos. Com as mãos trêmulas, ele apertou a campainha. Em poucos minutos, uma senhora de meia-idade apareceu no portão. Ele disse:

– Boa noite! Meu nome é Miguel. O Luiz está?

A senhora o mediu de cima a baixo, antes de lhe responder com simpatia:

– Está à sua espera. Acompanhe-me, por favor!

Miguel dirigiu-se portão adentro. A parte interna da casa era ainda mais sofisticada. Havia um belo jardim, com uma imagem de Hércules esculpida bem no centro do gramado, e, nos cantos, rosas de várias tonalidades, que davam um ar gracioso ao local. Nos fundos, podia-se ver uma bela piscina.

Quando chegou à porta da entrada, Luiz apareceu. Ao ver o amigo, cumprimentou-o cordialmente, conduzindo-o para dentro da casa, onde dois casais conversavam animadamente com uma jovem senhora, que Luiz tratou de lhe apresentar. Era Mercedes, sua esposa, que, ao ver Miguel à sua frente, estendeu-lhe a mão, e, procurando esboçar um sorriso forçado, disse em tom informal:

– É um prazer conhecê-lo! Sempre ouvi Luiz falar a seu respeito, só não imaginava que um dia o conheceria.

E, voltando-se para os casais, apresentou-os dizendo:

– Estes são Maíra, minha irmã, e seu esposo, Adalberto. E estes são Eduardo e Vânia, amigos nossos.

Miguel estendeu a mão para todos e sentou-se. Adalberto, procurando puxar assunto para deixar o jovem entrosado com o grupo, foi quem comentou:

– Que bom que veio. Luiz comentou a seu respeito com tanta alegria que, se não viesse, nós ficaríamos tristes.

– Luiz sempre foi exagerado, desde os tempos do colégio e, pelo jeito, não mudou nada.

– Você que pensa! Não sou mais o mesmo. Não tenho mais aquela alegria e o vigor que possuía na adolescência.

– Acho bom mudarmos de assunto. Depois dos trinta, ficar saudosista traz depressão – brincou Eduardo, que, voltando-se para Miguel, disse: – Luiz me contou que você veio para São Paulo antes dele e, pelo jeito, também se adaptou bem na capital, pois se não teria voltado à sua cidade natal.

Miguel trocou olhares com Luiz, que na certa não falara sobre sua vida com seus amigos, e a esse pensamento respondeu:

– Fui obrigado pela vida a me acostumar com essa selva de pedra!

– E você mora onde? – perguntou Maíra, querendo conhecer um pouco mais sobre a vida daquele homem que seu cunhado insistira em colocar no meio social deles.

– No centro da cidade, precisamente em um pequeno apartamento na rua General Osório. Acho que todos conhecem.

Maíra olhou para a irmã. E, como ninguém ousou lhe responder, quebrou o clima de silêncio dizendo:

– Nossa, que exótico! Está aí alguém que tem uma vida interessante.

Miguel passou levemente a mão nos cabelos para tirá-los dos olhos, o que significava que estava nervoso, mas, procurando dissimular a contrariedade que sentiu com o comentário, respondeu:

– Não tenho uma vida tão interessante assim. Moro naquele local porque fica perto da área comercial. E depois, não só boêmios e trabalhadores do sexo moram naquelas paragens. Há também pessoas sérias e de boa índole.

– Acreditamos nisso, meu amigo, incluindo você, é claro – interpelou Adalberto, lançando um olhar de reprovação para a esposa.

Mercedes, aproveitando a pausa, levantou-se e pegou na mão da irmã, dizendo:

– Bem, meninas! Deixemos os rapazes conversando à vontade. Preciso dar um último toque no jantar. Não quero deixar tudo para Alice. Vocês me acompanham?

As duas moças se levantaram e foram para a cozinha. Mercedes, ao se ver a sós com elas, passou a mão nos cabelos nervosamente:

– Vocês viram o jeito dele? Como Luiz pôde convidar alguém assim para a nossa casa?

– Assim como? – perguntou Vânia, não entendendo o nervosismo da amiga.

Maíra, endossando o comentário da irmã, foi quem lhe respondeu:

– Ora, Vânia! Só uma tola para não perceber que esse Miguel é meio afeminado!

– Pois eu não percebi nada. O que pude observar é que se trata de um homem educado, um tanto delicado na fala e nos gestos, nada mais. E depois, mesmo que ele seja homossexual, qual é o problema?

– O problema é que não vou tolerar esse tipo de gente sentando na mesma mesa que eu. Luiz já tinha me falado a respeito dele, mas nunca pensei que ele fosse pederasta! Ainda bem que meu Gabriel já está dormindo. Não quero meu filho misturado com esse tipo de gente.

Vânia não respondeu. Conhecia a amiga havia alguns anos, mas não imaginava que se tratava de uma pessoa tão preconceituosa.

Mercedes, após verificar as panelas e se certificar com a empregada de que tudo estava a seu gosto, chamou as duas para voltarem à sala, onde os quatro homens conversavam animadamente.

O jantar fora servido sem maiores contratempos. Vânia procurou se aproximar do convidado de Luiz, pois queria mostrar para ele que, ao contrário de suas amigas, ela não se incomodava com sua presença, o que foi bem aceito pelo anfitrião, que percebeu o jeito frio da esposa para com seu amigo. Quando terminaram a refeição, Mercedes mandou Alice servir o café na sala.

Adalberto, que simpatizara com o rapaz, quis saber mais sobre sua profissão. Este lhe informou que estava desempregado e que possuía vasto conhecimento na área de administração. O empresário, após trocar olhares com Luiz, comentou:

– Bem, não sei se sabe, mas eu e Luiz somos sócios em uma rede de lojas de roupas e, coincidentemente, estamos precisando de alguém de confiança para nos ajudar na parte administrativa. O que acha de darmos essa oportunidade a ele, Luiz?

– Perfeito! Se eu soubesse que você estava procurando emprego, já teria lhe oferecido a vaga, Miguel.

Miguel abriu um sorriso. Agradeceu o convite e, após tomar nota do endereço do escritório com Luiz, levantou-se dizendo:

– Bom, o jantar foi maravilhoso, mas está ficando tarde. Temo não ter mais ônibus para o centro da cidade.

Luiz olhou para o relógio, as horas passaram rapidamente. Já era quase meia-noite e, provavelmente, Miguel não conseguiria tomar uma condução. Com esse pensamento, comentou:

– Espere mais um pouco, eu o levo para casa. Assim, aproveitamos para saber mais sobre a vida um do outro.

– Nós também vamos embora – disse Eduardo, que, após cumprimentar a todos, saiu ao lado da esposa, trocando antes os telefones e prometendo um jantar em sua casa.

Luiz, ao ver o amigo sair, tirou o carro da garagem e, dando um leve beijo na destra da esposa, despediu-se da cunhada e do cunhado e saiu, sendo seguido por Miguel, que entrou no carro e sentou-se no banco do passageiro. Ao ver Luiz dando partida no automóvel, olhou para trás dizendo:

– Você tem uma bela casa. Fico feliz em vê-lo bem de vida. Eu sabia que venceria e se tornaria alguém importante.

Luiz olhou fixamente nos olhos do amigo. Quando era jovem, pensava o mesmo a seu respeito. Miguel era estudioso e esforçado. Adorava ir para a escola, mesmo sabendo que lá seria motivo de chacota e brincadeiras maldosas dos colegas, que, vez ou outra, pegavam-se fazendo piadinhas maledicentes a respeito de sua sexualidade, mas ele nunca retrucava. Por vezes, Luiz chegava a brigar com algum deles para defendê-lo e, sempre que isso acontecia, era ele quem se tornava alvo da maledicência da turma, o que acabava deixando-o irritado.

– Você sempre foi melhor aluno que eu. Se ainda não tem uma boa posição social, foi por falta de sorte, mas acredito que essa fase em breve vai acabar.

Luiz deu uma piscadinha e pôs-se a dirigir concentrado. Miguel comentava algo entre um momento e outro até que, depois de pouco mais de meia hora, foi deixado na frente do prédio em que morava, prometendo ir ter com o amigo e Adalberto na segunda-feira. Ao ver Luiz virar a esquina, entrou contente pela noite que tivera.

⁂

Aloísio entrou em casa cantarolando uma canção de amor. Era a primeira vez, desde que conhecera Glória, anos atrás, que ela se mostrava atenciosa com ele. Seu instinto masculino lhe dizia que havia a possibilidade de um romance entre eles.

Fernando, mais conhecido por Nando, apelido que sua irmã lhe colocou ainda na infância, resolvia alguns problemas de matemática na copa quando Aloísio surgiu, baixando a cabeça para não se indispor com ele. Nas últimas semanas, brigas e discussões eram constantes.

Aloísio, percebendo o jeito arredio do irmão, ignorou-o. Quando chegou à cozinha, deparou com Ana, que estava entretida com as panelas preparando o jantar. Ao vê-la, esboçou um profundo suspiro, dizendo:

– Tive um dia cheio no escritório, estou exausto.

– Mais meia hora e o jantar será servido.

Aloísio olhou a sua volta para certificar-se de que Nando não os estava ouvindo, e questionou:

– Você levou seu irmão ao médico?

– Eu já lhe falei que ele não está doente. Por que insiste nisso?

Aloísio pôs-se a andar de um lado para o outro. Seu pai fora embora de casa quando seu irmão mais novo completara cinco anos. Ele, sete anos mais velho, sentiu-se na obrigação de ajudar sua mãe a cuidar deles, uma vez que Ana estava com oito. Há três anos, quando Nilda, sua mãe, faleceu, ele já era um homem feito e assumiu por completo o papel de chefe da família e, como tal, não podia aceitar o jeito diferente do caçula, por tudo isso respondeu:

– Nando está doente, sim! Não é possível um rapaz de dezessete anos não se interessar por garotas. Vive com aqueles malditos livros nas mãos. Outro dia o peguei lendo aqueles romances melosos de banca de jornal. Isso não é coisa para homem de verdade.

Ana mexeu a carne na panela. Após tampar o recipiente, voltou-se para Aloísio:

– Nando tem o espírito leve, gosta de estudar, aprecia boas músicas, é sensível e um tanto delicado, só isso! Você precisa aceitar e entender o jeito que ele vê e vive no mundo.

– Aceitar, eu? Olha, maninha, acho bom você fazer seu irmãozinho virar homem de uma vez por todas, do contrário sou eu que vou ensiná-lo a ser macho de verdade – respondeu Aloísio, com ira nos olhos.

Rodou nos calcanhares e saiu do ambiente, indo para o seu quarto, sem perceber que sombras escuras o rondavam.

Ana, ao se ver sozinha, ficou aliviada. Cada vez que Aloísio insistia naquele assunto, seu sangue gelava, mas o que fazer? Nando não mudaria sua essência só porque o irmão achava que seu jeito de ser era errado. Mesmo que quisesse, não conseguiria. Como mudar o que vinha na alma? Como deixar de lado seus sentimentos e instintos?

Às vezes, chegava à conclusão de que seu irmão poderia ser homossexual e, nesses breves momentos, tinha vontade de questioná-lo, mas o medo de obter a resposta a impedia. Quando isso acontecia, dizia a si mesma: "Ana, confie na providência divina. Deus sabe o que faz e não vai abandoná-la".

Ana balançou a cabeça no intuito de afastar aqueles pensamentos. Terminou o jantar, colocou os pratos na mesa e, como de costume, os três fizeram a refeição em silêncio. Ao terminarem, seus irmãos subiram para seus respectivos quartos, deixando-a sozinha com a louça para lavar.

Ela já estava sentada no sofá da sala assistindo à novela, quando a campainha soou. Ao abrir a porta, deparou com a figura de Sílvia, sua vizinha e amiga confidente, que, com um largo sorriso, foi logo dizendo:

– Sei que está tarde, mas eu tinha de vir lhe contar. Hoje aquele bonitão que eu lhe falei me convidou para jantar. Eu disse que não poderia ir porque...

Sílvia calou-se ao ver o ar de preocupação no rosto da amiga, que não escondia o desagrado com aquela conversa. Após entrar, sentar-se no sofá e ver Ana fazer o mesmo, perguntou:

– O que você tem? Estou falando feito uma gralha e você nem me deu atenção.

– Desculpe, Sílvia! Estou preocupada.

– Já sei. Aloísio e Fernando estão brigando, e você, como sempre, está no meio dos dois. Quando vai começar a viver a sua vida?

A moça suspirou. Aquela pergunta ela fazia todo dia a si mesma.

– Não sei. O que sei é que está cada dia mais difícil manter a paz nesta casa. Eu não tenho mais um dia de sossego.

Sílvia coçou a cabeça. Há tempos queria tocar em um assunto com a amiga, mas, com medo de magoá-la, nunca o fizera. Achando que aquele seria o melhor momento, olhou bem nos olhos da amiga e, procurando as palavras certas, falou:

– Sabe que gosto muito de você e que a considero minha irmã, não é? – Sílvia fez uma pequena pausa para criar coragem, voltando em seguida: – Então... Você já perguntou para o Nando qual é a opção sexual dele?

Ana arregalou os olhos e, com dificuldade, respondeu:

– Claro que não! E para quê? Nando é homem, gosta de mulheres. Só é sensível. Mas que coisa! Já não basta Aloísio, agora você também? – respondeu nervosa, levantando em seguida, e tornou:

– Olha, amiga, já está tarde e estou cansada. Volte outra hora, está bem?

A vizinha se levantou do sofá, deu um leve beijo no rosto da amiga e saiu. Já na rua, fazendo o caminho de volta para sua casa, pensou:

"Ana está tentando tapar o sol com a peneira. Se ela soubesse o que toda vizinhança comenta a respeito do irmão, não quero nem pensar o que ela faria, coitada!"

E, com esses pensamentos, seguiu seu rumo, procurando encontrar um jeito de fazer a amiga enxergar o que estava acontecendo diante dela.

CAPÍTULO II

CONVITE INESPERADO

MERCEDES andava impacientemente pelo jardim. A tarde ia a esmo quando Maíra chegou. Ao descer do carro e ver a irmã nervosa, aproximou-se lhe dando um beijo na face, e perguntou:

– Você disse ao telefone que está desconfiada de seu marido, mas por quê? Ele lhe deu algum motivo?

Mercedes pegou na mão da irmã e a conduziu para seu quarto. Não queria que ninguém escutasse a conversa. Ao fechar a porta, sentou-se na cama, dizendo:

– Acho que Luiz está me traindo e aquele desviado do Miguel o está acobertando, se não for coisa pior!

Maíra pôs a mão na boca. Por segundos, pensou em rir prazerosamente, mas controlou-se, afinal o assunto era sério. No mínimo, Mercedes estava variando das ideias.

Luiz não era homem de se sujeitar a aventuras amorosas, disso tinha certeza. Procurando escolher as palavras certas para responder, falou pausadamente:

– Desculpe, querida, mas não posso acreditar numa insanidade dessas. Acho que está nervosa com essa amizade entre seu marido e esse tal de Miguel, de quem na verdade ninguém sabe nada sobre a sexualidade.

– Deixe de ser ingênua! Luiz mudou comigo desde que esse homem reapareceu em sua vida. Agora os dois trabalham juntos. Sabia que ontem o Luiz chegou tarde em casa e, quando fui questioná-lo, disse que estava tomando um chope com Miguel.

Maíra balançou a cabeça negativamente. Ela não era mulher de tirar conclusões precipitadas, aprendera a ser cautelosa. Além disso, Adalberto lhe falava muito bem do rapaz, que estava trabalhando com eles havia mais de um mês. Ele lhe disse que Miguel era prestativo, atencioso e muito inteligente e que, embora não tivesse nível superior de ensino, conhecia como ninguém tudo sobre administração de empresas. Quando Maíra lhe perguntava sobre sua opção sexual, ele dava de ombros, respondendo:

"– O rapaz é bom funcionário e respeita todos os seus colegas de trabalho. É um pouco delicado e eu já flagrei alguns colegas mais fofoqueiros comentando a esse respeito, mas dei-lhes uma boa bronca, pois sabe que não admito esse tipo de comentário. Acredito que uma empresa séria não deve se preocupar com a vida íntima de seus funcionários, a não ser que isso interfira nas atividades da empresa. E, pode acreditar, Miguel é um profissional sério e para nós é isso o que importa."

– Você tem de colocar sua cabeça no lugar, Mercedes. Adalberto me garantiu que Miguel é excelente pessoa. E, depois, Luiz é seu marido e tenho certeza de que nunca lhe deu motivos para desconfiar dele.

Mercedes ficou pensativa. Maíra talvez estivesse com a razão, mas algo lhe dizia para redobrar a atenção com o marido. Decidida a mudar de assunto, chamou a irmã para tomar um suco na cozinha, procurando esquecer aqueles pensamentos que insistiam em se instalar na sua mente.

⁂

Elisa entrou no hospital às pressas, aproximando-se do balcão de atendimento. Havia algumas pessoas na sua frente que logo foram atendidas pelos funcionários do local, deixando espaço livre para a moça, que, ao ser questionada pela atendente, tratou logo de falar o motivo que a levara àquele lugar.

Ela fora chamada com urgência no trabalho pelo seu pai. Sua mãe sofrera um infarto e fora levada até lá. Após obter as informações necessárias, caminhou por um vasto corredor até parar no quarto da enfermaria, onde Judite se encontrava deitada. Ao ver a mãe, aproximou-se do leito, dando-lhe um leve beijo no rosto, falando com ternura:

– Mãezinha, eu falei para a senhora evitar passar nervoso.

– E como? Seu pai ainda vai me matar, minha filha. Ele está cada dia mais intransigente.

Judite fechou os olhos. Sentia que seu tempo de vida era curto. Os médicos lhe disseram para tomar cuidado com a alimentação e com o nervosismo dali para a frente, que com os devidos cuidados poderia viver por longos anos. Mas algo lhe dizia que Deus não demoraria a lhe enviar o anjo da morte.

Logo a fisionomia de Miguel lhe viera à mente. Onde estaria seu adorado filho? Lembrou-se da última vez que o viu, de seus olhos lacrimejantes diante da briga que tivera com o pai e de ter sido expulso de casa como um cão sarnento. O que mais lhe doía na alma era o fato de não ter tido coragem de defendê-lo diante do marido; afinal, fora para isso que Deus lhe confiara aquele ser, para que ela pudesse protegê-lo. E o que fizera? Deixara-o entregue à sorte e nunca mais ouvira falar de seu menino.

Elisa, ao ver os olhos da mãe perdidos no espaço, passou levemente a mão em sua face, dizendo:

– Sei em que a senhora está pensando. Rezo todos os dias para que Miguel dê notícias.

– Seu irmão não vai aparecer. Ele foi escorraçado de casa por seu pai e eu não fiz nada para impedir. Sinto que vou morrer sem ver meu filho querido.

Judite pôs-se a chorar, colocando para fora toda a dor que sentia com a falta do filho. Elisa esperou pacientemente que ela se acalmasse e, quando percebeu que o choro fora benéfico para aliviar o espírito já envelhecido da mãe, comentou:

– Estou pensando em tirar férias no mês que vem. Até lá, sei que a senhora estará recuperada. Poderei ir até São Paulo para tentar descobrir o paradeiro de Miguel.

Judite abriu um sorriso. A capital era grande, ela mesma nunca fora à cidade de São Paulo, mas a filha era jovem e esperta. Talvez pudesse encontrar o irmão.

– Se você encontrá-lo, vai me fazer muito feliz, mas vamos precisar arrumar uma desculpa para o seu pai. Ele não pode nem sonhar com o real intuito da viagem.

– Deixe o papai comigo. Ele é durão, mas consigo dobrá-lo.

Elisa abriu um sorriso ao ver o rosto da mãe iluminado com aquela notícia. Era o alento que ela precisava para acalmar sua alma. As duas ficaram conversando por mais alguns minutos até que a enfermeira entrou para aplicar o medicamento em Judite, anunciando o fim da visita. Elisa se despediu da mãe com um beijo e, com dor no coração, deixou-a sozinha naquele leito de hospital.

Quando chegou em casa, encontrou Antonio sentado no sofá, assistindo à televisão. Sem tirar os olhos do programa, ele perguntou:

– Sua mãe está melhor?

– Está sim, papai. Vai ficar em observação até amanhã e depois, se tudo correr bem, terá alta.

– Que bom! – respondeu Antonio secamente.

Elisa, conhecendo o jeito do pai, não ousou lhe dirigir mais a palavra e tratou de preparar algo para os dois comerem, antes que ele começasse a reclamar que sentia fome. E, com o pensamento fixo em achar o irmão, preparou a refeição em silêncio.

⁂

O dia amanheceu ensolarado. Era sábado e Miguel não trabalhava nos fins de semana. Ele já estava no emprego havia mais de dois meses, seu salário era bom e Luiz prometera lhe dar aumento na medida em que os negócios fossem prosperando.

Ao abrir a janela de seu apartamento e ver o sol brilhando no horizonte, resolveu sair, precisava comprar alguns alimentos, pois a despensa estava praticamente vazia. Foi para a rua e andou alguns quarteirões.

Já estava próximo do mercado quando deparou com Glória, que vinha no sentido contrário. Ao vê-la, parou, estendendo-lhe a mão para cumprimentá-la. Ela, vendo o sorriso nos lábios e um brilho de felicidade nos olhos do amigo, retribuiu o cumprimento, dizendo:

– Que bom reencontrá-lo. Você parece feliz. O que aconteceu de bom?

Miguel olhou a sua volta. Ao ver uma pequena lanchonete, sentiu vontade de tomar um suco e, aproveitando para conversar um pouco com a moça, no intuito de se redimir pela grosseria do último encontro, pegou-a pelo braço, dizendo:

– Vamos tomar um lanche que lhe conto.

Os dois caminharam até a lanchonete. Miguel contava sobre o reencontro com Luiz e de seu novo emprego. Glória ouvia a tudo com entusiasmo. Quando ele parou de falar, Glória obtemperou:

– Eu sabia que Deus colocaria boas pessoas em seu caminho. Você merece!

– Bem, não sei se foi Deus, pois sabe que não acredito muito nele. Não posso crer que exista um ser superior que faça distinção entre seus filhos.

Glória sorveu um gole de suco de laranja que o garçom acabara de colocar na mesa. Havia muito queria lhe falar sobre sua forma de ver Deus, e aquele encontro tornara-se apropriado.

– Você diz essas coisas porque se coloca na posição de vítima. Deus é pai amoroso e vê cada um de seus filhos à sua imagem e semelhança.

Miguel sentiu seu sangue ferver. Não se colocava na posição de vítima, pois ele era vítima e, procurando se defender, respondeu:

– Você não pode falar assim de mim! Não sabe nada sobre minha vida. Você não pode imaginar o que é o sofrimento de uma criança quando vai à escola e seus amiguinhos a ofendem e até a agridem por considerá-la diferente. O pior é não poder contar para o seu próprio pai o que se passa com medo de apanhar, pois ele pensa exatamente como os malditos colegas da escola. Eu passei por toda a sorte de humilhações sem ao menos poder me defender, pois eu mesmo me considerava a aberração que os outros acreditavam que eu fosse. E por que, meu Deus? Eu me perguntava todos os dias. Por que eu era diferente? Por que não era igual aos outros? Eu tentava, eu juro que tentava, até arrumei uma namorada, mas algo dentro de mim não aceitava. Passei toda a minha adolescência com esses conflitos internos. Como viver uma relação entre iguais, se eu sempre ouvi que aquele sentimento era pecaminoso e repugnante? Pensei várias vezes em cometer suicídio; pois eu não aguentava mais a pressão da família e da sociedade, que cobravam de mim uma postura que eu não tinha e, de certa forma, de mim mesmo, que queria ter essa postura idealizada como sadia. As pessoas falam em opção sexual. Mas que opção? Várias vezes me pego pensando em minha infância e tento me lembrar de algum momento que possa ter causado em minha mente esse desvio de conduta sexual e nada!

Nunca fui molestado, tive uma infância normal como qualquer outro garoto, então cadê a opção? Se o que sinto vem do fundo de minha alma? E é do fundo do meu ser que brotam tais sentimentos. Como expulsá-los? Até hoje procuro as respostas para essas indagações.

Miguel fez uma pausa para enxugar as lágrimas que caíam por sua face. Glória, que o ouvia atentamente, não ousou dizer uma palavra, esperando o amigo sentir-se melhor e voltar à sua narrativa.

– Um dia, quando eu já estava com dezoito anos, conheci um rapaz que mexeu com meus sentimentos e cedi aos seus encantos, permitindo-me vivenciar uma relação entre iguais, passando a vê-lo quase todos os dias. Um mês depois, ao chegar em casa, após ter passado uma tarde inteira em companhia do tal moço, encontrei meu pai à minha espera. Ele havia me seguido, talvez por já estar desconfiado de algo, e, sem dó, desferiu-me golpes com a fivela do cinto, dizendo que não daria de comer a um pederasta e outros xingamentos que não ouso repetir. Minha mãe muda estava, e muda continuou, talvez por ser submissa a ele, teve medo de me defender. Ele, sem pensar duas vezes, jogou-me na rua feito um lixo. Saí de casa sem rumo e fui à procura daquele que eu pensava que me ajudaria, mas não foi isso o que aconteceu. Ele foi ao meu encontro e, ao me ver todo ensanguentado, levou-me até seu apartamento, deu-me algumas peças de roupa e algum dinheiro. Disse que não poderia ficar comigo, pois não queria um relacionamento sério. Foi quando cheguei à conclusão de que aquela vida não era para mim e, com o pouco dinheiro que possuía, decidi vir para São Paulo e comi o pão que o diabo amassou. Nunca mais me aproximei de outro homem, mas mesmo assim ainda sofro preconceito.

Glória remexeu-se na cadeira e, procurando sair do estado de tristeza que a narrativa do amigo causara em seu íntimo, comentou:

– Agora entendo seus motivos para não acreditar em Deus. Mas creia, se você passou por tudo isso, há um motivo. A vida é sábia e Deus, em sua sabedoria, não permitiria que um filho seu sofresse à toa. – Glória olhou para o relógio de pulso. Estava atrasada: – Tenho de ir. Marquei um encontro com um amigo aqui perto, mas gostaria que fosse segunda-feira à noite a minha casa. Quero que conheça algumas pessoas que, com toda a certeza, vão lhe mostrar que você está errado na sua concepção a respeito de Deus e de si mesmo. Você ainda tem meu endereço, não tem?

– Tenho, mas não sei se poderei sair na segunda.

– Bom, se puder, esteja lá às oito horas.

Glória deu um leve beijo no rosto de Miguel e, após agradecer pelo suco, saiu, deixando-o absorto em seus pensamentos.

⁂

O fim de semana passou e já era segunda-feira. Mercedes passava para Alice a lista de compras do mercado quando Luiz entrou na cozinha, pegou uma xícara e serviu-se de café com leite, sem esperar pela empregada. Ao ver o marido ainda sonolento, tratou de chamá-lo à realidade:

– Bom dia, não é, Luiz? Que eu saiba, casei-me com um homem educado.

– Bom dia, Mercedes. Desculpe-me, estou com a cabeça longe.

– E posso saber no que está pensando? – perguntou Mercedes, com ar de preocupação.

– Sim. Miguel está fazendo um ótimo trabalho. Com sua ajuda conseguimos economizar um bom dinheiro. Eu e Adalberto já estamos pensando em abrir outra loja.

Mercedes sentou-se na cadeira. Não suportava mais ouvir aquele nome em sua casa e, procurando dissimular o que vinha em sua mente, perguntou:

– Será que vocês não estão dando muito crédito a esse rapaz? Pelo que eu sei, as lojas já iam de vento em popa muito antes de ele aparecer.

– Sim, mas Miguel pensa grande. Conseguiu cortar gastos desnecessários sem ter de mexer no quadro de funcionários. Ele é um gênio em administração, só você vendo. Hoje vamos chamá-lo para uma reunião. Adalberto quer lhe dar um bom e merecido aumento de salário.

Mercedes fez cara de pouco-caso. Luiz tomou seu café em silêncio, estava tão absorto em seus propósitos que não percebeu o semblante fechado da esposa.

Já passava das três horas da tarde quando ele e Adalberto chamaram Miguel à sala de reunião. Conversaram sobre os negócios e Adalberto falou sobre o que eles imaginavam realizar em curto prazo, oferecendo ainda o aumento para o administrador, que recusou os cinquenta por cento propostos, alegando que a metade já estava de bom tamanho para o atual momento da empresa.

Quando terminaram a reunião, Adalberto saiu da sala. Luiz, ao se ver a sós com o amigo, e percebendo que algo o deixava impaciente, comentou:

– Estou enganado ou algo o está afligindo?

Miguel abriu um sorriso. A cada dia que se passava, a amizade dos dois voltava a ser como na adolescência, quando um lia o pensamento do outro. Decidiu contar sobre Glória, ocultando somente seus desabafos, finalizando com o convite que ela fizera a ele. Luiz, após ouvi-lo atentamente, abriu um largo sorriso, dizendo:

– Essa Glória deve fazer parte de alguma seita religiosa, dessas que servem drogas alucinógenas.

– Não brinque! O assunto é sério. Sabe dos meus conceitos com relação à religião, mas algo dentro de mim diz que devo ir à reunião.

– Se você não se importa, eu o acompanharei, se isso não for inconveniente, é claro; afinal, o convite foi feito para você.

– Acho que não. Você é meu melhor amigo. Glória entenderá.

– Bem, então façamos assim: quando sairmos daqui, passaremos em um bom restaurante para comermos algo e depois vamos direto a tal reunião.

Luiz deu um leve tapa no ombro do amigo e saiu. Já na sua sala, ligou para Mercedes, avisando que jantaria fora, pedindo para ela não esperá-lo, o que a deixou furiosa.

No horário marcado, Luiz estacionou seu automóvel diante da casa de Glória. Miguel olhou mais uma vez o papel que continha o endereço e, após certificar-se de estar no lugar certo, apertou a campainha. Quando Glória abriu a porta, cumprimentou Miguel, que lhe apresentou Luiz, procurando justificar-se:

– Este é o amigo de quem lhe falei. Resolvi convidá-lo para vir comigo. Você não se importa, não é?

– Claro que não! Entrem, por favor!

Glória olhou para Luiz, estendendo-lhe a mão num cumprimento amigável. Em seguida, conduziu-os até a sala onde três senhores conversavam tranquilamente, tratando logo de lhes apresentar:

– Este é o senhor Orlando. Ele é dirigente do centro espírita que frequento. E estes são dois médiuns, Nilton, que trabalha com psicografia, e Aldo, que possui o dom da psicofonia.

Luiz trocou olhares com Miguel e cumprimentou cada um com um aperto de mão, sendo seguido pelo amigo, que se sentou confortavelmente diante dos três cavalheiros e ao lado de Luiz. Feitas as apresentações, Glória pôs-se a falar:

– Eu convidei você para vir aqui hoje porque é dia de estudos doutrinários. O centro espírita está em reforma, por essa razão cedi minha casa. Ainda vão chegar mais algumas pessoas, fiquem à vontade.

Glória calou-se. Miguel olhou para Luiz, que, pego de surpresa, ficou sem reação. Orlando, ao perceber o embaraço dos rapazes, quebrou o clima de silêncio instalado no local, dizendo:

– Glória me disse que você não acredita em Deus e, se a conheço bem, chego a crer que ela não lhe explicou a respeito de nossas reuniões.

– Ora, Orlando, não tive tempo, mas sei que Miguel não está constrangido com o tema de nossas palestras – interpelou a dona da casa, dando uma piscadinha para o amigo.

– Claro que não – respondeu Miguel de pronto, tornando em seguida: – Embora devo confessar que falar de alma do outro mundo para mim é um tanto excêntrico.

– Engana-se, meu rapaz. Não há nada de excêntrico no Espiritismo...

Orlando ia continuar, mas foi interrompido por um grupo que chegava. Em poucos minutos, estavam todos no local. Glória os conduziu a outro cômodo, em que havia uma mesa com algumas cadeiras em volta e mais alguns bancos dispostos diante da mesa, para que todos acompanhassem a reunião, que começou às oito horas em ponto.

À mesa estavam Orlando e os dois médiuns. Luiz e Miguel se sentaram nos primeiros bancos, ao lado da dona da casa. Orlando fez sentida prece, pedindo aos bons espíritos para ajudar nos esclarecimentos daquela noite. Em seguida, Aldo abriu um livro de estudo no capítulo que falava sobre processos reencarnatórios. Após a leitura do conteúdo, Orlando tomou a palavra, dizendo:

– Bem! Como vocês ouviram, Deus, com sua benevolência, nos dá novas oportunidades na carne para aprendermos com nossos erros e evoluirmos gradativamente, lembrando que nada regride no Universo, ou seja, se um indivíduo não conseguiu evoluir em sua atual encarnação, também não regredirá, simplesmente estacionará. Alguma pergunta?

– Eu! – respondeu uma senhora, levantando a mão direita.

Ao ver que Orlando a fitava, prosseguiu:

– Gostaria de saber se a alma tem sexo e se posso vir em uma encarnação no sexo masculino ou já ter vivido em outra como homem.

– Bem, primeiramente não, a alma não tem sexo. Podemos vir em encarnações como homem ou mulher de acordo com a nossa necessidade de aprendizado.

– Certo, mas eu, estando acostumada a sucessivas encarnações no sexo feminino, caso venha a encarnar num corpo masculino, serei um homossexual? – perguntou outra jovem, fazendo todos olhar para ela.

Orlando, procurando em sua mente a resposta mais adequada, respondeu:

– Isso até pode acontecer, Marli, mas não é uma regra. É por esse motivo que temos a bênção do esquecimento quando voltamos à carne. Mas o tema homossexualidade é muito complexo, podemos explicá-lo em outra oportunidade. Mais alguma pergunta?

Ninguém respondeu. O tema foi bem explicado, não deixando nenhuma dúvida. Ao perceber que já estava vencendo o tempo da reunião, Orlando encerrou o assunto, fazendo uma prece de agradecimento aos espíritos esclarecidos, dando por encerrados os trabalhos espirituais da noite.

Em poucos minutos, foram saindo um a um, ficando na casa só Orlando, Glória, Miguel e Luiz, que, interessado pelo assunto, aproximou-se de Orlando dizendo:

– Adorei a explicação. Pela primeira vez em minha vida questiono sobre esse tema.

– Que bom que gostou. Semana que vem voltaremos a fazer nossas atividades no centro espírita, então estão convidados.

– Nós vamos – respondeu Luiz, falando por Miguel, que ainda não conseguira assimilar os ensinamentos recebidos.

Já era tarde da noite quando ambos se despediram de Glória e foram embora. Luiz ainda levou Miguel para seu apartamento e, quando chegou em casa, estava se sentindo leve. Mercedes, que não fora dormir, esperava-o na sala. Ao vê-lo com os olhos brilhantes, comentou:

– Pelo jeito a noite foi boa. Seu amigo está lhe fazendo muito bem.

– E como! Miguel é a melhor pessoa do mundo e, sem perceber, hoje fez um bem enorme à minha alma.

Mercedes trincou os dentes. Aquilo já era demais. Não toleraria mais aquela situação. Luiz chegara ao cúmulo de jogar em sua cara sua sem-vergonhice. Pensou em xingá-lo, dizer tudo o que pensava a seu respeito, mas controlou-se. Com certeza, se fizesse isso, todos a chamariam de louca. Precisava provar que estava certa e o melhor que tinha a fazer era fingir que não percebera nada. Da próxima vez que Luiz lhe telefonasse para dizer que sairia com o maldito pederasta, ela o seguiria. Só então pediria o divórcio, não antes de acabar com a moral do marido.

E, com esses pensamentos, colocou um sorriso forçado nos lábios e foi para o seu quarto, sendo seguida por Luiz, que, ainda envolvido pelas boas energias que recebera naquela noite, tomou um banho relaxante e deitou-se, dormindo tranquilamente enquanto Mercedes se mantinha acordada, arquitetando um plano para pegá-lo em flagrante ao lado do amigo.

CAPÍTULO III

UMA NOVA AMIGA

O DESPERTADOR tocava com insistência quando Nando abriu os olhos. Após bater com a mão e encontrar o botão para desligá-lo, virou-se de bruços e voltou a dormir. Quando acordou, meia hora depois, tomou um susto. Chegaria atrasado mais uma vez ao colégio e perderia a primeira aula. Quase mecanicamente levantou-se e foi ao banheiro, ligou o chuveiro, deixando a água quente cair abundantemente sobre sua cabeça, fazendo-o sentir-se melhor.

Em pouco mais de vinte minutos, desceu os lances de escada. Ana, que já estava com uma flanela nas mãos limpando os móveis, ao vê-lo, foi logo dizendo:

– Bom dia, Nandinho! O café está na mesa.

– Não quero café, estou atrasado. Obrigado!

Nando deu um beijo na irmã e saiu. Na rua, pôs-se a andar apressadamente. Detestava ir à escola, pois sempre havia alguém para caçoar dele. Quando chegou ao colégio, suspirou fundo e entrou. O sinal já havia tocado e todos estavam em suas respectivas salas.

Angélica, a diretora, ao vê-lo caminhando solitário em direção à sua sala de aula, resolveu chamar sua atenção:

– Bonito, não é, senhor Fernando? Atrasado de novo!

– Desculpe-me, diretora, é que não dormi bem essa noite e acabei não acordando no horário.

Angélica olhou fixamente em seus olhos e percebeu que ele falava a verdade. Ela o conhecia desde o primário, vira-o crescer, cansara de ouvir seu nome nos conselhos de professores. A maioria gostava dele e lastimava não poder fazer muito para impedir que o garoto sofresse com as brincadeiras de mau gosto dos colegas.

Alguns colocavam de castigo quem o ofendesse em sala de aula, outros davam uma lição de moral coletiva e ainda havia aqueles que, não sabendo ou não querendo lidar com aquele tipo de situação, fingiam não perceber o que acontecia.

Ela ficava a par do que se passava e procurava sempre aconselhar os seus mestres a conversarem sobre o preconceito para tentarem ensinar a seus alunos a convivência com a diversidade, o que era quase impossível.

– Tudo bem, Fernando. Diga a sua professora que se atrasou porque parou para conversar comigo. – E, com um sorriso bondoso, deu leve tapinha nas costas do rapaz que, após lhe agradecer, correu para a sala de aula, onde uma senhora de meia-idade explicava para os alunos sobre reprodução.

Zeca, um dos rapazes que sentavam no fundo da classe, ao ver Nando pedir licença e entrar, foi quem quebrou o clima de silêncio:

– Então, *fessora*, explica aí para o Nandinho Florzinha como é que acontece a reprodução, porque isso ele só vai conhecer na teoria.

A risada foi geral, fazendo Fernando se encolher na cadeira. Luana, uma das jovens que se sentava na carteira ao lado, foi quem retrucou:

– Acho que você está perguntando novamente porque não aprendeu como se faz.

– Silêncio! – gritou a professora. – Em primeiro lugar, estamos falando sobre reprodução das células, senhor José, e, em segundo lugar, comece a se preocupar com suas notas que estão muito baixas e deixe seu colega em paz.

Calados, os alunos entreolharam-se. Após a resposta da professora, Zeca não ousou soltar mais nenhuma sílaba.

A manhã passara lentamente até que a sineta tocou, anunciando o fim das aulas. Nando foi ter com Luana, que arrumava seu fichário para sair.

– Obrigado por me defender, mas não precisava. Agora Zeca e a turminha dele vão ficar de birra com você.

– Não tenho medo deles e você também não deveria ter. Estou nesta escola há alguns meses e não aguento mais ouvir esses moleques falando abobrinhas a seu respeito.

– Pois eu já me acostumei, nem ligo mais.

Luana olhou para Fernando com ar de reprovação. Os dois saíram juntos do colégio. Já na rua, a jovem perguntou:

– O que acha de conversarmos um pouco na pracinha aqui perto?

– Por mim, tudo bem. Não tenho pressa em voltar para casa – respondeu Nando, com um sorriso encantador nos lábios.

Os dois andaram por algumas quadras e, quando chegaram ao local, escolheram um banco à sombra de uma árvore. Luana esperou o amigo sentar-se ao seu lado e virou-se para ele dizendo:

– Não quero que se sinta pressionado, mas, se quiser se abrir comigo, fique à vontade. Ficará entre nós.

Nando sorriu. Ele conhecia Luana fazia pouco tempo, pois ela tinha se mudado para aquele bairro havia poucos meses, porém desde o primeiro momento que a viu, sentiu que ela era uma boa pessoa e, achando que era o momento de conversar com alguém a respeito de si mesmo, pôs-se a falar:

– Não tenho muito para desabafar. Como você sabe, escuto as piadinhas da turma todos os dias e não falo nada. Não é porque sou covarde, só não gosto de brigar. Acredito que brigas não levam ninguém a nada.

– Nisso eu concordo com você, mas não precisa brigar, só se impor. Quando fizer isso, as pessoas passarão a respeitá-lo como ser humano. Sabe o que acho? Que aceita tudo calado porque dentro de si mesmo acaba concordando com o que eles falam a seu respeito.

Fernando mordeu os lábios, nunca havia pensado por aquele prisma:

– Talvez tenha razão! Sabe que de tanto eu ouvir os outros dizerem que sou homossexual, acho que acabei acreditando nisso.

– Como assim?

Luana levantou-se abruptamente, olhou para Nando com compaixão; afinal, ele contava com seus dezessete anos e era praticamente homem feito. O que aquele ser aparentemente tão frágil passara em sua curta jornada na Terra para se anular a ponto de não conhecer seus próprios sentimentos?

"Meu Deus, eu preciso tanto ajudá-lo!", pensou, sentando-se em seguida.

– Não sei por que o espanto. Eu não sei se sou homossexual, é isso.

– *Tá*, mas você se sente atraído por homens ou por mulheres?

O garoto estremeceu, não sabia se estava preparado para responder essa pergunta. Por várias vezes se pegou olhando para os rapazes de forma diferente e, nesses momentos, sentia vontade de trocar carícias com quem, de fato, lhe chamava a atenção, mas sempre que isso acontecia se recriminava. Não poderia ceder àquele instinto; afinal de contas, aquele sentimento era pecaminoso.

Desde pequeno ouvia os outros falar que Deus fez o homem para crescer e se multiplicar, o que levava a crer que as pessoas foram feitas para viver relações heterossexuais. Dessa forma, tentava em vão atrair-se por pessoas do sexo oposto.

Luana, percebendo que o amigo não conseguia expor seus sentimentos, tornou:

– Pelo jeito, você não sabe me responder a pergunta. Deixe para lá! Para mim não importam suas escolhas sexuais. Pelo pouco que o conheço, já percebi que se trata de uma boa pessoa, honesta e sincera, e isso é o que importa. Venha!

Luana levantou-se, puxando o amigo pelo braço, que se deixou conduzir. Andaram mais alguns quarteirões até pararem diante de uma casa simples, porém bem cuidada. Luana abriu o portão e o conduziu para dentro, dizendo:

– Esta é minha casa, fique à vontade!

Nando já ia se sentar quando uma senhora de pele clara, olhos grandes e amendoados, apareceu. Ao ver Luana, chamou sua atenção, dizendo:

– Você está atrasada, mocinha. Agora deu para fazer hora na rua?

– Desculpe-me, mamãe! Isso não vai se repetir – e, voltando-se para Nando, apresentou-o a sua mãe, dizendo: – Este é Fernando, estuda comigo. Estávamos conversando, por esse motivo me atrasei.

Magali olhou atentamente para o jovem. Fernando era bonito, moreno claro, de estatura alta, lábios carnudos e um olhar triste, porém sedutor.

– É um prazer conhecê-lo. Já que é amigo de minha filha, sinta-se em casa. A propósito, aposto que também não comeu nada. Venham, vou servir o almoço para vocês.

Fernando ia abrir a boca para recusar, mas Luana não lhe deu tempo, levando-o para a cozinha. Os dois almoçaram em palestra animada, sob o olhar de Magali que, gostando do jeito do rapaz, participava da conversa. Quando terminaram a refeição, voltaram para a sala. Fernando, ao ver livros acomodados cuidadosamente sobre algumas prateleiras, comentou:

– Pelo jeito vocês gostam de ler.

– Sim, aqui em casa quase não assistimos à televisão. Papai é um devorador de livros e eu puxei a ele. Mamãe também lê, mas tem menos tempo, sabe como é.

Fernando aproximou-se das prateleiras, olhou todos atentamente, até que um título lhe chamou a atenção. Percebendo a curiosidade do rapaz, ela o pegou dizendo:

– Este é *O Livro dos Espíritos*. Se quiser, pode levá-lo para ler. Tenho certeza de que meu pai não achará ruim.

O jovem pegou o livro nas mãos e, após olhar cuidadosamente, perguntou, querendo entender o título:

– Este livro fala sobre o quê? Morte?

– Sim e não. A morte não existe. Vivemos várias encarnações na Terra. Este livro é obra de Alan Kardec, responsável pela codificação do Espiritismo. Nele, você vai encontrar a explicação sobre a vida e a morte no sentido amplo da palavra.

Nando ficou curioso. Já ouvira falar sobre o Espiritismo, mas não fazia ideia de que havia livros que explicavam o tema de forma clara. Após pegar o exemplar, olhou para o relógio, não avisara em casa que chegaria tarde e, com toda a certeza, Ana ficaria preocupada. A esse pensamento, disse afoito:

– Eu vou ler rapidinho e depois lhe devolvo, mas agora tenho de ir.

Nando se despediu da amiga, fazendo questão de ir até a cozinha para agradecer a Magali pelo almoço. Deixou aquela casa prometendo voltar em breve, feliz por ter encontrado pessoas que não estavam preocupadas com sua condição sexual, e sim com sentimentos puros de amizade e afeto.

⁂

Elisa acordou cedo, abriu a janela do quarto e viu que o dia amanhecera nublado. Arrependeu-se por ter marcado hora no salão de beleza pela manhã. Pensou em não ir, assim poderia aproveitar sua folga para dormir até mais tarde, mas lembrou-se de que só conseguira marcar o corte de cabelo naquele dia por intermédio de uma amiga em comum com a cabeleireira e que o salão era disputadíssimo na cidade, e, mesmo tendo se mudado havia pouco tempo, possuía a fama de ter uma das profissionais mais procuradas por famosos. Assim, criou coragem e se levantou.

Após fazer sua higiene pessoal, dirigiu-se à cozinha atraída pelo cheiro do café que sua mãe estava preparando. Judite, ao vê-la, espantou-se com o adiantado da hora:

– Bom dia, minha filha! Que bicho a tirou da cama logo cedo?

– O da vaidade, mamãe.

Judite riu prazerosamente. Elisa era o único motivo que ainda a fazia sorrir, adorava os fins de semana só para poder estar perto da filha.

– Não me diga que vai ao salão da Aurora?

– Não, mamãe. Vou àquele salão de beleza novo na cidade. A última vez que arrumei meu cabelo com Aurora, ela estava mal-humorada, chegou a me machucar com a tesoura, acho que por causa da concorrência.

– É, ela está perdendo muitas clientes com a abertura desse novo salão, coitada!

– Não, mamãe, ela está perdendo suas clientes por ficar nervosa com a concorrência, o que é bem diferente. Gosto de Aurora, apesar de seus cortes e penteados não acompanharem a moda, mas ela tem de perceber que não só na profissão dela, mas em qualquer outra, o profissional precisa estar sempre se especializando para não ser passado para trás. Quando ela perceber isso, fazer novos cursos e aceitar que há espaço para todos, sua clientela voltará.

Elisa calou-se, terminando o café da manhã. Deu um beijo na mãe e saiu. Andou alguns quarteirões até chegar ao ponto de ônibus. Em pouco mais de meia hora desceu do veículo, andou mais uma quadra até parar diante do salão de beleza, onde uma senhora de meia-idade, bem afeiçoada, acabara de abrir o estabelecimento.

Sem pressa, entrou no local, dando uma breve olhada à sua volta. O salão não era muito grande, mas estava bem aparelhado, impecavelmente limpo e em ordem. Em seguida, olhou para a senhora, apressando-se em dizer:

– Bom dia! Meu nome é Elisa. Tenho hora marcada com dona Camila.

– Bom dia, querida! Sou eu mesma. Por favor, sente-se!

Camila lhe ofereceu a cadeira que ficava diante do espelho. Elisa sentou-se. Ela perguntou sobre o corte que ela desejava e, após obter a resposta, pôs-se a trabalhar. Camila era simpática e bem-humorada, conversava com a moça animadamente. Enquanto mexia em seus cabelos, um jovem entrou repentinamente no salão e Elisa pôs-se a observá-lo. O rapaz era alto, magro, vestia uma camiseta vermelha colada ao corpo e um short curto delineando suas coxas e glúteos. Ele esperou pacientemente uma brecha na conversa das duas e chamou a atenção de Camila, dizendo com um tom de voz delicado, quase feminino:

– Bom dia, mamãe! Estou precisando de dinheiro para comprar aquela revista de moda em que aquele super *top model* aparece na capa.

Camila pediu licença a Elisa, pegou sua bolsa e, após tirar algumas notas da carteira, entregou-lhe dizendo:

– Compre dois exemplares, um para deixar aqui no salão.

O jovem deu um beijo na face da mãe e saiu. Camila, ao voltar para o cabelo da moça, e vendo que ela observava seu filho com certa curiosidade, tratou de elucidá-la:

– Esse rapaz que acabou de sair é o Carlinhos, meu único filho. Ele tem dezoito anos e faz curso universitário de moda. Está sempre às voltas com revistas do gênero.

– Ele é muito simpático e alegre. Gostei do seu jeito. Tenho certeza de que será um excelente modista.

Camila deu uma parada no corte e, com os olhos perdidos no espaço, respondeu:

– Que bom que pensa assim. Eu e meu filho estamos enfrentando alguns problemas na cidade por ele ser homossexual assumido. Sabe como são as pessoas, condenam o diferente de forma abusiva.

Elisa não respondeu de pronto. Lembrou-se de Miguel, que, além de sofrer o preconceito nas ruas, ainda o vivenciara em sua própria casa. A essas lembranças, comentou quase num desabafo.

– Seu filho ainda tem a família que o apoia, melhor que muitos que são colocados para fora de casa, feito um objeto que não serve por apresentar defeito.

– Você tem razão, mas não é fácil para uma mãe e um pai aceitar o diferente. Você é muito nova, creio que ainda não se casou e, portanto, não tem filhos.

Camila fez uma pausa. Como Elisa não discordara de seus comentários, voltou a falar entre uma tesourada e outra.

– Logo que me casei, fiquei grávida. Meu marido queria que fosse um menino. Ele se via com um filho homem, indo ao estádio de futebol, empinando pipas e todas essas coisas do universo masculino. Quando o Carlos nasceu, Fabrício, meu esposo, não coube em si de tanta felicidade. Ele chegou a comprar uma caixa de charuto cubano, que lhe custou metade do salário, para distribuir aos amigos; afinal de contas, eu dera à luz um varão. Nesse clima de alegria, passamos boa parte dos primeiros cinco anos de vida de Carlos. Mas o destino foi cruel com o pobre do Fabrício. Carlinhos, aos poucos, foi demonstrando uma delicadeza um tanto fora do comum para os meninos da sua idade. Quando o pai o chamava para jogar bola, ele recusava. Preferia ficar comigo ou brincar de qualquer outra coisa que não exigisse uso de sua virilidade. Eu achava normal, pois nem todos os meninos precisam, obrigatoriamente, gostar dessas coisas, chegando a discutir com Fabrício. O tempo foi passando, Carlos foi crescendo e, para desespero do pai, tornava-se a cada dia mais afeminado.

Camila terminou o corte, pegou o secador e, antes de ligá-lo, resolveu terminar sua narrativa:

– Eu não sabia mais o que fazer. Fabrício me acusava, dizia que a culpa pelo filho ser assim era minha e que eu o mimava e o tratava como um maricas, o que não era verdade. Quando Carlos completou doze anos, chegamos ao limite do nosso relacionamento, e ele finalmente se deu conta de que o filho era afeminado e que bater, xingar e esbravejar não mudaria seu modo de ser. Desistiu da família. Eu não abandonaria meu filho por nada neste mundo, então nos separamos. Ele foi embora de casa e nunca mais quis ver o filho. Todo santo mês deposita uma boa quantia de dinheiro em minha conta bancária para bancar os estudos de Carlos, e só. Soube por amigos que se casou novamente e tem um casal de gêmeos.

Camila ligou o secador. Após fazer a escova no cabelo de Elisa e de esta se sentir radiante com o novo visual, tirou o avental que cobria a jovem, mudando o clima melancólico que se instalara no local, dizendo com um sorriso nos lábios:

– Fiz o corte e o penteado do jeito que pediu. Espero que tenha gostado.

– Eu não gostei, querida, adorei! – respondeu Elisa, dando uma última olhada no espelho.

Elisa pagou pelo serviço e, dando três beijinhos em sua nova amiga, prometeu voltar em breve, deixando o local. No caminho de volta, ficou pensativa. A história de Camila não saía de sua mente. Pensou no pai, Antonio, um homem das antigas, que nascera e fora criado no interior. Pela primeira vez, começava a vê-lo com outros olhos. Quando Miguel saiu de casa, ela ainda era muito jovem, adorava o irmão, que a tratava como uma rainha, e sentia muito sua ausência. Chegou a sentir raiva do pai por tê-lo escorraçado de casa de forma tão cruel.

Como seria difícil para Antonio aceitar o inexplicável, conviver com a sexualidade diferente do filho. E como estaria seu irmão hoje? Que ressentimentos guardaria do pai? Como fazê-los se reconciliar?

“É, não vai ser fácil cumprir minha promessa. Preciso fazer o papai aceitar o Miguel e, quando encontrá-lo, terei de fazê-lo perdoar papai” – pensou.

Com a cabeça tumultuada, chegou em casa. Judite já ia servir o almoço quando a filha entrou. Ao vê-la, não acreditou no que seus olhos lhe mostravam. Elisa estava linda. Pela primeira vez achou o corte de cabelo da filha realmente bonito.

– Você está linda! Essa cabeleireira tem mãos de fada!

– Tem sim, e é uma pessoa maravilhosa também. A senhora precisa ir lá.

– Psiu! Fale baixo, se seu pai escuta isso, a mata. Sabe como ele é, não me deixa nem passar um batom. Agora deixe de bobagens e vamos para a cozinha. Antonio detesta esperar.

Elisa abriu e fechou a boca. Pensou em falar mais uma vez para a mãe que ela estava errada, que não podia permitir que o marido mandasse em sua vida a ponto de proibi-la de usar maquiagem, mas desistiu e, calada, sentou-se à mesa, diante do olhar perscrutador do pai, que almoçava calado.

Os três fizeram a refeição em paz. Quando terminaram, Judite serviu a sobremesa. Elisa, resolvendo quebrar o clima de silêncio que se instalara no local, e querendo saber a quantas andava o sentimento do pai em relação ao irmão, falou com ar de desinteresse:

– Estive pensando, esta casa ficou tão triste depois que Maurício se casou.

– Seu irmão é um ingrato! Não aparece nem para saber se estamos vivos.

– Não fale assim. Ele liga toda semana para falar comigo e sempre pergunta de você, Antonio – respondeu Judite, com um tom de desagrado na voz.

– Pois é, papai, acho que é o senhor que precisa mudar sua forma de lidar com seus filhos. Um saiu de casa e não sabemos por onde anda, o outro se casou e prefere a companhia dos familiares da esposa à nossa.

Antonio deu um tapa na mesa, para desespero da esposa, que, pálida, olhava para a filha a suplicar-lhe que mudasse o rumo da conversa.

– Eu não a proibi de falar desse desavergonhado dentro de casa?

– Proibiu! Mas não posso obedecê-lo. Miguel é meu irmão e seu filho, quer o senhor queira ou não, por essa razão eu o aconselho a rever seus conceitos. Se Deus colocou sob sua proteção alguém como ele, deve ter seus motivos.

Antonio trincou os dentes. Judite, a essa altura da conversa, sentia vontade de tapar a boca da filha com o guardanapo.

– Deus não aceita pessoas como o desavergonhado do seu irmão.

– Será, papai? Não sou religiosa, mas acredito em Deus e não acho que Deus é maldoso. Pense bem, Deus mandaria ao mundo um filho seu com sentimentos homossexuais só para depois condená-lo e mandá-lo para o inferno? Definitivamente, não. Deus é pai amoroso e ama a todos os seus filhos.

Antonio levantou-se e olhou para Judite, que, sem cor e trêmula, não ousava soltar uma sílaba:

– Blasfêmia! Está vendo sua filha? Não foi só o corte de cabelo que ela mudou, mas seus pensamentos. Vou sair para não matá-la. E, quanto a você, veja se dá bons conselhos a ela.

Antonio rodou os calcanhares e saiu, cuspindo fogo. Judite, ao se ver a sós com a filha, pegou um copo de água, colocou açúcar e bebeu em dois goles, dizendo:

– Você enlouqueceu? Quer me matar do coração? Desafiar seu pai desse jeito, menina!

– Ora, mamãe! Chegou a hora de alguém dizer para o papai o que ele precisa ouvir. Tenho certeza de que ele pensará no que lhe falei.

– Vai, vai pensar sim, e se o conheço bem, enquanto ele lembrar das suas palavras, é bom nem chegar perto dele.

Elisa deu de ombros. Fizera o que achava certo e não se arrependera. Ao ver o estado de espírito em que sua mãe estava, levantou-se, tirou os pratos da mesa e a fez ir à sala para descansar, ficando responsável pela limpeza da cozinha.

⁂

As semanas passaram rapidamente para Luiz, que começara a frequentar as reuniões doutrinárias às segundas-feiras, e cada dia ficava mais encantado com o Espiritismo. Só em sua casa é que as coisas não estavam indo bem. Mercedes andava fria e arredia, sempre mal-humorada, maltratando-o por motivos banais.

Naquele dia, ele chegou em casa mais cedo, decidido a ter uma conversa franca com a esposa. Precisava saber o motivo de tanta mudança de humor. Ao entrar, encontrou-a sentada no sofá, folheando uma revista feminina. Sentou-se ao lado dela, passou a mão em seu ombro, o que a fez se esquivar, dizendo:

– Não pensei que viesse antes do horário habitual. Ainda não mandei preparar o jantar.

– Não se preocupe com isso. Vim mais cedo porque quero conversar com você.

Mercedes levantou-se. Sentiu um leve tremor e pensou: "Na certa, ele vai pedir a separação e me fazer passar por vilã perante nossos amigos, mas se pensa que vou facilitar sua vida, está muito enganado".

Mudando a fisionomia, respondeu:

– Não temos nada para conversar. Está tudo certo, temos uma bela casa e um filho maravilhoso. Agora vou para a cozinha. Alice está ficando gagá e preciso ajudá-la com o jantar.

Mercedes levantou-se, deixando Luiz pensando em sua vida e em como sua esposa mudara. Ele a conhecera em um baile da cidade, quando um amigo em comum os apresentou. Sentiu-se fascinado pela bela jovem. Naquele mesmo dia, de forma respeitosa, pedira sua mão em namoro. Ela, fazendo-se de difícil, disse que pensaria e que lhe responderia no dia seguinte e se ele aceitasse ir à sua casa para falar com seu pai, o que foi aceito de pronto.

No outro dia, já estava conversando com Omar, pai de Mercedes, que gostara muito dele, o que facilitou o relacionamento dos dois. Omar era um comerciante abastado, dono de duas lojas de confecção, e foi em clima de festa que a cerimônia nupcial acontecera.

Um ano depois, seu sogro veio a falecer, obrigando ele e o concunhado a assumirem os negócios da família. Ele e Adalberto se davam bem e possuíam tino para o negócio, que foi prosperando rapidamente. Em dois anos, já possuíam sete lojas, sendo a maioria em São Paulo.

Resolveram se mudar para a capital, o que foi bem aceito por todos. Compraram uma bela casa onde ele acreditava que passaria o resto de sua vida em paz com sua esposa, mas agora já não tinha mais tanta certeza disso. Se Mercedes não queria conversar, não poderia obrigá-la. O melhor que tinha a fazer era esperar o momento certo e, se isso não acontecesse, começaria a pensar em separação.

Mas não querendo tumultuar seus pensamentos com um futuro incerto, resolveu ir para o quarto e ler um pouco, só saindo de lá quando Alice o chamasse para o jantar.

*

O sol desaparecia no horizonte quando Aloísio deixou o escritório. A noite começava quente, e a sexta-feira propiciava um *happy hour*. Pensando assim, correu para o *hall* dos elevadores. Ao ver Glória esperando pacientemente a chegada de um, aproximou-se com um sorriso nos lábios:

– A noite está uma delícia, não? Que tal tomarmos um drinque?

Glória olhou fixamente em seus olhos. Fazia tempo que ela percebera o interesse do colega por ela e, sempre que podia, esquivava-se. Aloísio era um homem possessivo, e ela não queria problemas com ele. Pensou em recusar o convite, mas diante da face do colega, decidiu aceitar e pôr um ponto final naquele flerte de uma vez por todas:

– Está certo, vou com você, mas não posso demorar. Tenho outros compromissos.

Aloísio sentiu seu coração disparar e, com alegria, entrou no elevador. Em poucos minutos, ganharam a rua e andaram algumas quadras até chegarem a um discreto barzinho na rua Sete de Abril, que pelo horário ainda estava bastante movimentada.

Ao entrarem no local, Glória pediu um suco de laranja e sentou-se. Aloísio, após pedir uma bebida mais forte, sentou-se ao lado dela, dizendo:

– Não gosto muito deste lugar. Gostaria de levá-la a um local mais condizente com sua posição e beleza.

– Para mim, aqui está ótimo. Meu carro fica em um estacionamento aqui perto.

Aloísio tentou colocar sua mão sobre a dela, mas Glória, delicadamente, tirou-a e pegou o cardápio que estava sobre a mesa, fingindo interesse, o que o fez olhar para os lados. Ao ver dois rapazes conversando em uma mesa próxima, parou para prestar atenção em suas atitudes. Um deles era moreno, alto, usava uma roupa social e segurava uma pasta preta, o que demonstrava ser um executivo. O outro era mais jovem, branco, usava uma calça jeans colada ao corpo e uma camiseta *baby look* preta, que realçava seus peitorais. Ele sorria facilmente e, em determinado momento da conversa, passou levemente sua mão pelo braço do outro, que respondeu às carícias, segurando sua mão com carinho.

Aloísio sentiu o sangue ferver. Voltando-se para Glória, disse energicamente:

– Vamos sair daqui! Este lugar não é para nós.

Glória olhou para os lados e notou os dois jovens ainda trocando carícias. Então respondeu:

– Desculpe-me, Aloísio, mas não vou sair correndo daqui porque tem um casal homossexual na mesa ao lado.

Aloísio passou as mãos no rosto para enxugar o suor.

– Você vai sair, sim. Não posso acreditar que quer ficar no mesmo lugar que esses sodômicos!

Glória remexeu-se na cadeira. Aloísio levantou o tom de voz, fazendo com que todos os que estavam no bar, incluindo o jovem e diferente casal, olhassem para eles.

– Aloísio, pare com esse escândalo, por favor! Não vou sair porque você é preconceituoso. Não tenho nada contra ninguém, respeito as diferenças.

– Respeita as diferenças? Só me faltava essa, agora. Por que vocês, mulheres, insistem em defender esse tipo de gente? Todas vocês vêm com o mesmo discurso: "Eles são extrovertidos e autênticos, são simpáticos e delicados". Para mim, não cola! Eles não prestam, são pervertidos, sujeitam-se aos níveis mais baixos de sexo e ainda lutam pelo respeito da sociedade – respondeu Aloísio, trincando os dentes.

Glória, ao ver que ele abaixava um pouco o tom de voz, retrucou:

– Bem, não penso dessa forma. Acredito que cada ser é único e que não me cabe julgar a sexualidade de ninguém. Respeitar o próximo é aceitar que cada um é dono do seu destino e, estando certo ou errado, colherá os frutos de sua plantação.

Aloísio passou a mão no rosto novamente. Sentia-se sufocado, não aguentava mais ficar naquele ambiente. Para não ofender ainda mais Glória, sua paixão oculta, tirou algumas notas da carteira, colocou em cima da mesa e levantou-se, dizendo:

– Não fico mais nenhum segundo neste lugar. Vou embora. Se quiser ficar, por mim, tudo bem.

Glória levantou-se e saiu ao lado de Aloísio. Na rua, despediu-se dele secamente e caminhou até o estacionamento, onde entrou em seu automóvel, sentindo-se aliviada por se ver livre daquela situação. Deu partida no veículo e foi para sua casa, procurando esquecer o acontecimento.

Aloísio entrou em casa batendo as portas. Ao ver Ana, foi logo interrogando:

– Cadê o Fernando?

– Está na casa de uma amiga. Por quê? Algum problema?

– Todos!

Aloísio chutou uma cadeira.

– Como ela pôde ficar contra mim e a favor daqueles malditos? Ah, mas isso não vai ficar assim, ela me paga. Um dia ainda vou domar essa mulher – disse, voltando-se para a irmã: – Eu já não falei que não quero Fernando de amizade com garotas? Homem que é homem não fica de *ti-ti-ti* com meninas. Isso é coisa de maricas.

– Acalme-se! Ele não vai demorar, foi fazer um trabalho de escola. Além disso, Nandinho já está crescido e não posso impedi-lo de sair por aí.

Aloísio sentiu o sangue ferver. Odiava os homossexuais, e seu irmão insistia em ser afeminado. Sem esboçar mais uma sílaba, sentou-se no sofá, decidido a esperar por Nando, que não tardou a chegar.

Ana, que ficara na sala com o coração apertado, com medo de uma possível briga entre os dois, ao ver o irmão entrar em casa, foi logo dizendo:

– O jantar está pronto. Vá tomar um banho!

– Ainda não, rapaz! Sente-se! Vamos conversar – interpelou Aloísio.

E, sem que ele pudesse objetar, pegou-o pelo braço, jogando-o à força no sofá.

– Quando é que você vai aprender a ser homem, hein? Onde já se viu ficar por aí com amiguinhas.

Nando respirou fundo. Não aguentava mais as cobranças do irmão.

– Qual é o problema? Por que não posso ter amigas?

– Porque isso é coisa de florzinhas. Eu, na sua idade, já fazia outras coisas com as garotas.

– É, mas eu não sou igual a você e acho bom começar a aceitar isso.

– O quê?

Aloísio ficou pasmo e, procurando confirmar o que acabara de ouvir, voltou-se para Ana, questionando:

– Você está ouvindo o que seu irmão está dizendo?

– Eu não sou surda, Aloísio. O que Nando quis dizer é que não é porque ele é um tanto sensível, diferente de você, que é bem masculinizado, que ele seja homossexual. Não é, Fernando?

Ana voltou-se para o irmão mais novo, suplicando, por meio do olhar, para que ele concordasse. Por segundos, Nando sentiu vontade de gritar, dizer ao irmão que não tinha certeza sobre sua sexualidade e que qualquer que fosse sua tendência sexual, não era pior nem melhor que ele, mas se conteve e saiu, sem dizer uma palavra.

Aloísio, ao se ver a sós com a irmã, pôs-se a lhe cobrar:

– A culpa é sua por ele ser assim. É você que o fica mimando. Desse jeito ele não vai virar homem nunca.

Ana pôs-se a chorar. Não aguentava mais aquela situação. Não comovido pelo choro da irmã, Aloísio balbuciou:

– Não vou virar chacota da vizinhança. Acho bom ele virar macho de verdade.

Ana levantou-se e foi para o seu quarto. Se Aloísio quisesse continuar a brigar, que o fizesse com as paredes. E, com esses pensamentos, deixou o irmão sozinho.

Em seu quarto, Nando deitou-se e pôs-se a chorar. Por que ninguém o compreendia? O que fizera a Deus para merecer aquela vida? Ele lera no livro que Luana lhe emprestara que a morte era uma mudança de estágio e que nascíamos e renascíamos várias vezes na matéria, até conseguirmos evoluir espiritualmente. Sendo assim, o que fizera de tão ruim em sua encarnação passada para passar por tantas provações? Será que estava predestinado a viver como vítima de pessoas preconceituosas como seu irmão para sempre?

– Não posso deixar que me humilhem apenas por não ser como os outros acham que é correto – disse, trincando os dentes. – Preciso reagir, mudar algumas atitudes, mas como?

E, com esses pensamentos tumultuosos, acabou por adormecer, vencido pelo cansaço.

CAPÍTULO IV

O ACIDENTE

MIGUEL acordou cedo. Era dia de estudo no centro espírita, mas em seu íntimo algo lhe dizia para não ir. Seu coração estava apertado, e foi sem vontade que se despiu diante do espelho do banheiro. Ao ver sua fisionomia refletida, tentou sorrir. Enquanto se barbeava, parou os olhos diante de sua própria imagem e pôs-se a pensar em sua vida.

Ele não era tão afeminado, procurava se portar de forma discreta. Percebeu os traços fortes e másculos de seu rosto. Parou para se perguntar o que denunciava sua sexualidade.

– Talvez o meu jeito de falar ou alguma expressão corporal. Preciso mudar isso – disse a si mesmo.

Minutos depois, estava vestido a prumo. Foi até a cozinha e pôs a água do café para esquentar. Ao olhar à sua volta, sentiu piedade de si mesmo. Já fazia mais de três meses que começara a trabalhar, ganhava um bom salário e não precisava mais morar naquele lugar. Suas condições financeiras melhoravam a cada dia. Por que ainda insistia em viver ali, onde tudo era feio e velho?

Lembrou-se de uma frase que ouvira de alguém: "Você está onde se põe".

– É isso, estou me colocando nessa situação. Não sou inferior a ninguém, posso ser feliz e viver em paz comigo mesmo, tendo tudo de bom.

Um brilho indefinido passou pelos olhos dele, que se sentiu melhor. Ao coar o café, tomou um gole e foi para o trabalho. Quando entrou no escritório, gostou do que viu. Ali tudo era bonito e elegante. O cheiro gostoso de limpeza do ambiente, a mobília ricamente ornamentada. Agora, podia responder à pergunta que Luiz lhe fizera meses atrás.

Ele não conseguira crescer na vida porque deixara os outros a conduzir, acreditava no que lhe falavam em sua infância: que um homossexual nunca seria alguém na vida, que nascera para viver na pobreza e de forma promíscua. Não! Definitivamente, não! Ele não nascera para isso. Nascera para ser feliz, independentemente de sua "escolha sexual".

Miguel já ia entrar em sua sala quando a voz de Luiz foi ouvida:

– Bom dia, meu amigo! Vejo que está pensativo logo cedo. Faz mais de cinco minutos que entrei no escritório e você nem notou.

– Acordei assim. Mas vamos para a minha sala. Conversaremos um pouco antes de o escritório virar um alvoroço.

Luiz consentiu com a cabeça. Miguel lhe parecia estranho, havia algo indefinido no seu ser. Após entrar na bela sala e sentar-se confortavelmente na cadeira, comentou:

– Quero saber o motivo desse seu ar de mistério.

– Não há mistério algum. Estava pensando em minha vida. Mas, antes de lhe falar em que precisamente pensava, quero que me responda sinceramente como você me vê.

Luiz levantou a sobrancelha. Miguel fora seu melhor amigo no passado, entendia sua alma sem nunca ter lhe questionado sobre seus sentimentos íntimos, talvez até por medo de obter uma resposta que pudesse riscar o relacionamento deles, mas agora era diferente. Os anos os amadureceram e quaisquer que fossem os gostos e aptidões do amigo, não mudariam seus sentimentos para com ele. E foi pensando assim que lhe respondeu:

– Bem, sempre o vi com bons olhos. No passado, eu o via como alguém inteligente, sensível e de bom papo. Adorava conversar com você sobre tudo, sempre me dava bons conselhos. Você analisava a situação sob todos os aspectos, de forma sensata e, por essa razão, eu pouco me importava com o falatório dos outros garotos. Hoje o vejo com as mesmas qualidades, mas sinto que é inseguro, tem fobia de pessoas. Quando está em grupo, fecha-se em copas, e, sinceramente, acho que não se aceita como ser humano. Talvez, se passasse a aceitar sua sexualidade, a vida se tornaria mais fácil.

Luiz se calou. Ele sabia que havia tocado na ferida do amigo, mas não titubeou diante dos olhos surpresos de Miguel, que, embora tenha perguntado, não esperava uma resposta tão sincera. Após se refazer do susto inicial, respondeu ao amigo, pegando a tampa da caneta para morder:

– Sabe que tem razão? Era exatamente sobre essas coisas que pensava há pouco. Eu preciso mudar, conhecer-me melhor. Não posso passar minha vida inteira morando dentro de uma caixa de fósforos. Hoje percebi que o interno reflete no externo. Só não sei por onde começar.

– Pois acho que já começou! Bom, agora vou para minha sala. Hoje é dia de estudo e preciso correr para terminar meu serviço cedo.

– Eu também. Mas me diga! Já falou sobre isso com sua esposa?

– Não, Mercedes anda arisca. Não sei o que está acontecendo com ela. Até tentei saber o que se passava, mas ela sai pela tangente e eu não quis forçar a barra.

Luiz levantou-se e saiu da sala. Miguel, ao se ver a sós, pegou sua agenda para saber quais seriam seus compromissos naquele dia, esquecendo-se de sua vida pessoal para cuidar de seu trabalho.

⁂

– Mercedes, não sei se isso é certo. Olha, por que não senta com Luiz e conversa francamente com ele?

Mercedes olhou com cara feia para Vânia. Ela dirigia, enquanto a amiga lhe dava conselhos:

– Não tenho nada para falar com ele. Hoje pego aquele safado no flagra!

Vânia mordeu os lábios. Começava a se arrepender de ter concordado em ajudar a amiga quando, horas antes, ela chegou em sua casa pedindo seu automóvel emprestado. Não conseguiu negar, e agora se via naquela situação de embaraço. Não acreditava que Luiz estivesse traindo a amiga, por esse motivo concordou em segui-lo. No entanto, ao ver a maneira como Mercedes dirigia o veículo, sentiu medo. Quando pararam próximo ao escritório da família, Vânia respirou aliviada.

– Pronto! Agora é só esperar aqueles dois safados saírem e vamos atrás. Luiz não sabe do que sou capaz – disse Mercedes, quase a si mesma.

Transtornada, em sua mente via os dois rindo dela, divertindo-se entre homens e mulheres e dando vazão aos seus sentimentos de luxúria. Quanto mais pensava, mais sentia ódio do marido e repulsa de si mesma, por se manter casada com um homem capaz de se entregar aos mais degradantes instintos.

⁂

Nando andava lentamente pelas ruas do bairro. Já passava das quatro horas da tarde. Olhou para o céu, nuvens escuras se formavam, anunciando uma chuva torrencial, o que o fez acelerar os passos. Em poucos minutos, entrou na casa de Luana, que o recebeu com um sorriso. Os dois tornaram-se amigos íntimos e inseparáveis.

Magali, que estava na cozinha preparando o jantar, ao ouvir os risos frenéticos dos jovens na sala, foi ter com eles:

– Não sei do que tanto vocês riem. Que tal me colocarem a par?

– Claro, dona Magali! – respondeu Fernando, parando com o riso e tornando: – Luana e eu estamos imaginando como seria se alguns de nossos colegas de classe pudessem reencarnar como animais na próxima vida e quais seriam.

– Meus filhos, não brinquem com esses assuntos sérios, mesmo porque não há a menor possibilidade de isso acontecer.

– Exatamente! – interpelou Orlando, que, ao entrar na sala, pôde ouvir a conversa. – No processo evolutivo, uma alma nunca regride. Ela estaciona ou progride.

– Nossa, eu pensei que pudéssemos, numa próxima encarnação, vir como um animal.

– Não, Fernando. Uma vez já passado pelo processo animalesco, não se pode voltar. Um dia, milhares de anos atrás, já vivemos como animais, mas uma vez tendo progredido, não há motivo para repassar a lição.

Orlando colocou sua maleta em cima de uma mesinha e sentou-se com os jovens. Magali, após dar um delicado beijo no marido, deixou-o com os dois e voltou para a cozinha.

Os amigos conversavam animadamente. Orlando, ao ver o jeito alegre da filha, ficou pensativo. Ele não conhecia bem o rapaz, mas Fernando mostrava-se simpático e educado. Embora tenha percebido nele uma delicadeza atípica do sexo masculino, não se opôs à amizade deles. Procurava passar para a filha seus conceitos: o que importava em um ser humano não era sua opção sexual, e sim o caráter.

Luana, ao ver o pai com o olhar perdido no espaço, resolveu tirá-lo de suas meditações:

– Pai, o Nandinho me perguntou há pouco se no plano espiritual a visão que temos a respeito de nosso próximo é igual à que temos na matéria. Eu respondi que não, mas não soube explicar o porquê.

Luana deu uma leve piscada para o pai, que riu prazerosamente com o jeito da filha. Luana fora criada dentro do Espiritismo, conhecia muito bem a doutrina espírita. Mesmo ainda jovem, se quisesse poderia ter respondido à indagação, talvez até melhor do que ele. Se não o fizera, era pelo simples motivo de aproximar os dois, talvez por ter percebido no jovem a falta de uma figura masculina que lhe compreendesse, acreditando que o pai seria a melhor pessoa para elucidá-lo.

E foi com sinceridade que Orlando olhou com carinho para Fernando, dizendo:

– A vida fora da matéria é bem diferente neste aspecto. Quando desencarnamos, vamos ao encontro de nossas crenças na carne; portanto, há lugares no astral em que os espíritos só se preocupam com o bem da humanidade. Esses seres já aprenderam a não prejulgar seus próximos, entendem que cada ser é único, com qualidades e defeitos. Se assim não fossem, não precisariam voltar a reencarnar. Mas há lugares no astral onde reina o ódio, a inveja e todos os sentimentos contrários à caridade. Esses espíritos vivem somente para prejudicar a humanidade com seus conceitos deturpados a respeito de Deus e da vida; julgam-se juízes do destino e quase sempre conseguem seu intuito, que é estacionar a humanidade. Entendeu?

– Entendi, sim senhor! – respondeu o jovem com um sorriso.

Ele já ia formular outra pergunta ao dono da casa quando Magali os interrompeu para dizer que o jantar seria servido em meia hora, fazendo Orlando pedir licença para tomar um banho antes da refeição.

Nando aproveitou para se despedir deles, mesmo com a insistência da família para que ficasse e os acompanhasse no jantar, o que ele recusou, explicando que precisava chegar em casa antes do irmão.

Ganhou a rua feliz por sentir-se aceito no seio daquela família, que lhe dava carinho e compreensão, coisas que nunca encontrou em seu próprio lar.

*

Faltavam menos de dez minutos para encerrar o expediente quando Luiz entrou na sala de Miguel. Ao ver o amigo ainda sentado, com ar enfadado, não se conteve:

– Ainda está de frente para esse bendito monitor? Já está na hora de irmos para a reunião.

– Eu sei, mas não estou com vontade de ir. Não sei, estou sentindo uma angústia, parece que algo de ruim está para acontecer.

Luiz puxou uma cadeira e sentou-se. Estava com os mesmos sentimentos, passara o dia todo lutando contra a angústia súbita que lhe acometera, mas estava disposto a vencê-la e, procurando animar o amigo, respondeu:

– Também estou assim. Até parece que tem uma força contrária a nossa ida ao centro espírita hoje, mas vamos assim mesmo. Devemos confiar em Deus e tudo sairá bem.

Miguel respirou profundamente. Ele havia decidido que não frequentaria mais as reuniões. Gostara da filosofia espírita, mas não queria se aprofundar no assunto. Iria àquele compromisso e, no fim da reunião, agradeceria a Orlando pelo carinho e pela atenção dedicados a ele e não voltaria àquele lugar. Luiz, com certeza, entenderia seus motivos e passaria a ir sem sua companhia.

– Está certo. Vamos!

Miguel levantou-se. Os dois saíram do escritório conversando e foram para o estacionamento. Mercedes, ao ver os dois entrarem no carro, sentiu o sangue ferver.

– Olha lá os dois safados. Estão saindo.

Vânia olhou com atenção. Para seu desespero, estava começando a acreditar que a amiga estava com a razão, mas procurou manter a serenidade.

– Acalme-se, Mercedes! Miguel ainda não tem automóvel. Eles estão saindo juntos, é natural que usem o mesmo veículo.

– Não tente tapar o sol com a peneira, Vânia!

Mercedes deu partida no veículo. Assim que viu o carro do marido virar a rua, passou a segui-los discretamente.

Luiz dirigia atentamente, passando pelo trânsito pesado do centro da cidade, no horário de *rush*. Chegou a um bairro próximo. Após parar o veículo diante da casa de Glória, deu um toque na buzina e não demorou para ver a figura altiva da amiga fechando a porta da casa e entrando no veículo. Mercedes, que olhava a cena a certa distância, não se conteve:

– Você está vendo? Meu Deus, a coisa é mais sórdida do que eu imaginava.

Vânia coçou a cabeça. Aquela cena inesperada a deixara sem reação. Mercedes, ao ver a amiga quieta, tornou:

– Como fui tola! Achava que Luiz frequentava boates com aquele profano, mas não! É claro que ele está usando esse pederasta para se encontrar com a amante.

Mercedes deu partida no veículo. Estava disposta a ir até o fim daquela empreitada.

– Como ele pode fazer isso comigo? Desgraçado, você me paga! – disse a si mesma, trincando os dentes.

No carro da frente, Luiz conversava com Glória quando Miguel os interpelou, dizendo:

– Não quero assustá-los, mas acho que estamos sendo seguidos. Aquele carro vermelho está nos acompanhando há um bom tempo.

Luiz olhou pelo retrovisor. O automóvel mantinha certa distância. Resolveu virar uma esquina, mudando o trajeto. Ao olhar novamente para o retrovisor, viu o carro ainda os acompanhando e virou novamente outra esquina. Ao ver o veículo em seu encalço, disse:

– Não sei o que fazer. Não temos inimigos. Por que alguém nos seguiria?

– Estou começando a ficar com medo, Luiz! Você é dono de uma rede de lojas, esqueceu? Podem estar querendo sequestrá-lo.

– Também acho isso possível – disse Miguel, que, voltando-se para Glória, perguntou: – Você sabe onde fica a delegacia do bairro?

– Sei sim. Fica a oito quadras daqui. Vire a primeira à direita. Vamos pegar uma rua paralela, mas cuidado que ela tem uma curva perigosa, Luiz.

Luiz não respondeu. Entrou na rua indicada e pegou uma estradinha, pedindo a Deus para protegê-los. Pisou fundo, para desespero de Vânia, que estava no outro veículo.

– Mercedes, eles perceberam que os estamos seguindo. Vamos voltar para casa. Outro dia os seguimos, se é isso que quer.

– Não, de jeito nenhum. Esse safado me paga!

Mercedes acelerou. Não os perderia de vista. Seus sentimentos de ódio tomavam conta do seu ser.

– Como pude ser traída dessa forma? – perguntava a si mesma.

Estava tão absorta naquela energia que não percebeu a curva fechada logo à frente e, sem tirar o pé do acelerador, bateu de frente com um poste de alta-tensão no fim da curva.

Miguel olhou para trás e pôde ver o carro sendo parado pelo poste. Luiz tremia no volante. Glória, atônita, falou:

– Meu Deus, eles bateram. Olha, a delegacia fica na próxima quadra.

Luiz sentia a perna tremer e, com dificuldade, estacionou o veículo na porta do distrito. Ao ver dois policiais entrar correndo em uma viatura e ligar a sirene do veículo, indo em disparada na direção do acidente, respirou fundo, tentando atinar as ideias.

Miguel, que estava ao seu lado, foi quem quebrou o clima de silêncio, dizendo:

– Vamos nos acalmar. Aqui estamos seguros. É melhor procurarmos saber quem nos seguia antes de tomarmos qualquer decisão. Não podemos entrar na delegacia desse jeito e fazer uma acusação sem termos certeza.

Luiz passou a mão no rosto nervosamente. Miguel tinha razão. Eles estavam sendo seguidos, mas por quem e por que não sabiam. O melhor a fazer era voltar e descobrir a identidade de seus perseguidores. Na certa, estavam machucados e não iriam lhes fazer nenhum mal, uma vez que até a polícia já estava indo para o local.

Ligou o veículo, deu ré e voltou à estrada. Ao ver a pista interditada logo à frente, tratou de estacionar em uma rua paralela. Os três desceram e, quando se aproximaram do local do acidente, o tumulto era geral. A ambulância havia acabado de chegar e várias viaturas da polícia cercavam o lugar, impedindo a passagem de quem quer que fosse.

– Nossa, que acidente horrível! O carro vinha em alta velocidade. A mulher, na certa, não viu a curva, coitada. Morrer desse jeito! – comentou uma senhora com duas moças, logo à frente de Luiz, que ouviu o relato e sentiu seu sangue gelar.

– Vocês ouviram? Era uma mulher no volante. Quem será?

Miguel não respondeu e, sem pensar, aproximou-se um pouco mais e, ao ver um policial, chamou-o, dizendo:

– Acho que sei quem é a dona desse veículo. Será que posso chegar mais perto?

– Olha, a situação é grave. Havia duas mulheres no automóvel. Uma está sendo levada para o hospital ainda com vida, mas a outra não resistiu e seu corpo está dilacerado. Venha comigo!

Miguel seguiu o policial. Ao se aproximar do veículo, não pôde acreditar no que seus olhos viram. Era Mercedes. Se não fosse amparado pelo policial, teria caído, tamanho o susto.

⁂

Mercedes saiu do veículo se arrastando. Olhou para as pessoas à sua volta. O que estava acontecendo? Por que ninguém a socorria?

– Cambada de gente ignorante! Estão mais preocupados com o acidente do que comigo.

– Mercedes! Que bom reencontrá-la!

Mercedes olhou para o homem à sua frente. Por segundos, teve a nítida impressão de conhecê-lo, mas não estava conseguindo compreender aquela situação. Tudo estava confuso, e foi com esses pensamentos que desmaiou nos braços do desconhecido, que, após soltar uma risada estrondosa, saiu do lugar, levando sua tutelada nos braços.

⁂

Os dias que se seguiram foram de muita tristeza para a família de Mercedes. O enterro se realizou carregado de dor e sofrimento. Os amigos e parentes mais distantes tentavam, em vão, entender o que havia acontecido.

Maíra, ao saber do ocorrido, contou ao cunhado os pensamentos da irmã. Sentiu-se culpada por não ter conseguido evitar a tragédia. A família decidiu não esclarecer os fatos aos amigos. Vânia desencarnou dois dias após o sepultamento dos restos carnais da amiga, trazendo mais dor e sofrimento a todos os envolvidos no caso.

CAPÍTULO V

INCOMPREENSÃO

FERNANDO passou rapidamente pelos portões da faculdade. Ele havia prestado vestibular para Psicologia e entrara entre os primeiros do curso, ao lado de Luana, que também optara pela área da saúde mental. Os dois estavam na mesma turma.

O jovem, ao ver a porta de sua sala se fechar, esbravejou consigo mesmo: "Que droga, Nando, você tinha de se atrasar justo hoje?"

Nando olhou à sua volta. O corredor estava vazio. O melhor que tinha a fazer era ir até o pátio, sentar-se em um dos bancos próximos ao jardim, e esperar a segunda aula. Com esses pensamentos, desceu.

Estava tão distraído que não viu um rapaz parado no fim da passagem e bateu nele, que, pego de surpresa, cambaleou, só conseguindo se equilibrar ao se segurar na parede.

– Por que não olha por onde anda, seu desastrado!

Nando olhou para os olhos verdes do moço, que o fitava com raiva, e tentou se desculpar.

– Sinto muito! Você se machucou?

– Não! Mas foi por sorte. Vê se começa a prestar mais atenção. Esse campus está sempre cheio de gente indo e vindo a todo instante, e...

O jovem esboçou um sorriso malicioso. Havia um tempo que ficara observando Fernando a distância. E o destino acabara de colocá-lo diante dele de forma inesperada. Após medi-lo de cima a baixo, fixou os seus olhos nos dele, num jogo de sedução que fez Nando tremer levemente dos pés à cabeça, e tornou, pegando em sua mão discretamente:

– Bom, só vou perdoá-lo se for até a cantina tomar um suco comigo. A propósito, meu nome é Caio.

Nando sentiu o toque macio da pele do não mais desconhecido rapaz. Caio tinha estatura mediana, era branco, tinha cabelos negros e bem aparados, a boca carnuda e bem delineada. Seus olhos verdes contrastavam com as sobrancelhas negras e bem-feitas pela natureza.

A intuição de Nando lhe pedia para recusar o convite, mas diante dos gestos de Caio, não se conteve e, tirando sua mão da dele, caminhou em silêncio até a lanchonete.

Caio pediu dois sucos de laranja para a garçonete, que o atendeu com certa intimidade. Ao lhe entregar os copos, brincou:

– O seu é o da direita, "Piuí", do jeito que gosta, com pouco açúcar para não melar o seu fígado.

O rapaz riu prazerosamente e deu uma leve piscada para a garota, que retribuiu com um sorriso. Caminhou alguns passos até parar em uma mesinha, onde colocou os sucos e, sentando-se confortavelmente na cadeira, esperou que Nando fizesse o mesmo. Tomou um gole do líquido e disse:

– Acho que já sabe muito a meu respeito. Já lhe falei meu nome e até ouviu o meu apelido, mas ainda não sei quem você é.

– Desculpe! Meu nome é Fernando, mas pode me chamar de Nando. Agora fiquei curioso. Por que Piuí?

Caio passou a língua nos lábios, num gesto instintivamente sensual, antes de responder:

– Bom, tem a ver com o apito do trem, mas não sei até hoje qual o real motivo do apelido. Estou no terceiro ano de Propaganda e Marketing. Conheço muita gente nesse campus e sabe como são os engraçadinhos. Arrumam qualquer pseudônimo que passa por sua mente. Esse, infelizmente, pegou para mim.

– Sei como é.

Fernando remexeu-se na cadeira. Caio não parava de fitá-lo, o que o deixou um tanto desconcertado. Não estava acostumado a ser flertado, sempre fugia de qualquer rapaz que demonstrasse algum interesse, mas com esse havia algo diferente. Parecia estar hipnotizado por aquela beleza apolínea.

Caio, percebendo o que se passava no íntimo do rapaz, curvou seu corpo sobre a mesa e, sem se preocupar com os possíveis olhares de curiosos, ficou a poucos centímetros da face de Fernando, o que o fez sentir novamente um tremor lhe subindo pelas pernas.

– Sabe, Nando, embora não tenha percebido, desde o primeiro dia de aula que o observo a distância e desejo esse momento.

Quero conhecê-lo melhor, em um outro lugar. Que tal irmos ao cinema sábado à tarde?

– Pode ser! – balbuciou o jovem de súbito, o que o fez recuar com ar triunfante.

– Então está marcado. Sábado, às dezesseis horas, espero-o em frente ao cinema do shopping aqui perto.

Fernando consentiu com a cabeça. Luana, que chegara ao pátio, ao vê-lo conversando, chamou-o de longe, fazendo-o se despedir de seu novo amigo e ir ao seu encontro. A moça percebeu que ele estava pálido e trêmulo, e tratou logo de puxá-lo para um canto, chamando-o à realidade:

– Nando, não acredito que está de bate-papo com esse patife do Piuí!

– Você o conhece? De onde?

– Ora, meu querido! Só você não conhece a fama dele por aqui. Olha, sabe que não gosto de falar da vida alheia, mas já ouvi horrores a respeito desse sujeito. Dizem até que seu apelido é Piuí porque parece um trem. Entendeu ou preciso ser mais clara?

Fernando riu prazerosamente. Luana era sua amiga e, com toda certeza, estava preocupada com seu possível envolvimento com Caio, mas ele já era bem grandinho. Gostara do jovem e não acreditava no que os outros diziam, afinal ele era o exemplo do que a maldade na língua dos outros era capaz de fazer e inventar, mas, para acalmá-la, respondeu:

– Não precisa se preocupar. Foi só uma conversa, nada mais.

– Assim espero. Mas vamos mudar de assunto. Você perdeu uma prova importante hoje.

Nando lhe contou sobre o atraso e os dois ficaram conversando sobre outros assuntos antes de entrarem na aula seguinte.

⁂

No começo da tarde de sábado, Fernando desceu as escadas de dois em dois degraus. Era início de outono. Ele vestia uma calça jeans clara e uma camisa de manga comprida azul, com detalhes em branco, que comprara dois dias antes, pensando na ocasião. Ana, ao vê-lo com um brilho estranho no olhar, questionou-o:

– Para onde vai, Nandinho? Aloísio foi jogar futebol e não vai demorar; portanto, nem pense em sair para longe.

– Aloísio, Aloísio! Estou cansado disso, sabia? Já sou um homem, tenho os mesmos direitos que ele nesta casa, que nossos pais deixaram igualmente para nós três. Vivo, por enquanto da pensão que recebo do estado para estudar; portanto, não dependo nem de você, nem dele. Chegou a hora de meu querido irmão aprender que ele não é dono desta casa e de nossa vida, e seria muito bom se você começasse a pensar como eu. Agora, vou sair e não sei a que horas eu volto.

Nando deu um beijo rápido na destra da irmã e saiu sem lhe dar tempo para os sermões.

"O que deu nesse menino, meu Deus?", perguntou Ana a si mesma, sentando-se no sofá da sala, perdida em seus pensamentos.

Já na rua, Nando andou algumas quadras sentindo a brisa fresca que batia em seu rosto. Logo a bela fisionomia de Caio lhe veio à mente. Aquele era seu primeiro encontro amoroso e não sabia bem o que faria. Nunca ousara tocar em outro homem, embora sua alma feminina havia muito tempo desejava viver momentos ao lado de alguém que lhe fizesse bem.

Em poucos minutos, chegou ao ponto de ônibus, onde um grupo de jovens conversavam animadamente, reconhecendo entre eles Zeca, um antigo inimigo do colégio. Quando avistou o veículo, fez sinal e aguardou o motorista parar para ele entrar.

Ao sentar-se no banco, suspirou aliviado. Pela primeira vez, Zeca não fizera nenhum comentário desagradável.

Procurando esquecer o rápido encontro, pôs-se a olhar a paisagem. Ao avistar o shopping, deu sinal e desceu em direção à rua que dava acesso à entrada principal. O local estava cheio, a maioria eram jovens que buscavam distração no fim de semana.

Ao ver Caio, sorriu interiormente. Ele parecia mais bonito do que quando o conhecera dias atrás. Usava calça jeans preta, uma blusa branca e, por cima, uma jaqueta de couro. Com o coração aos saltos, aproximou-se e lhe estendeu a mão, que Caio pegou com delicadeza, segurando-a sem a intenção de soltá-la, deixando Fernando encabulado e olhando para os lados para ver se alguém os notara.

– Estamos em cima da hora. Logo a sessão começará – disse Fernando.

– Não se preocupe! Cheguei mais cedo para comprar os ingressos. Escolhi um filme romântico, em que uma cantora americana se apaixona pelo seu segurança particular.

– Você leu meus pensamentos. Ia sugerir esse filme.

Caio deu uma piscada e, finalmente, soltou a mão dele. Os dois entraram no shopping, indo direto à área reservada do cinema. A fila de entrada para a sala do filme era grande, mas fluiu bem.

Quando entraram, sentaram-se lado a lado. Caio, aproveitando-se do escuro da sala, pegou na mão do companheiro, ficando a acariciá-la. O filme romântico, as músicas que eram cantadas pela personagem falando de amor, faziam Nando suspirar apaixonadamente, e foi nesse clima que ficaram até as luzes se acenderem.

A plateia foi saindo pouco a pouco. Caio, ao ver seu parceiro olhar para o relógio de pulso, apressou-se a dizer:

– Não está pensando em me deixar. A noite ainda é uma criança. Pensei em levá-lo ao meu apartamento. Meus pais foram para o litoral e estaremos sozinhos.

Nando sentiu seu coração disparar. Não pensava que o encontro pudesse levá-lo a algo mais sério, mas Caio o olhava com tanta ternura que não conseguiu contrariá-lo.

– Está certo, vou com você, mas tenho de chegar cedo em casa.

Os dois saíram rapidamente do local. Caio o levou até o estacionamento e abriu a porta do passageiro para Nando entrar, num gesto de cavalheirismo, que o fez se sentir especial. Depois, deu a volta e entrou no veículo, dando partida.

O trajeto foi feito em silêncio. Fernando sentiu suas pernas tremer. A fisionomia de Aloísio lhe veio à mente. Como encará-lo depois de se envolver com outro homem, que desculpa daria por ter chegado tarde em casa?

Mas Caio estava ao seu lado. O cheiro gostoso de seu perfume, as carícias que ele lhe fazia na perna quando paravam no sinal fechado... Como rejeitar aquele carinho que sonhara em receber um dia?

"Não, não posso viver ocultando meus sentimentos, não posso negar a mim mesmo o direito de vivenciar uma paixão, mesmo que essa paixão não seja convencional."

Assim, entrou no luxuoso apartamento de um bairro de classe média alta da cidade. Caio procurava lhe mostrar cada detalhe do belo lugar. Quando chegou ao seu quarto, fechou a porta, fazendo o coração de Fernando bater descompassado. Abraçou-o com fervor, dando-lhe beijos apaixonados, que foram retribuídos com a mesma intensidade. Ficaram juntos por algumas horas.

Já passava da uma hora da madrugada quando Fernando entrou em casa, o rosto ardendo e um sorriso largo estampado na cara. As luzes estavam apagadas, por segundos chegou a acreditar que seus irmãos estivessem dormindo. Tirou os sapatos para não fazer barulho, quando a voz de seu irmão se fez ouvir na penumbra da sala escura.

– Posso saber onde estava até essa hora?

– Sai com meus amigos. Fui a uma festa de aniversário.

– Mentira! – gritou Aloísio, levantando-se em um salto e acendendo as luzes.

Ana, que ficara em seu quarto rezando, ao ouvir os gritos de seu irmão, correu para a sala. Aloísio, ao ver a irmã se aproximar, voltou-se para ela dizendo:

– Seu irmãozinho, além de maricas, é mentiroso!

– Acalme-se, Aloísio! Vamos dormir. Amanhã conversamos melhor.

Ana pegou no braço do irmão, como a lhe suplicar que a escutasse, mas foi em vão.

– Você pensa que sou idiota ou o quê? Você é muito burro. Marcou um encontro com outro cara no shopping mais próximo do bairro, em um sábado à tarde! Juvenal, nosso vizinho da esquina, estava lá com sua esposa. Viu você ao lado daquele maldito pederasta. Entrou no bar e me mandou uma indireta quando me viu.

Aloísio gritava com toda a força de sua alma, sem se importar com o tardar das horas e com o alarde na vizinhança. Após fazer uma breve pausa para ver a expressão de espanto do irmão, tornou:

– Eu ainda tive tempo de ir até lá, procurei você por cada canto daquele lugar, até vê-lo saindo do cinema com o safado e entrar em seu carro.

Ao rever a cena em sua mente, Aloísio não se conteve, cerrou o punho e deu um soco no rosto do irmão, que caiu no chão. Ana tentou segurá-lo, mas foi empurrada.

– Isso é pouco pelo que você merece, seu sodômico! Você acha que está certo ser assim, hein? Responda, seu maricas de uma figa! Seja homem pelo menos um minuto dessa sua vida devassa!

Fernando passou a mão na boca que sangrava. Teve ímpetos de revidar. Seu irmão não tinha o direito de lhe bater. Estava cansado, passara praticamente toda a sua curta vida tendo medo dele, medo de sua reação ao descobrir o que sempre soube. O momento da verdade havia chegado, não iria mais se esconder, e foi com dificuldade que conseguiu se levantar, dizendo com lágrimas nos olhos:

– Quer saber a verdade? Então lá vai! Eu estava até agora com outro homem, sim. E daí? A vida é minha, eu vou gritar para quem quiser ouvir. Eu sou homossexual, sim! Não por opção.

Ninguém escolhe sofrer, ser motivo de chacota da rua, mas nasci assim. Sinto atração por pessoas do mesmo sexo, quer você queira ou não, e não vou mais esconder isso de ninguém. Sabe por quê?

Nando fez uma pausa para enxugar as lágrimas que corriam com insistência por sua face, já se misturando ao sangue que escorria de sua boca, rolando pelo pescoço. Olhou para a irmã, que chorava atônita com aquela situação, e tornou:

– Porque são os meus sentimentos, a minha vida, e ninguém vai viver por mim!

Aloísio sentiu o sangue ferver e, sem pensar, partiu novamente para cima do irmão, que revidou. Os dois caíram no chão, dando-se socos e pontapés. E foi com muita dificuldade que Ana apartou a briga. Aloísio, ao vê-lo caído, criou fôlego e disse:

– Ser gay é contra a natureza, seu safado! Deus fez o homem para a mulher e cada célula do nosso corpo reconhece isso. A ciência reconheceu isso ao analisar a anatomia de ambos os sexos, feitos ou formados, como queira entender, um para o encaixe perfeito do outro. No mais, qualquer outra forma de relação sexual é safadeza, promiscuidade, sem-vergonhice pura; portanto, não encha a boca para dizer que nasceu assim e acabou. Não sou obrigado a tolerar gente como você, seu pederasta de uma figa.

Aloísio, enchendo a boca de saliva, cuspiu no rosto do irmão. Em seguida, arrastou-o para fora de casa, só o soltando na calçada. Ana assistia àquela cena degradante a um canto, sem coragem para defender Nando, que sem forças para reagir, deixou-se enxotar para fora de casa feito um saco de lixo.

A madrugada ia a esmo e a rua estava vazia, a fina neblina que caía sobre seu corpo ao chão o fazia tremer de frio. Ana olhou penalizada para o irmão. Passara anos rezando para que aquele momento nunca chegasse. Tentou entrar em casa para pegar material de primeiros socorros e um cobertor, mas Aloísio trancou a porta, deixando os dois na rua.

Nando ergueu a cabeça. Seu corpo doía. Ao olhar para as casas próximas, pôde ver pelas janelas as luzes acesas e as sombras o fitando por detrás das cortinas, sem ousarem sair de seu aconchego para ajudá-lo.

"Malditos sejam! Aposto que estão gostando de me ver nesta situação", disse a si mesmo, trincando os dentes.

Criou forças para se levantar, pois não continuaria dando o gosto para aquelas pessoas ignorantes de vê-lo na sarjeta. Ana aproximou-se, ajudando-o a ficar em pé. Passou a mão no rosto do irmão, tirando um pouco do sangue que começava a coagular pelo corte no supercílio. E disse, quase num desabafo de dor e sofrimento:

– Oh, meu irmão! Será que um dia conseguirá me perdoar? Não fui capaz de defendê-lo perante Aloísio.

Nando olhou para os olhos da irmã. Suas vistas estavam turvas. Precisava sair dali, deixar sua família para trás e tentar ser feliz. Para não prorrogar ainda mais aquele momento angustiante, contemporizou:

– Você também é vítima da tirania de Aloísio. Um dia vai aprender a ser independente e ter suas próprias opiniões. – E, com essas palavras, rodou nos calcanhares. Ao perceber que Ana o seguia, virou-se:

– Deixe-me, vou ficar bem. Sei quem me dará guarida, não se preocupe!

Ana pensou em não obedecer a ele. Seu irmão andava cambaleando, mas desistiu e, com o coração apertado e lágrimas nos olhos, viu-o desaparecer na esquina.

O jovem caminhava com dificuldade pelas ruas do bairro. Mais que as dores físicas, o que vinha de sua alma parecia doer com voracidade, pois fora vítima da intolerância e do preconceito em seu próprio lar. Muitas vezes, sentira medo de sofrer agressões físicas na rua, principalmente quando estava em algum transporte público e percebia, em alguns sujeitos de aparência bruta, olhares de reprovação. Nesses momentos, procurava corrigir sua postura delicada e voltava suas vistas para as janelas do veículo, evitando os olhares comprometedores.

– Meu Deus, quanta ignorância! – balbuciou.

Assim, chegou à porta da casa de Luana e apertou a campainha. Olhou para o céu, o sol começava a despontar no horizonte, o que o fez sentir vergonha de si mesmo. Na certa, todos daquela casa ainda estavam recolhidos.

Já ia dar meia-volta quando a porta se abriu. Ao ver a figura de Orlando, ajeitando o pijama, tentou articular as palavras, mas, sem conseguir e vencido pelo cansaço devido ao esforço que fizera para chegar até ali, desmaiou, fazendo o senhor, num gesto instintivo, apoiá-lo em seus braços.

– Meu Deus, o que aconteceu? – esboçou Orlando, ajeitando-o em seus braços para conduzi-lo até o sofá.

Magali e Luana, ao ouvirem o barulho proveniente da sala, correram para o local. Em poucos minutos, estavam todos mobilizados para socorrê-lo. Magali foi pegar seu material de primeiros socorros. Luana aproximou-se com uma toalha úmida para limpar o sangue da tez do amigo, que despertou ao sentir o cheiro do álcool que Magali colocara próximo a sua narina. Orlando, ao vê-lo abrir os olhos e tentar falar, interrompeu-o, dizendo:

– Não diga nada, meu rapaz. Está entre amigos. Vou ajudá-lo a ir para o quarto de hóspedes, assim, ficará mais confortável. Quando se sentir melhor, conversaremos. Agora, quer que avisemos seus irmãos que está aqui?

Fernando fez um gesto negativo com a cabeça e os três se entreolharam. Com a ajuda de Luana e Orlando, ele foi para o quarto.

Magali olhava a cena penalizada. Lembrou-se de quando se casou e ficou grávida. Por mais que seu marido lhe dissesse que não se preocupava com o sexo da criança, ela sentia que ele preferia um menino. Mas Luana nasceu e ele não demonstrou nenhum tipo de desagrado. Ao contrário, ficou feliz com a pequena menininha que Deus lhe deu para dar amor e educação. O tempo foi passando, eles tentaram ter outros filhos, mas ela não conseguiu mais engravidar.

Orlando voltou para a sala. Ao ver os olhos da esposa perdidos no espaço, abraçou-a delicadamente, dando-lhe um beijo na destra, e perguntou:

– Posso saber onde esses seus olhos a conduziam?

– Ao passado. Estou me lembrando do nascimento de nossa menina e de como fomos gratos à providência divina por nos ter dado a alegria de sermos pais. Sabe, meu amor, acho que o mal de muitos pais começa exatamente antes de ter os filhos.

– E por quê? – perguntou Orlando, soltando a esposa.

Magali o pegou pelas mãos, conduzindo-o à cozinha, onde, após pegar a chaleira e colocar água para ferver, respondeu:

– Quando um casal espera um bebê, cria sobre o pequeno ser expectativas do que considera o melhor para ele, fazendo planos para que seja assim ou assado. Por exemplo, se for menino, vai jogar futebol, torcer para um time e todas essas coisas do universo masculino. Se menina, vai fazer balé, estudar, aprender a cuidar da casa e por aí vai. Só que eles se esquecem de que aquele ser nascerá com aptidões independentes de suas vontades. Quando isso acontece, frustram-se e, muitas vezes, começam uma grande batalha dentro de casa. Estou errada?

Orlando sentou-se em uma cadeira. Ao ver o olhar indagador da esposa, respondeu:

– Não está tão errada, mas sabe que a vida é muito mais complexa que isso. Quando um espírito reencarna, ainda na infância traz consigo traços muito fortes de sua encarnação anterior. Muitas vezes, vejo crianças agressivas, que batem em seus irmãos e coleguinhas por qualquer motivo, e os pais não os corrigem ou, quando o fazem, agem de forma errada, não os ensinando, de fato, a eliminar a agressividade e a intolerância. Resultado? Tornam-se adultos com esses traços latentes e, se a vida não os ensinar a serem pacíficos e tolerantes, desencarnam sem terem aprendido a lição. No caso do homossexualismo, não é diferente. Na maioria das vezes, quando os pais percebem que seus filhos possuem traços femininos, fazem de tudo para obrigá-los a mudar. Esquecem-se ou não se dão conta, devido às suas crenças, que aquela questão é muito mais ampla e que bater e xingar não vai mudá-los. É preciso entendê-los, aceitar de fato de que seu filho, embora tenha nascido com o revestimento carnal daquele sexo, pode vir a ter a alma do sexo oposto, ou apenas ter tendências homossexuais.

Orlando fez uma pausa para colocar uma xícara de café que Magali acabara de coar. Luana, que deixara o amigo no quarto, após trocar breves palavras com ele, chegou à cozinha a tempo de ouvir o fim da explicação do pai. Após sentar-se à mesa para tomar o desjejum, esperou que sua mãe fizesse o mesmo e comentou:

– O mundo seria diferente se todos agissem e pensassem como o senhor, papai!

– Não sou perfeito, minha filha. Tenho qualidades e defeitos como qualquer outro ser humano, mas acredito que o amor e a tolerância são os sentimentos necessários para a evolução do espírito.

– Diga-me uma coisa. Fernando lhe contou quem fez essa crueldade com ele? Precisamos levá-lo à delegacia para prestar queixa e avisar seus familiares – interpelou Magali.

Luana, após tomar um gole de café com leite, respondeu:

– Foi o irmão dele. O motivo eu ainda não sei, pois o fiz descansar, mas não precisa ser adivinho para saber que Aloísio descobriu, ou melhor dizendo, confirmou suas suspeitas.

– Meu Deus, como pode um irmão chegar a esse ponto?

– A intolerância, nesses casos, quase sempre começa no seio familiar, meu amor – respondeu Orlando para a esposa. E, voltando-se para a filha, tornou: – Deixe seu amigo descansar. Vamos esperar a sua melhora. Ele poderá ficar conosco o tempo que precisar.

– O senhor é o melhor pai do mundo!

Luana levantou-se e deu vários beijos na face do pai e da mãe. Os três terminaram sua primeira refeição sem tocar mais no assunto.

CAPÍTULO VI

OPORTUNIDADES

A SEMANA passou rapidamente na casa de Orlando. Fernando se recuperava a passos largos. Ele não foi à faculdade nos dias que se seguiram à briga com o irmão, pois havia machucado duas costelas e o rosto estava inchado, então o médico o aconselhou repouso absoluto. Era por meio de Luana que pegava as matérias dadas pelos professores.

Na sexta-feira, Luana chegou em casa pensativa e encontrou Nando na cozinha ajudando Magali com o almoço. Ele havia contado a ela sobre seu envolvimento com Caio. Ela não o repreendera para poupá-lo de mais aborrecimentos.

Naquele dia, viu Piuí às voltas com um rapaz em uma praça pública, próximo à faculdade. Pelo jeito de se portar, o garoto demonstrava claramente suas reais intenções para com o jovem. Nando, ao vê-la parada fitando-os, foi quem a chamou à realidade:

– O almoço está pronto. Sua mãe me ensinou a fazer berinjela à parmegiana. Espero que goste.

– Vou gostar. Mamãe tem mãos de fada para cozinhar e você tem jeito de quem vai se tornar um grande cozinheiro.

– Então, deixemos de papo. Vá lavar as mãos enquanto coloco a mesa – ordenou Magali, achando estranho o jeito da filha.

Os três almoçaram em palestra animada. Após a refeição, Nando se ofereceu para lavar a louça, mas Magali não deixou, fazendo-o ir para a sala para fazer companhia à filha, o que foi bem recebido pelo rapaz. Ao se aproximar da amiga, perguntou:

– E aí, viu Caio hoje? Deu a ele o meu recado?

Luana sentiu um nó na garganta. Vira o rapaz a semana toda e não gostava de mentiras, mas não queria compactuar com as empreitadas que ela sabia que causariam mais dor e sofrimento ao amigo. Procurando dissimular o que lhe vinha à mente, respondeu:

– Não tive tempo de procurá-lo. Sabe como é, as salas do curso dele ficam no outro extremo da faculdade, mas segunda-feira você voltará a frequentar o campus e tenho certeza de que ele vai procurá-lo.

Fernando não respondeu; sua vida estava confusa e a mágoa de seu irmão ainda causava dor em seu peito. Seu futuro era incerto, e o único motivo que ainda o fazia ter forças para continuar vivendo era o seu romance com Caio.

"Como fui tolo! Por que não peguei o número de telefone dele?", perguntou a si mesmo.

Luana, procurando tirar o amigo do estado de apatia em que ficara, comentou:

– Papai me disse que está lhe arrumando emprego com um amigo que é dono de uma rede de lojas. Fico feliz, assim, quando eu quiser roupas novas, você poderá comprá-las com desconto.

– Ah, é só por essa razão que está feliz, *né*, sua interesseira?

Nando cutucou a amiga, que revidou dando-lhe uma almofadada, esquecendo-se de que o rapaz ainda se recuperava das feridas, o que o fez dar um leve gemido e voltar a cutucá-la.

Os dois ficaram nessa brincadeira até se cansarem, o que foi benéfico para ele, que se esqueceu por alguns minutos de seus dramas interiores.

⁕

Orlando saiu do escritório de engenharia em que era sócio mais cedo e, em pouco mais de meia hora, estacionou seu automóvel diante da casa de Luiz. Os dois se tornaram grandes amigos. Com o desencarne da esposa, Luiz intensificou seus estudos doutrinários, dedicando sua vida a cuidar do filho e a ajudar nas obras de caridade.

Ao tocar a campainha, foi recebido por Alice, que o conduziu para dentro da casa, fazendo-o se sentar confortavelmente em uma poltrona na sala de estar. O amigo chegou em seguida e, ao vê-lo, deu-lhe um abraço fraternal.

– Desculpe se o incomodo em horário inoportuno, mas... – disse Orlando ao se sentar novamente.

– Não se preocupe. Somos amigos e minha casa sempre estará aberta para você a qualquer hora do dia – interrompeu Luiz, fazendo-o sentir-se mais tranquilo.

Os dois passaram a conversar sobre assuntos triviais. Luiz lhe falava sobre o filho, que crescia rapidamente e que já não perguntava tanto da mãe. Orlando o ouvia atentamente quando Alice os interrompeu, levando uma bandeja com chá e algumas guloseimas. Ele aproveitou a pausa para falar de seus intuitos:

– Bom, além de visitá-lo, é claro, vim aqui porque estou querendo ajudar uma pessoa.

Luiz sorveu um gole do delicioso chá de ervas, ouvindo o amigo, que passou a relatar o que acontecia com Fernando, o grau de amizade entre eles, finalizando com o pedido de emprego para o rapaz. Luiz, após analisar a situação, respondeu:

– Bem, sabe que estou precisando de novos funcionários. Depois que Maíra resolveu separar os bens da família, a empresa foi dividida, e a maior parte de nossos colaboradores ficou com o antigo escritório, na parte que minha ex-cunhada assumiu. E, então, farei o seguinte: falarei com Glória. Ela assumirá na segunda-feira o departamento contábil e, se esse rapaz for útil para ela, será contratado.

Orlando abriu um sorriso. Sabia que podia contar com a ajuda do amigo e que ele não se arrependeria de contratar Nando, que se mostrava ajuizado e responsável. Com esses pensamentos, comentou:

– O jovem tem boa índole e saberá se comportar no trabalho. Mas você me deixou curioso. Não é o Miguel quem contrata os funcionários?

– Sim, mas neste caso é diferente. Quando Glória aceitou a oferta de emprego que lhe fiz, dei carta branca para ela mesma contratar seus subalternos. E, depois, Miguel está muito mudado. Ele se tornou um homem de negócios frio e extremamente profissional. Não contrataria alguém que está cursando Psicologia para auxiliar na área contábil.

Luiz fez uma pequena pausa. Lembrou-se do ocorrido com Mercedes e de como foi difícil aceitar aquela tragédia sem se revoltar contra os desígnios divinos. Na época, buscou na fé espírita o consolo prometido por Jesus Cristo. Ao contrário de Miguel, que passou a se sentir culpado pela morte prematura de Mercedes, chegando a colocar parte dessa culpa no Espiritismo e nunca mais querendo saber da doutrina que começara a estudar.

Orlando, parecendo ler os pensamentos do amigo, esboçou um profundo suspiro, dizendo:

– Miguel mergulhou de cabeça no trabalho, acredito que para fugir de si mesmo, mas tenho certeza de que, na hora certa, a vida vai se encarregar de lhe mostrar que esse não é o melhor caminho para a felicidade.

Luiz consentiu com a cabeça. Orlando, ao olhar o relógio, despediu-se do amigo, prometendo revê-lo em breve, deixando Luiz cuidar de Gabriel, que entrara na sala a tempo de dar um abraço no "tio Lando", como era chamado carinhosamente pelo menino, que ainda tinha dificuldade em pronunciar seu nome corretamente.

⁕

Miguel chegou ao imóvel novo em que o escritório fora instalado antes dos outros funcionários e passou de sala em sala, gostando do que via. Luiz não fizera economia na reforma da casa na região dos Jardins, que ele comprara para abrigar a sede de suas lojas. Todas as repartições foram ricamente mobiliadas e decoradas com gosto por um profissional do ramo.

Ao entrar no local destinado à sua sala particular, respirou fundo, sentindo o cheiro gostoso de madeira nova. Sentou-se confortavelmente na poltrona. Minutos depois, Glória chegou e entrou em sua sala, encontrando-o arrumando seu material de trabalho nas gavetas da escrivaninha. Ele a mediu de cima a baixo. A moça vestia saia preta, camisa branca e um blazer leve por cima. Procurando lisonjeá-la, brincou:

– Puxa! Não pensei que toda essa mudança que passamos faria tão bem para mim. Ver logo cedo uma mulher bonita e bem-vestida compensa os dissabores que tive.

– Menos, meu amigo! Está empolgado com a beleza e leveza deste lugar – respondeu Glória no mesmo tom de brincadeira. E, mudando o tom de voz, continuou: – Na verdade, vim procurá-lo logo cedo porque Luiz falou comigo no fim de semana. Estou precisando de um auxiliar e ele me indicou um rapaz, então queremos sua aprovação.

Miguel fechou as gavetas. O quadro de funcionários já estava completo, mas Luiz lhe avisara da possibilidade de contratar mais alguém caso Glória achasse conveniente e, não querendo criar caso, respondeu:

– Luiz sabe o que penso a esse respeito, mas se acha necessário, pode contratá-lo. Esse tal jovem estuda Contabilidade?

– Não. Até onde sei, está no primeiro ano de Psicologia e estuda de manhã. Estou tentando achar uma forma de ele trabalhar só na parte da tarde.

Miguel olhou para Glória com ar de reprovação. Luiz sempre liderou seus negócios movido pelo coração. Não colocaria obstáculos na contratação do rapaz só porque ele não fazia um curso na área de exatas, mesmo porque ele mesmo era um exemplo bem-sucedido da benevolência do amigo. Procurando ser objetivo, inclinou-se, indo direto ao ponto:

– Não, se esse rapaz quiser mesmo essa vaga, terá de trabalhar em período integral. Ainda não temos vagas para estagiários nesta empresa e, mesmo que tivéssemos, só o contrataríamos para trabalhar na área de recursos humanos, departamento que também não temos; portanto, ele deve transferir seus estudos para o período noturno.

Glória já imaginava aquela atitude do seu novo chefe e, sem mais delongas, levantou-se e procurou articular uma resposta, falando com tranquilidade:

– Não vou tirar sua razão. Já possuo o número de telefone do rapaz. Ligarei pessoalmente para marcar uma entrevista. Agora, tenho de ir, preciso me inteirar com os outros funcionários de todo o serviço. Até mais.

Miguel dispensou a colega e voltou a seus afazeres, sem se preocupar com o que ela pensava a respeito de sua decisão.

⁂

Fernando caminhava alegremente pelas ruas dos Jardins. Aquele seria seu primeiro dia de trabalho e, pela primeira vez, sentia-se realmente feliz. Jantara com Caio na noite anterior e ele prometera buscá-lo na faculdade duas vezes por semana, uma vez que precisava passar a frequentar as aulas noturnas.

Foi com um sorriso nos lábios que entrou no escritório, cumprimentando a todos os que via na sua frente. Parou na repartição de contabilidade. Glória, ao vê-lo, foi ao seu encontro, dizendo:

– Bom dia, Fernando! Pode entrar. Este será seu local de trabalho, espero que por muito tempo. – E, voltando-se para uma jovem que acabara de se sentar à sua mesa, tornou: – Esta é Nara. Ela será sua companheira de trabalho e já está incumbida de lhe ensinar o serviço. Sei que não está acostumado nesta área, mas o trabalho dos auxiliares é simples e vai aprender logo.

Nando cumprimentou a jovem e sentou-se ao seu lado. Nara era simpática e tratou logo de lhe ensinar o serviço. Algum tempo depois, quando Glória saiu da sala para ter com Miguel, ela aproveitou a oportunidade e pôs-se a falar:

– Acho que vai gostar daqui. O dono é o senhor Luiz. Ele é gente boa, não costuma nos importunar. E, depois que sua esposa faleceu, quase não o vemos. Quem manda mesmo é o senhor Miguel. Com esse, sim, você deve tomar cuidado.

Nando olhou assustado para a colega. Não gostava de saber da vida alheia. Nara demonstrava conhecer bem todos daquele escritório e ele, querendo se aprofundar mais nas questões que o envolviam, perguntou:

– Você trabalha há muito tempo com eles?

– Sim! – respondeu de pronto a jovem, com orgulho. – Comecei no outro escritório há três anos, por essa razão lhe digo que evite ficar de conversas paralelas nos corredores, não chegue atrasado e nunca falte. Miguel costuma ser implacável.

Nando deu de ombros e, procurando mudar de assunto, começou a fazer perguntas a respeito do serviço. Rapidamente, a jovem voltou sua atenção ao trabalho. O que nenhum dos dois podia perceber era a presença de Mercedes, que, ao ver Fernando às voltas com o trabalho, deixou-o, indo para a sala de Miguel, onde Gilmar, seu "protetor" no plano espiritual, acompanhava cada passo que ele dava.

– Não estou entendendo mais nada, Gilmar. Esse tal de Fernandinho, na minha opinião, deveria estar bem longe daqui.

– Acalme seus ânimos, minha querida! Embora tenha aprendido muito nesse último ano em que estudou conosco, não aprendeu que existem certos mistérios da vida que não temos poder para interferir, e esse é um deles.

Gilmar esboçou um sorriso, procurando ocultar o que vinha em sua mente. Foi ele quem recebeu Mercedes no astral, levando-a para uma escola de aprendizado para recém-desencarnados nas zonas umbralinas, onde espíritos trevosos ensinavam seus novos alunos a viver e a trabalhar com as energias negativas. Mercedes aprendeu rapidamente a canalizar suas energias para prejudicar seus inimigos, tornando-se uma das melhores alunas da classe.

– Eu pensei que pudéssemos tudo. Estou começando a acreditar que vocês não são tão bons assim – respondeu Mercedes.

Gilmar olhou demoradamente para ela, o que a fez sentir um frio na espinha, chegando a se arrepender de suas palavras.

– Você precisa controlar seus impulsos, do contrário serei obrigado a ensiná-la também esta lição. Agora, vamos sair daqui. Miguel está do jeito que queremos, vaidoso, orgulhoso e prepotente. Falta pouco para conseguirmos nosso intuito.

Mercedes consentiu com a cabeça e os dois volitaram até o centro velho da cidade. Gilmar a deixou em uma praça pública, alegando ter compromissos particulares, e sumiu.

O dia passava rapidamente, o calor gostoso que fazia naquela manhã fez Mercedes sentir-se melancólica. Lembrou-se dos banhos de piscina e das brincadeiras que fazia com o filho naqueles dias ensolarados, e uma discreta lágrima escorreu por sua face.

"Se Miguel não tivesse entrado em nossa vida, nada disso estaria acontecendo. Maldito pederasta! Ah, mas ele vai me pagar e com juros", disse a si mesma, trincando os dentes.

Logo as cenas de seus últimos minutos na carne apareceram em sua mente. A tentativa de Luiz de escapar da perseguição, a curva inesperada, o último grito e Gilmar a pegando pelos braços. Quando acordou, havia se passado um mês. Ela estava em uma grande casa, feita de tijolos rústicos e com aspecto acinzentado. Achou estranho, a princípio achava que estava viva e que seu marido, sabendo o que acontecera, a internara em um hospício. Mas logo Gilmar apareceu e a ajudou a recobrar a memória, o que a fez sentir ódio de Miguel e Glória, a quem atribuíra a culpa por seus infortúnios.

E foi movida pelo ódio que começara a estudar. A sala de aula ficava dentro da própria casa. O lugar era escuro, parecia mais uma construção medieval, mas tudo funcionava perfeitamente.

Gilmar a levara para conhecer o diretor do lugar, um homem corpulento, que aparentava cinquenta anos de idade, conhecido por todos dali por Jefrey. Ao vê-lo, ela teve a sensação de estar dentro de um filme de terror e conversando com o próprio Satanás. Ele, ao ler seus pensamentos, soltou uma risada estrondosa, dizendo em seguida:

– Não sou o Diabo, mas estou chegando perto do que o nome atribuído a essa figura meramente ilustrativa, incutida no subconsciente das pessoas ao longo dos séculos, representa.

Mercedes tremeu dos pés à cabeça. Aquele homem lera seus pensamentos, mas como? Ele, não querendo lhe dar mais tempo para divagações, levantou-se, caminhou a passos largos até onde ela estava, pegou em suas mãos, deu-lhe um leve beijo e voltou seus olhos para os dela, comentando:

– De onde estamos podemos ler os pensamentos uns dos outros. Basta um pouco de concentração. Você está em minhas terras, agora faz parte de meu grupo e estará protegida. Em troca, obedecerá às minhas ordens, sejam elas quais forem. Combinado?

Mercedes teve ímpetos de sair correndo, mas Jefrey mostrava segurança na voz e na postura. Deveria ser alguém importante e, se estava no inferno, o melhor que tinha a fazer era abraçar o Diabo e se vingar de seus inimigos por terem-na levado àquela situação.

– Combinado! Serei sua eterna aliada, mas quero que me ajude a acabar com a vida de Miguel e Glória.

Jefrey trocou olhares com Gilmar, que sorriu discretamente e voltou-se para ela, dizendo:

– Seja feita a sua vontade. Agora, podem ir e, caso precise de algo, marque uma entrevista que a atenderei com prazer.

Mercedes saiu da sala com o coração aos pulos. A partir daquele dia, foi inteirada de como funcionava a vida naquela sociedade e seus direitos e deveres.

– Lembrando-se do passado? – perguntou Gilmar, que voltara para junto de Mercedes havia alguns minutos.

Ela, ao vê-lo à sua frente, respondeu:

– Sim! Estava perdida em meus devaneios. Podemos ir agora?

Gilmar fez um sinal de positivo com a cabeça e ambos volitaram para as zonas umbralinas, deixando a velha praça livre das energias pesadas emanadas por eles.

*

A noite quente e a lua cheia no céu inspiravam Caio a sair. Ele havia passado a tarde de sábado em companhia de Fernando. Ao chegar em casa, não se conteve e foi tomar um banho, vestindo-se a prumo. Olhou-se no espelho para ajeitar o cabelo, gostando do que viu. Disse a si mesmo: "Caio, você está um gato, gostosão!".

Com essas palavras, saiu. Já passava das dez horas da noite quando parou seu automóvel em uma praça perto do centro da cidade. O lugar estava movimentado, havia vários bares dedicados ao público homossexual e simpatizantes, onde muitos ficavam na porta, procurando companhia entre os transeuntes.

Caio avistou um jovem tomando um copo de cerveja parado diante de um desses bares e aproximou-se, olhando fixamente nos olhos dele, que retribuiu o olhar e abriu um sorriso. Aproximando-se mais, passou a mão carinhosamente em seu peito, e disse:

– Acho que está precisando de companhia, bonitão!

Caio sorriu maliciosamente, passando seus braços pela cintura do rapaz, conduzindo-o ao interior do bar. Mercedes, que presenciava a cena, virou-se para Gilmar, e disse:

– Não sei por que me trouxe aqui. Sabe que não suporto essa gente.

– Relaxe, *amore mio*! É necessário que saiba o que Caio faz quando não está ao lado de Nando. Só assim poderá envolvê-lo quando chegar a hora. Mas tome cuidado com seus pensamentos nessas paragens. Quem manda aqui é um grupo diferente do nosso e não queremos problemas com eles.

Mercedes olhou à sua volta. Desde que chegara ali, sentira a presença de outros espíritos, mas não os estava vendo. Gilmar, lendo seus pensamentos, passou sua mão sobre os olhos dela, dizendo-lhe ao pé do ouvido:

– Você não os vê facilmente porque vibramos em uma energia um pouco diferente. Não estamos aqui para satisfazermos nossos instintos sexuais. Agora, pense em coisas ligadas ao sexo que você os verá.

Mercedes obedeceu de pronto, lembrando-se de momentos íntimos ao lado de Luiz, quando a relação sexual com o marido não acompanhava o sentimento nobre do amor. Ao abrir os olhos, ficou abismada com o que estava vendo. O local estava lotado de espíritos de homens e mulheres, a maioria se vestindo de forma sensual e vulgar. Para cada encarnado que se divertia ao som de músicas americanas mais agitadas e com interesse puramente sexual, havia três ou quatro espíritos o envolvendo com suas energias.

Instintivamente, olhou para a direção onde Caio estava. Ao vê-lo trocando carícias com o jovem, viu mais cinco espíritos, dois do sexo feminino e três do masculino, envolvendo-se a tal ponto que era difícil distinguir quem era quem. Abriu a boca num gesto de espanto e comentou:

– Como não vi isso antes, Gilmar? – E, sem ter tempo para ouvir a resposta, tornou: – Como vou fazer para influenciá-lo sem que esses espíritos me atrapalhem?

Gilmar riu prazerosamente com o comentário ingênuo da amiga, respondendo:

– Já lhe disse. Vibramos em outra energia. Acho que esqueceu que aqui no astral vivemos de acordo com nossos pensamentos e atitudes. Não temos interesse em sexo; portanto, nossos pensamentos não atraem espíritos sequiosos por esta finalidade. Quanto ao fato de influenciarmos Caio, estes seres só se ligam a ele quando há uma troca mútua de desejos inferiores ligados ao ato sexual, então não vão nos atrapalhar.

Mercedes resolveu não falar mais nada. Até que ponto estava certa quando, na carne, abominava aquele tipo de gente? Será que era por sentir a energia que eles emanavam?

A essas indagações, pensou em Miguel. Nunca sentira a presença de espíritos como aqueles ao seu lado. Ao contrário, ele era leve, só mudando seu padrão vibratório quando ela se aproximava e o envolvia, o que a levou a crer que ninguém era igual a ninguém e que nem todos os homossexuais vibravam naquela energia.

Vânia, sua amiga desencarnada, e o espírito Ricardo acompanhavam Mercedes sem serem percebidos por ela. Vânia pensou com compaixão:

– Ah, minha querida, por que não deixa esse ódio para trás, se já percebeu que Miguel não é o monstro que você pintou em sua tela mental?

– Vânia – interrompeu Ricardo –, por ora não podemos fazer mais nada. Você já ajudou e muito conseguindo fazê-la ver em Miguel diferenças antes não percebidas. Agora, só o tempo fará Mercedes perceber que não se deve julgar alguém só por sua sexualidade.

Vânia voltou-se para Ricardo e concordou com a cabeça. Quando ela regressou ao plano astral, foi recebida pelo amigo e levada para um hospital na colônia de refazimento para desencarnados, onde dormira pesadamente durante quatro meses, tempo suficiente para seu espírito se reequilibrar e entender o que havia acontecido.

Aquela era a sua primeira visita a Mercedes e, não querendo perder a oportunidade de voltar outras vezes, fez sentida prece pedindo a Deus para clarear a mente da amiga. Em seguida, sentindo-se mais equilibrada, comentou:

– Pelo que vejo aqui, suponho que todos estejam interessados somente no ato sexual. Estou certa?

– Sim! – respondeu de pronto seu mentor, e, aproveitando-se do momento para elucidá-la, pegou-a pela mão, fazendo-a circular entre os encarnados e desencarnados, parando perto de uma grade de ferro de onde possuíam uma vista mais ampla do lugar, dizendo: – Olhe com atenção e verá que nem todos estão sendo obsediados. Este lugar é muito procurado por encarnados que desejam conhecer pessoas do mesmo sexo para se relacionar e, como explicou Gilmar, a seu modo para Mercedes, cada ser é único e emana uma energia única, de acordo com seus pensamentos. Não podemos simplesmente generalizar. É o que fazem muitos encarnados que julgam os homossexuais como seres levianos e promíscuos. Fazem isso porque conheceram alguém assim e o julgam por todos, o que não é verdade. Entre os homossexuais há seres que buscam evoluir espiritualmente e moralmente, trabalham em prol da humanidade e são excelentes médicos, professores, médiuns etc. Há os que vivem para satisfazer os mais baixos instintos sexuais e, muitas vezes, são vítimas de outros tão desequilibrados quanto os primeiros, que já na infância percebem essas aptidões e abusam sexualmente de seus semelhantes, pois têm enraizados em sua alma esses desvios de conduta, crescendo e vivendo de forma promíscua. Entendeu?

Vânia refletiu um pouco e respondeu:

– Mais ou menos. Acho um tema delicado e difícil para ser entendido em poucas palavras.

– Concordo, mas com o tempo aprenderá o necessário. Agora, vamos!

Ricardo pegou Vânia pela mão e os dois volitaram de volta à colônia, deixando aquele ambiente entregue aos espíritos ignorantes que ali frequentavam.

CAPÍTULO VII

AMOR UNIVERSAL

ANA DEITOU-SE no sofá da sala desanimada. Desde que seu irmão saíra de casa, havia mais de um mês, sentia-se sem forças. Quando a campainha tocou, levantou-se a contragosto e, ao abrir a porta e deparar com a figura de Sílvia à sua frente, esboçou um profundo suspiro de descaso. A amiga, percebendo que não era bem-vinda naquele momento, não se fez de rogada e, dando-lhe um leve beijo na face, foi direto ao assunto: – Sei que não quer falar com ninguém, mas sou sua amiga desde a infância e não quero mais vê-la neste estado.

Ana passou a mão no cabelo desgrenhado em sinal de nervosismo. Conhecia bem a colega para saber que ela não deixaria de importuná-la. Decidida a ouvi-la, sentou-se no sofá, fazendo Sílvia sentar-se à sua frente e, com ar de pouco-caso, comentou:

– Não sei por que está tão incomodada comigo. Eu estou bem, só não quero ficar zanzando pela rua depois de tudo o que aconteceu.

A moça olhou demoradamente para o semblante fechado de Ana. Ela nunca fora muito vaidosa, colocara-se na condição de dona de casa, irmã abnegada, sempre pondo os seus acima de suas vontades pessoais, mas, agora, passara de todos os limites. As roupas desbotadas, o cabelo amarrado para trás e um tanto desgrenhado, a pele sem vida e profundas olheiras que denunciavam noites maldormidas fizeram com que Sílvia se sentisse mais penalizada com a atitude da amiga. Querendo mudar aquela situação, levantou-se, prostrou-se de joelhos diante da moça, e falou carinhosamente:

– Olha, não sou ninguém para lhe dar conselhos, mas você precisa reagir, encarar a vida. Não pode simplesmente anular-se diante do mundo porque seus irmãos agem assim ou assado. Precisa rever seus conceitos e mudar, ser dona de si mesma, entende?

Ana balançou a cabeça negativamente. A amiga queria seu bem, ela sabia, mas não estava na sua pele para sentir o que ela sentia.

– Você diz isso porque não sabe o que passo nesta casa e o que sinto. Como quer que eu seja feliz, se Aloísio anda cada dia mais estranho? Desde que Nando saiu de casa as coisas por aqui pioraram. E, para completar, sinto vergonha de sair na rua depois do ocorrido. Aloísio me contou que seu Juvenal espalhou pelo bairro inteiro o que viu no shopping. Agora, diga-me, como vou encarar os vizinhos, que devem estar rindo pelas minhas costas?

Sílvia levantou-se abruptamente, não querendo acreditar no que acabara de ouvir. Estupefata, pôs-se a falar:

– Não acredito que está preocupada com os vizinhos, Ana! Seu Juvenal espalhou para os quatro cantos que viu seu irmão com outro rapaz. O que ele se esquece é que tem três filhos pequenos e que deveria cuidar da criação deles e não falar mal da vida alheia, pois quem fica cuidando da vida dos outros deixa a sua própria vida de lado. E é aí que mora o diabo. Quanto aos outros vizinhos, não deve se importar com o que pensam; afinal, nenhum deles viverá por você. Mas, mudando um pouco de assunto, você já foi ver seu irmão? Sabe onde ele está morando e como está vivendo?

– Não, claro que não! – respondeu Ana, prontamente, assustada com a pergunta. – Após fazer uma breve pausa para articular uma resposta mais contundente, tornou: – Aloísio me proibiu de ir atrás de Fernando. E, depois, ele escolheu essa vida desregrada. Não posso compactuar com isso. Amo o Nandinho, mas não vou incentivá-lo a viver na promiscuidade.

Sílvia abriu e fechou a boca, não acreditando no que acabara de ouvir. Embora tenha cuidado do irmão, Ana demonstrava claramente que não o reconhecia como ser humano, deixando o preconceito falar por si só.

– Olha, cansei! Sou sua amiga, gosto muito de você e sabe disso, mas não dá para continuar essa conversa. Eu não tenho um irmão homossexual, mas se tivesse agiria de forma diferente da sua. Você se incomoda com o que os vizinhos estão pensando, mas pensa exatamente como eles. Fico com pena é de Nando, que, além de sofrer o preconceito na rua, sofre esse mesmo preconceito das pessoas que deveriam ser as primeiras a compreender seu jeito diferente de ser, ou seja, seus irmãos. Agora, dê-me licença, tenho de ir. E, não se preocupe, não voltarei a importuná-la. Quando quiser conversar, procure-me.

Sílvia virou as costas e saiu da casa sem ser acompanhada por Ana, que, calada, ficou sentada no sofá, apática pelo resto do dia.

⁂

Elisa chegou em casa com algumas sacolas de compra nas mãos. Ela mudara muito nos últimos meses, tornando-se uma mulher elegante e segura de si. Judite, ao vê-la colocar as sacolas em cima da mesa, comentou:

– Que bom que chegou. Seu pai foi ao bar do Lourival para jogar dominó com os amigos e não deve demorar. Quero servir o jantar sem atraso.

Elisa olhou para o relógio de parede. Faltava mais de uma hora para o horário costumeiro da refeição e, como sempre, sua mãe já estava com tudo pronto e à espera de seu "suserano". Não entendia por que ela se tornara tão submissa ao marido.

– Calma, mãe! Ainda é cedo. Vamos aproveitar a ausência do papai para conversarmos um pouco.

– Ah, minha filha, hoje estou tão contente! Seu irmão Maurício virá no domingo para o almoço em comemoração ao seu aniversário.

Judite colocou a mão no peito, abrindo um largo sorriso. Elisa, aproveitando-se da deixa da mãe, respondeu:

– Que bom! Só assim a senhora terá alguns momentos de alegria ao lado de Maurício e do neto. E, por falar em aniversário, hoje decidi convidar Camila para almoçar conosco no domingo. Algum problema?

Judite arregalou os olhos. Não conhecia Camila pessoalmente e nunca se atreveria a ir ao tal salão de cabeleireiros, embora soubesse que sua filha e a dona do estabelecimento haviam se tornado grandes amigas. Foi com voz trêmula e ar de reprovação que respondeu:

– Você está louca, Elisa? Está querendo acabar com o meu domingo? Justo no dia em que seu irmão resolve aparecer? Seu pai não vai gostar nada disso. Estou até prevendo o futuro.

Judite sentou-se na cadeira. Elisa a observava e, sentando-se à sua frente, procurando articular as palavras certas, falou:

– Mãe, se o almoço é para comemorar o meu aniversário, devo convidar somente amigos que compartilham da minha alegria. Sabe como sou, tenho poucas amizades, mas as que tenho são sinceras. Camila é uma das minhas melhores amigas, então não vejo empecilho algum em convidá-la.

– Se você não vê empecilho, eu vou elucidá-la, sua desajuizada! Se Camila for convidada, provavelmente trará seu filho e, embora você nunca tenha falado a respeito dele comigo, nossa vizinha já me colocou a par dos modos do rapaz. Eu não me incomodo, mas seu pai não vai gostar nada de tais companhias, e o que é pior, vai proibi-la de conversar com essa moça.

Elisa balançou a cabeça negativamente. Quando esteve em São Paulo procurando Miguel, ficou frustrada por não conseguir uma pista sobre seu paradeiro, mas logo percebeu que, enquanto seus pais não mudassem suas atitudes, a vida não se encarregaria de colocá-los frente a frente novamente.

– Mamãe, a senhora precisa aprender que papai não é dono de nossa vida e que, como esposa, tem o dever de lhe dar carinho e respeito, mas não ser submissa aos seus caprichos. Quanto à Camila, vou convidá-la, sim, e se ela vier acompanhada de seu filho, melhor ainda. Eles serão respeitados e tratados nesta casa como são, iguais a nós, feitos à imagem e semelhança de Deus, com qualidades e defeitos como qualquer outro ser humano. Sei que papai não vai destratá-los. Vai esperar todos irem embora para ter seu ataque de fúria. Aí, deixe comigo! Passou da hora de ele aprender a respeitar suas vontades e as minhas também. Se a senhora não tem coragem de enfrentá-lo, eu tenho, sem lhe faltar com o respeito, é claro. Agora, vou tomar um banho. Volto logo para o jantar.

Elisa levantou-se, deixando a mãe absorta em seus pensamentos, olhando para as sacolas que ela deixou em cima da mesa.

⁂

– Não, não e não, Paulo! Somos seus clientes há anos. Ou você nos dá o prazo que pedi ou não compraremos mais da sua confecção.

Miguel olhou fixamente para os olhos de seu interlocutor ao dizer essas palavras. Paulo, procurando se controlar, respondeu:

– Desculpe, Miguel, mas sou só representante da empresa. Os donos estão passando por um momento financeiro difícil. O prazo que me pede é longo e sem juros, assim fica quase impossível. Mas falarei com meus superiores para ver o que faço por vocês.

– Então faça isso, do contrário perderão um excelente cliente.

Paulo sentiu o sangue ferver, teve ímpetos de xingar e mandar seu cliente às favas, mas controlou-se, limitando-se a apertar a mão de Miguel em sinal de despedida. Zilda, a secretária, ao vê-lo saindo a passos duros, entrou rapidamente na sala do chefe, dizendo:

– Miguel, Paulo foi seu último compromisso do dia. O senhor precisará de mim para mais alguma coisa?

Miguel olhou para o relógio. Faltavam alguns minutos para o fim do expediente. Voltando-se para a funcionária, falou secamente:

– Não sei o que passa pela cabeça de vocês! Para começar o expediente, sempre atrasam dez minutos, mas para sair, não querem atrasar um minuto sequer.

Zilda engoliu em seco e, atônita, ficou na frente dele, que, ao vê-la parada, irritou-se ainda mais. Com um gesto de mão, tornou:

– Vá embora! O que está esperando? Eu preciso ficar mais atento aos horários de chegada. Daqui para a frente, quem se atrasar um minuto terá de repor no fim do expediente.

A secretária despediu-se secamente e saiu da sala rapidamente. Ao pegar sua bolsa em sua mesa, pôs-se a chorar. Glória, que já estava de saída, ao passar pela porta do escritório de Miguel e ver a senhora em lágrimas, pegou-a pelo braço, conduzindo-a à sua sala, onde a fez se sentar, perguntando:

– O que aconteceu para estar chorando desse jeito?

Zilda pensou em desconversar, mas sentia que seu limite havia chegado ao fim. Diante do olhar carinhoso da colega, pegou um lenço de papel que estava em sua bolsa, enxugou algumas lágrimas que insistiam em cair, dizendo em seguida:

– Não estou aguentando mais o mau humor de Miguel. Vive me ofendendo. Hoje foi por causa do horário, ontem porque saí da sala para ir ao banheiro e por aí vai. Se eu arrumasse outro emprego, pediria minhas contas na hora.

Glória trocou olhares com Nando, que terminava seus serviços no computador. Ao ver que o jovem continuava a trabalhar sem prestar atenção na conversa, passou levemente a mão no rosto da colega, dizendo:

– Acalme-se, querida! Miguel é uma excelente pessoa. Só anda um pouco nervoso e perdido com seus sentimentos. Tenho certeza de que ele não lhe fala essas coisas por maldade.

– Desculpe, Glória! Sei que é amiga dele e que não deveria estar lhe falando sobre esse assunto, mas não tente defendê-lo. Desde que ele assumiu esse escritório, sinto que voltamos à ditadura. Miguel é um tirano. Não só eu, mas muitos não aguentam mais sua intolerância. Agora mesmo, Paulo, o representante de um dos nossos maiores fornecedores, saiu trêmulo daqui. Miguel discutiu com o coitado, era possível ouvir os berros dele da antessala.

Zilda levantou-se, já estava atrasada para um compromisso. Após respirar fundo e recompor-se, agradeceu a atenção da colega e saiu.

Nando, que ouviu a conversa discretamente, ao ver a moça se afastar, desligou o computador, dizendo:

– Nossa, ainda bem que não vejo esse homem! Quando chego, ele já está trancado em sua sala e, quando saio, ele ainda está lá dentro.

Glória riu prazerosamente com a expressão facial do rapaz, dizendo em seguida:

– Não acredito que não conhece Miguel! Já está trabalhando aqui há três meses, Nandinho!

– Pois é! E acho muito bom. Vai que ele resolve me dar uma mordida quando me vir? Já pensou eu precisar ficar sob observação durante uns vinte dias porque contraí raiva?

Glória riu mais uma vez com o jeito do rapaz. Fernando se tornara para ela um filho de coração, gostava do jeito leve e alegre dele. Além de ser gentil e compreensivo, ainda trabalhava muito.

– Não fale bobagens, Nandinho! Miguel é uma ótima pessoa mesmo. Agora, vá embora. Não quero que chegue atrasado à faculdade.

O jovem levantou-se, pegou sua mochila e, após dar um beijo carinhoso na face de sua chefe, saiu. Glória, após certificar-se de que a sala estava em ordem, com todos os aparelhos desligados, deixou o local sem se despedir de Miguel.

Já na rua, sentiu a brisa fria em seu rosto. Adorava os fins de tarde em São Paulo, justamente por poder sentir aquele leve vento gelado em seu rosto anunciando o começo da noite. Ficou tão absorta que não percebeu a presença de Aloísio, que acabara de chegar ao local.

– Boa noite, Glória! Não imaginava encontrá-la por estas bandas.

Glória assustou-se. Deixara seu antigo emprego sem falar para Aloísio sobre o novo trabalho.

– Quem lhe deu meu endereço? – perguntou energicamente.

Aloísio, percebendo o estado emocional da moça, abriu um sorriso forçado dissimulando o que passava por sua mente:

– Ninguém. Eu estava descendo a rua Augusta e resolvi entrar aqui na Estados Unidos para tomar um lanche. Quando vi você saindo, foi pura casualidade. Acredite! – mentiu.

Glória, não querendo chamar a atenção de quem passava pela rua e sem saber se ele falava a verdade, querendo evitar um possível encontro entre ele e Miguel, pôs-se a andar.

– Pois eu estou justamente indo para a rua Augusta. Quero passar em uma butique para comprar uma bolsa que vi em promoção esta semana.

– Se importa se eu a acompanhar?

Glória deu de ombros, o que foi visto como um sim. Os dois passaram a andar lado a lado. Ele procurava puxar assunto e colocá-la a par de como estava o pessoal do antigo trabalho. Ela tentava ser agradável, fazia um comentário ou outro. Em poucos minutos, chegaram diante da loja onde ela faria suas compras. O que foi um alívio. Procurando se livrar da presença indesejada do rapaz, ela disse:

– Foi um prazer revê-lo, mas, como pode ver, esta loja é voltada apenas para o público feminino. Não ficaria à vontade tendo você ao meu lado. Quem sabe outra hora nos encontramos ao acaso de novo e tomamos um refresco?

Aloísio consentiu com a cabeça. Levara alguns meses para descobrir o paradeiro dela e não desejava assustá-la. Após abrir um sorriso e dar um leve beijo na mão que sua pretendente já havia estendido em sinal de despedida, disse em tom dissimulado:

– Será um prazer. Tenha uma boa noite!

– Você também. Fique em paz!

Glória entrou na loja e ainda pôde vê-lo atravessar a rua e sumir no meio da paisagem de pedra.

Aloísio subiu a rua Augusta a passos largos. Ao chegar à avenida Paulista, pegou o metrô na estação Consolação, que estava lotado devido ao horário de *rush*. Após fazer duas baldeações, entrou no vagão que o levaria à zona leste. Sua mente fervilhava. Glória parecia mais bela e jovem do que antes. Em sua mente via-se entre carícias e chamegos com ela.

"Ela há de ser minha!", disse a si mesmo ao descer na estação Tatuapé.

E com esses devaneios entrou em casa. Ao ver Ana sentada no sofá, assistindo à novela, cumprimentou-a com um largo sorriso, dizendo:

– Boa noite, maninha! Não precisa se preocupar com o jantar. Estou sem fome.

Ana olhou para o irmão de cima a baixo. Passara horas diante do fogão, entre as panelas, para ele dizer que não ia jantar. Pensou em recriminá-lo, mas desistiu, limitando-se a concordar com a cabeça.

– Está certo! Se mudar de ideia, é só me chamar.

Aloísio foi para o seu quarto. Ana voltou sua atenção para o folhetim, que para ela estava interessante, não pensando em mais nada.

*

Já passava das nove horas da noite quando Orlando e a família se sentaram na sala para conversar. Era noite de sexta-feira, dia em que não havia trabalhos espirituais no centro espírita que ele dirigia com amor e dedicação.

Esta se tornara a noite em que ele, a esposa e a filha aproveitavam para colocar os assuntos da semana em ordem. Desde que foi morar com eles, sempre que podia, Fernando participava do momento em família. Ficava admirado, pois nunca imaginara que, às portas do século vinte e um, houvesse uma família interessada nos problemas cotidianos uns dos outros a ponto de passarem horas dialogando sobre a vida e seus dramas íntimos.

Naquela noite, Orlando percebeu o semblante fechado de Luana durante o jantar e, assim que todos se sentaram, questionou-a:

– Filha, tenho observado que nestas últimas semanas você está preocupada. Está triste porque seu amigo vai se mudar amanhã?

Luana trocou olhares com a mãe, que sabia o motivo de preocupação da jovem. Ao vê-la indicar-lhe um olhar de incentivo, sentou-se ao lado do pai, que, carinhosamente, acolheu-a em seu ombro, e respondeu:

– Sei que não deveria ficar assim, mas Nando é mais que um amigo. É um irmão. Não estou triste porque ele vai se mudar; afinal de contas, eu sabia que sua estada nesta casa seria passageira. O que me deixa preocupada é o relacionamento dele com aquele inescrupuloso do Caio.

Orlando afagou os cabelos lisos da filha e, procurando encontrar as palavras certas, comentou:

– Fernando é um rapaz, honesto, bom, trabalhador, educado e respeitador. Sabe que não julgo a ninguém. Acredito que cada ser humano é único em matéria e espírito. E quando o assunto em pauta é homossexualismo, procuro tomar muito cuidado para não tirar conclusões precipitadas. Não conheço esse tal moço, mas, pelo que você nos contou dias atrás, trata-se de um espírito encarnado na condição homossexual para frear um provável desvio sexual de outras encarnações.

Luana saiu da posição em que estava para olhar nos olhos do pai. Orlando, sempre que mudava um pouco seu timbre de voz e olhava com o olhar indefinido, era sinal de que seu mentor espiritual o envolvia para melhores e elevadas elucidações. Aproveitando a presença do mentor, e interessada em conhecer um pouco mais sobre o universo do qual seu amigo fazia parte, ela obtemperou:

– O senhor me desculpe. Não sou *expert* em relação às leis espirituais e por esse motivo fico confusa quando algum assunto polêmico entra em pauta. Afinal, trata-se o homossexualismo de prova ou expiação?

Orlando abriu um singelo sorriso e seus olhos brilharam mais do que antes. Esboçando um leve suspiro, respondeu:

– Estamos falando de algo que acontece desde os primórdios da humanidade. Há relatos históricos que levam a crer que grandes imperadores, reis e guerreiros de várias civilizações antigas se casavam com as mulheres para garantir suas descendências, mas viviam grandes paixões com outros do mesmo sexo, e isso era encarado com grande naturalidade pelas sociedades da época. O que quero lhe mostrar com isso é que sempre existiu e sempre existirão espíritos encarnados com tendências homossexuais e não podemos julgar o fato de forma abrangente. Há espíritos femininos presos a corpos masculinos porque abusaram da sexualidade em outras encarnações e, agora, vivem em verdadeira situação de expiação; assim como há espíritos que passam por provas, tentando corrigir suas tendências sexuais mais vis. Portanto, para entender realmente o que leva um determinado indivíduo a desenvolver tal tendência em uma encarnação, precisamos analisar a mesma de forma individual, levando em consideração suas encarnações anteriores e os reais propósitos da providência divina, sem nos deixar levar pelo preconceito. Cabe à humanidade aprender a amar o seu próximo sem discriminação. Acredito que para um indivíduo comum, esta é a maior lição que se aprende ao respeitar espíritos como esses, que só por estarem nessa condição já sofrem o suficiente.

– Concordo, mas é errado acreditar que isso é uma coisa normal? Como você mesmo disse e eu também tenho conhecimento, há vários homossexuais que usam esses fatos históricos das civilizações antigas, como a história do imperador Alexandre, o Grande, que se apaixonou pelo seu fiel general e com quem viveu uma grande paixão, para afirmar que o homossexualismo é uma coisa normal e que a sociedade é a única culpada pelo preconceito existente. Está certo pensar assim? – perguntou Magali, entrando na conversa.

Orlando passou a olhar para a esposa, que até então permanecera calada, e respondeu:

– Não! Não podemos dizer que a homossexualidade é completamente normal. A alma não tem sexo, podemos reencarnar tanto em corpo masculino quanto feminino. A vestimenta material que nosso espírito usa em um determinado sexo serve para aquela determinada experiência na matéria. Com relação ao sexo, o corpo feminino foi feito por Deus para o encaixe perfeito do masculino, onde, em uma relação amorosa, a energia de um se completa com a do outro, resultando na conservação da espécie em nível social, bem como na oportunidade de outros espíritos reencarnarem para cumprir a Lei de Causa e Efeito e para a evolução espiritual dessas almas. Mas devemos olhar pela mesma ótica da evolução do espírito de que para alguns é realmente necessário passar por uma encarnação homossexual para continuar seu processo evolutivo. Então, como já disse, não podemos condenar tais seres. E, ao olharmos por esse ângulo, podemos afirmar que sim, é perfeitamente normal que espíritos reencarnem nessa condição. E o melhor caminho é procurar entendê-los, respeitá-los e amá-los. Quando Cristo nos recomendou amar a Deus sobre todas as coisas e ao próximo com a si mesmo, não estava excluindo os homossexuais.

Orlando calou-se. Magali aproveitou para pedir licença e foi à cozinha pegar algumas guloseimas e chá, deixando Luana conversando com o pai sobre outros assuntos. Quando voltou à sala com a bandeja nas mãos, deparou com a figura de Fernando, que acabava de entrar e trancar a porta da sala. Ao vê-lo, esboçou um sincero sorriso, dizendo:

– Chegou na hora certa, meu filho. Vou pegar uma xícara para você, assim tomará o lanche conosco.

– Obrigado! Jantei antes de ir para a faculdade, mas já estou com um vazio no estômago.

Fernando respirou profundamente, sentindo o clima de paz e tranquilidade no local. Cumprimentou Orlando e a amiga e, após ir ao lavabo, disse:

– Vou sentir falta da paz que encontrei nesta casa.

– Só da paz? E de nós? – perguntou Magali, que havia voltado da copa e já estava sentada novamente no sofá da sala.

– De vocês mais ainda. Não sei o que seria de mim sem a ajuda que me deram. Quero que saibam que serei eternamente grato.

Magali sentiu uma discreta lágrima cair por sua face e levantou-se para abraçar o rapaz, sendo seguida por Luana e Orlando. Eles ficaram abraçados por alguns minutos, demonstrando que a vida havia juntado aquelas pessoas na perfeita sintonia de amor universal.

CAPÍTULO VIII

NOVAS PERCEPÇÕES

O SÁBADO amanheceu chuvoso. Nando terminava de arrumar sua mala com as poucas peças de roupa que sua irmã entregara a Luana, quando esta fora buscá-las em sua casa, dias após a briga com Aloísio.

Luana, após leve batida na porta do quarto de hóspedes, entrou no recinto e, ao vê-lo fechando a mala, sentou-se na cama, dizendo:

– Vou sentir sua falta!

– Eu também, mas não quero vê-la triste. Vamos nos ver nos fins de semana, você poderá me visitar aos sábados.

Luana olhou para o amigo. Nando havia mudado muito depois que conhecera Caio. Não tinha o mesmo brilho nos olhos e a pureza que a fizera se encantar por ele. Mesmo assim, o tinha como um irmão de coração e, decidida a lhe falar o que vinha em sua alma, passou delicadamente a mão nos lençóis alvos da cama, dizendo:

– Bem, na verdade, vim aqui para lhe dizer que esta casa terá sempre um lugar reservado para você. Sabe que não gosto de Caio, embora nunca tenha lhe dito claramente. Sinto, infelizmente, que esse seu relacionamento vai lhe causar dor e sofrimento.

– Você quer o meu bem, eu sei! Acho que não vai com a cara do Caio porque acha que um relacionamento homossexual não pode ser duradouro, mas verá que está enganada e passará a gostar dele da mesma forma que gosta de mim.

Luana respirou fundo. Sentia que, naquele momento, sua missão de ajudar Nando chegava ao fim e, sentindo-se envolvida por uma energia maior, respondeu:

– Não se trata de preconceito, caro amigo. Você nasceu com esta tendência e Deus sabe os motivos. É uma boa pessoa, possui qualidades, como a humildade, a simpatia, e vem aprendendo a duras penas a amar o seu próximo, mesmo que este o ofenda por seu jeito de ser. Nem todos os que sofrem discriminação como você conseguem chegar a isso, ao contrário, muitos se revoltam com Deus e com o seu semelhante, passando a viver na mais completa escuridão da alma, fechando-se em um mundo de promiscuidade e perversidade, estacionando na escala evolutiva e acarretando mais dívidas cármicas, o que resulta em dor e sofrimento, não só nesta, mas em futuras encarnações. – Luana fez uma pequena pausa para respirar e prosseguiu: – Caio, infelizmente, é um desses seres que acredita que a vida deve ser vivida na base do sexo e diversão. Deixou-se levar pelo caminho mais fácil, o de seguir seus instintos mais primitivos, e assim acha que é feliz. Pobre rapaz! Quando perceber que a vida é mais do que ele supunha, talvez seja tarde demais e só a bênção de uma futura encarnação poderá conduzi-lo ao caminho do bem, já que esta ele está deixando se esvair pelos dedos.

Fernando arregalou os olhos. Luana falava de forma tão tranquila e equilibrada que ele não conseguiu retrucar. Procurando não mais prolongar o assunto, ele abriu um largo sorriso, dizendo:

– Sei que quer o meu bem, por essa razão não vou ficar chateado com essas palavras. Agora, venha me dar um abraço.

A jovem levantou-se ainda absorta naquela paz que envolvia seu coração ao falar com o amigo e o abraçou demoradamente. Em seguida, foram para a sala onde Magali e Orlando os esperavam. A dona da casa, ao vê-lo de malas nas mãos, sentiu um aperto de tristeza brotar em seu peito e, com lágrimas nos olhos, abraçou-o, dando-lhe um suave beijo na destra e falando:

– Meu filho, saiba que nesta casa haverá sempre um lugar para você, e em nosso coração também. Venha nos visitar sempre que sentir vontade.

Nando não respondeu de pronto. Deu mais um abraço apertado naquela que já considerava sua segunda mãe e só depois, com a voz embargada e a face já molhada por lágrimas, falou:

– Vocês são anjos de Deus. Obrigado por tudo e desculpem se nesse tempo que fiquei aqui fiz algo que lhes desagradou.

Foi Orlando, mais sereno, quem respondeu:

– Nós é que lhe pedimos desculpas, rapaz, se em algum momento não o tratamos com o carinho e o respeito que merece.

Orlando o abraçou e, para não prolongar a tristeza da despedida, pegou sua bagagem e a pôs no carro, pois o levaria até o pequeno apartamento que ele alugara em um bairro vizinho.

Luana, ao vê-los entrar no carro e sumir de suas vistas, enxugou uma lágrima que insistia em cair por sua face e comentou com a mãe:

– Vou sentir saudades de meu amigo. Sei que daqui para a frente nossa amizade não será a mesma.

– A providência divina sabe o que faz, meu amor. Fernando teve a oportunidade de conviver com pessoas que nutrem por ele verdadeira estima. Talvez esse tenha sido o motivo da vida para nos aproximarmos dele. Fizemos o melhor que pudemos, dentro de nossas limitações como seres humanos. Sabe... – Magali fez uma pausa para abraçar a filha e, sentando-se com ela no sofá da sala, tornou: – Esse rapaz trouxe para nós a oportunidade de aprendermos um pouco mais sobre a sexualidade. Eu, embora não me sinta uma pessoa preconceituosa, tinha minhas reticências em se tratando de homossexuais, pois é muito fácil dizer o que é certo ou errado sem conviver de perto com a questão. Embora continue achando que a abstinência sexual para essas pessoas seja o único caminho para que eles não estacionem, pude perceber o quanto é difícil para eles aceitar essa condição. Como exigir que eles se abstenham do sexo, se essa vontade grita em suas almas?

– Essa é uma pergunta que me faço sempre, mamãe – interpelou Luana, afastando-se dos afagos maternos. – Sou mulher e, embora não tenha conhecido um homem capaz de mexer com meus sentimentos, sinto a necessidade de uma vida íntima e amorosa. Eu acredito que eles sintam o mesmo, por esse motivo não os julgo.

Magali abriu um sorriso. A conversa estava boa, mas precisava cuidar de seus afazeres domésticos. Levantando-se, deu um beijo na filha e foi para a cozinha preparar a refeição, deixando Luana triste pela falta que o amigo ia lhe fazer.

*

Judite acordou animada. Olhou para Antonio, que ainda dormia pesadamente, e logo a preocupação pela presença de Camila, amiga da filha, em sua casa lhe veio à mente. Procurando afastar esses pensamentos temerosos com a reação de seu marido, levantou-se com a fisionomia do filho mais velho na mente. Em poucos minutos, estava na cozinha preparando o café da manhã.

Quando Maurício chegou, uma hora depois, acompanhado da esposa Lucimara e do filho João Vítor, encontrou a mãe e a irmã na cozinha às voltas com as panelas. Judite abraçou o filho demoradamente e o neto com amor. Elisa, contente com a presença do irmão, que lhe trouxera uma escultura de presente, pôs-se a conversar com a cunhada.

Maurício, ao ver o pai sentado no sofá da sala com o mesmo jeito introspectivo de sempre, sentou-se ao seu lado, dizendo:

– E aí, meu velho! O que conta de novo?

– Nada! Sempre a mesma coisa. Sua irmã é que está mudada. Não sei o que fazer com essa menina. Agora inventou esse almoço. Sabe que não gosto de gente em casa.

Maurício olhou demoradamente para o pai. Antonio não mudara nem um pouco seu temperamento. Quando sua mãe ligou avisando sobre o almoço em comemoração ao aniversário de Elisa, chegou a acreditar que ele havia melhorado sua forma de se relacionar com as pessoas, mas estava enganado. Antonio se rendera aos caprichos da filha caçula só por não ter tido outra opção.

– Papai, precisa aprender a lidar com as pessoas, ser mais sociável e agradável.

Antonio deu uma risada forçada, respondendo:

– Não tenho essas ilusões da juventude. O ser humano é mesquinho e falso. Prefiro a solidão a conviver com a hipocrisia da sociedade. E você fala de mim, mas não é diferente. Meu único filho nem se lembra que tem pai.

Maurício mordeu os lábios em sinal de nervosismo. Desde que conhecera Lucimara passara a conviver com seus familiares. Eles eram alegres, divertidos, gostavam da vida e tratavam todos com muito carinho e atenção. A casa de seus sogros vivia em festa e confraternização onde, tirando raros episódios de pequenas discussões, reinava a paz e a alegria, ao contrário da casa de seus pais.

Antonio vivia de mal com o mundo e Judite fazia de tudo para estar um passo à frente dele no intuito de não aborrecê-lo. Só Elisa, com quem mal falava, mostrava-se diferente, e Miguel, que embora fosse reservado dentro de casa, demonstrava um potencial para ser feliz e pleno. A esses pensamentos, respondeu:

– O senhor não pode dizer isso. Moro em outra cidade, trabalho muito e o pouco tempo que tenho livre dedico a meu filho e esposa. E, depois, o senhor tem Elisa e outro filho que, caso tenha esquecido, se chama Miguel e está pelo mundo.

– Miguel, Miguel! Por que vocês insistem em me fazer lembrar desse infeliz?

Maurício sentiu o sangue gelar. Não sabia que falar no irmão ainda causava aquela reação no velho pai e, procurando pensar na melhor forma de contornar a situação, respondeu:

– Não pensei que falar de meu irmão ainda lhe causasse tal reação. O senhor sabe que eu e ele nunca nos demos bem. Às vezes, chego a acreditar que tenho uma parcela de culpa por ele ter se tornado o que se tornou, pois nunca tentei incentivá-lo a fazer coisas do universo masculino. – Maurício fez uma pequena pausa e, ao ver que seu pai não esboçou nenhuma reação, continuou: – Hoje tenho um filho e talvez, por essa razão, penso diferente. João Vítor está se tornando adolescente e, graças a Deus, não demonstra nenhum traço de desvio sexual, mas me pego a pensar... E se ele tivesse tais desvios? Como eu lidaria com a situação? Talvez agisse como o senhor, lhe daria uma boa surra e o colocaria para fora de casa, mas sei que, se eu fizesse isso, meu coração de pai não teria um minuto de paz.

– Não precisa continuar, Maurício. Sei aonde você quer chegar, e se não quiser estragar o almoço de sua irmã, mude de assunto – interrompeu Antonio, nervosamente, fazendo o filho calar-se.

Sem reação, ele foi ter com sua mãe na cozinha, deixando o pai absorto em seus pensamentos.

Os poucos convidados do escritório em que Elisa trabalhava chegaram juntos. Ela, ao vê-los, tratou de lhes apresentar sua família. Maurício ligou o aparelho de som em tom baixo, pois Antonio não suportava música em volumes altos.

Camila chegou acompanhada de Carlos por volta do meio-dia. Após dar um abraço na amiga e lhe entregar um pequeno embrulho de presente, foi apresentada a todos. Carlos se mostrava gentil a cada cumprimento e, quando chegou diante de Antonio, que continuava sentado em seu sofá, este o mediu de cima a baixo.

Carlos usava uma calça de lycra que deixava suas pernas bem delineadas e uma camisa vermelha aberta em "V", virando quase um "tomara que caia". Antonio, procurando ocultar o que vinha em seu íntimo, limitou-se a esboçar um "oi" quase sussurrando, deixando o rapaz desconcertado.

Elisa tratou logo de desviar sua atenção e o levou à área de serviço, onde alguns amigos conversavam. O rapaz era divertido e falante. Logo, os amigos de Elisa se aproximaram. Lucimara, que se juntara ao grupo, também gostara dele. Ao falar que fazia imitação de uma cantora *pop* americana, foi induzido pelo grupo a mostrar seus talentos. Elisa, então, colocou a música da *pop star* no aparelho de som. Maurício, entrando na brincadeira, aumentou o volume. Carlos dançava e fazia a coreografia da cantora. Todos batiam palmas.

Judite, ao ver a cena da cozinha, empalideceu. Antonio, ao ouvir o barulho, foi até onde sua esposa estava, o que a fez estremecer. Juntos, viram o show que o rapaz proporcionava aos convidados.

– Pouca vergonha! – esboçou Antonio, virando-se e deixando o local, para desespero da esposa, que, com medo de sua reação, rezava para aquela brincadeira acabar logo.

O almoço foi servido sem nenhum contratempo. A tarde ia a esmo quando os últimos convidados se despediram da família e foram embora. Antonio, alegando cansaço, foi para o seu quarto. Maurício, aproveitando que a mãe estava lavando as louças na cozinha com a nora, chamou Elisa na sala e, baixando o tom de voz, comentou:

– Você está louca? Convidar aquele rapaz para vir aqui? Papai vai matar você e a mamãe quando eu for embora!

– Papai não vai matar ninguém! Credo! Parece até mamãe falando! E não sei por que me recrimina. Você foi o primeiro a aumentar o volume da música, sinal de que não é mais aquele preconceituoso que conheci.

Maurício olhou para os lados, certificando-se de que seu pai não estava mesmo por perto respondeu:

– E não sou mesmo. Lucimara tem um primo homossexual. O rapaz é gente boa, vive a vida dele sem prejudicar ninguém. Quando o conheci, fiquei ressabiado, mas com o tempo aprendi a respeitá-lo do jeito que ele é. Mas aqui a história é outra. Papai não pode nem ouvir falar desse tipo de gente. Nem o próprio filho ele quer ver! Portanto, não faça mais isso!

Elisa abriu um sorriso. Maurício estava realmente mudado. Procurando colocá-lo a par de seus intuitos, respondeu:

– Eu fiz questão de que Camila viesse com o filho justamente para que nosso pai começasse a aprender, de uma vez por todas, a lidar com as diferenças. Acho que mamãe não lhe contou, mas fui a São Paulo no ano passado, atrás do paradeiro de Miguel e, infelizmente, não consegui nada. Acredito que não era o momento certo para eu reencontrá-lo. A vida é sábia e, para o Universo conspirar a meu favor nesta empreitada, papai precisa mudar.

Maurício balançou a cabeça em sinal de negativo, dizendo:

– Você é louca! Quem lhe garante que Miguel está vivo? Já faz muitos anos que ele foi embora e ninguém nunca mais ouviu falar dele. Ser homossexual em nossa sociedade não é nada fácil, principalmente quando se é pobre e escorraçado de casa sem nenhum centavo no bolso, como aconteceu com ele. E, depois, tem essa maldita doença que está acabando com a vida de homossexuais em pouco tempo; portanto, deixe tudo como está. Nossa mãe tem o estado de saúde delicado, e passar por mais decepções seria um suicídio para ela.

– Não seja dramático! Quando Miguel foi embora, eu era muito nova, mas tenho certeza de que ele não sucumbiu à vida desregrada. Ao contrário, acredito que ele tenha superado os obstáculos e está bem, só não quer nos ver por medo de ser maltratado de novo. Daqui a alguns meses tiro férias e volto à capital. Agora que conheço melhor a cidade, saberei encontrá-lo.

Maurício não respondeu. Já estava na hora de voltar para casa, e foi com tristeza que chamou a esposa e o filho, que brincava no quintal, para se despedirem. Antonio levantou-se para abraçar o filho e o neto, que, em pouco mais de meia hora, deixaram o local com a promessa de retornarem em breve, para surpresa de mãe e filha. Antonio não fez nenhum comentário sobre os últimos acontecimentos.

*

Mercedes andava de um canto a outro do quarto e cozinha de Fernando quando Gilmar chegou, indo direto ao assunto:

– Aconteceu algo?

– Aconteceu! Eu não aguento mais ficar ao lado desse pervertido!

Gilmar olhou para Nando, que guardava alguns mantimentos no armário da cozinha, e voltou-se para Mercedes, furioso:

– Não acredito que me chamou aqui só porque está com estafa!

– Estafa? Olha aqui! Eu estou muito mais do que estressada. Não foi para ficar vigiando essa coisinha que me juntei a vocês. Estou começando a achar que Jefrey não é tão poderoso assim; afinal, quero me vingar de Miguel, e até agora, nada!

Gilmar respirou fundo, procurando se controlar. Não podia deixar Mercedes contrariada. Ela estava sob seus cuidados e ele conhecia Jefrey suficientemente para saber que ele não iria perdoá-lo caso Mercedes se rebelasse.

– Olha, eu já lhe expliquei que para acabar com Miguel precisamos ter Fernando sob nosso controle. Tenha paciência!

Mercedes colocou a mão na cintura. Sua situação tornara-se insustentável. Não podia ver o filho porque ele e Luiz estavam protegidos por uma luz clara que a impedia de se aproximar. No escritório, tomava cuidado com Glória, que, além de manter um campo energético que a repelia, ainda tornara difícil sua influência sobre Fernando. Miguel, o safado, só pensava em lucrar para si e para a empresa, o que dificultava seu assédio, só lhe restando Fernando e seu companheiro, cujas presenças ela não suportava por estarem rodeados de espíritos sequiosos por sexo.

– Está bem! Então vai me falar tudo. Quero saber tintim por tintim. Qual a ligação de Fernando e Miguel e por que é tão importante para vocês manter Nando sob vigilância constante.

Gilmar sentiu a garganta arder e, procurando articular palavras, respondeu:

– Não sei explicar o porquê. Só sei que Fernando não pode se aproximar de Miguel agora. Isso só vai acontecer pouco antes de darmos o golpe final em Miguel. O único que sabe o real motivo é Jefrey e, se tiver coragem, vá perguntar a ele.

Mercedes respirou fundo. Só em pensar em ver aquele homem de novo, sentia vontade de vomitar. Decidindo contemporizar, pôs-se a falar:

– Tudo bem! Se é assim que vocês querem, assim será. Não vou mais reclamar de ter de ficar ao lado dessa coisa.

– Acho bom – respondeu Gilmar, que, não querendo prolongar a conversa, sumiu das vistas de Mercedes, volitando diretamente para as zonas umbralinas.

Chegando à pequena cidade comandada por Jefrey, ele foi direto a sua sala, onde o perverso espírito, ao vê-lo, foi logo dizendo:

– Já sei por que veio aqui. Não se preocupe. Aquela sonsa da Mercedes tem medo de mim e não colocará nosso plano a perder.

– Não sei, não! Ela não mudou nada desde sua encarnação anterior. Continua prepotente e autoritária, sinto que poderá se rebelar contra nós.

– Deixe de bobagens! Só tome cuidado para que ela não fique sabendo a verdade. Pois isso, sim, fará com que ela se arrependa e, consequentemente, ela vai nos abandonar.

– Você tem razão, mas ela nunca descobrirá a verdade.

– Assim espero. Agora vá, tenho muito a fazer!

Gilmar saiu da sala, deixando Jefrey cuidando de outras coisas e voltando à crosta terrestre. Decidiu espairecer. Ele gostava de passear pelos parques arborizados da cidade, já que onde passava a maior parte do tempo tudo era escuro e sem vida. E foi passeando por um desses parques que deparou com a figura de Ricardo, que, ao vê-lo, cumprimentou-o cordialmente.

– Como vai, querido amigo? Há quanto tempo não o vejo! Ainda às voltas com aquele sentimento de vingança?

– Não sei do que está falando.

O espírito o olhou fixamente nos olhos e, sentindo-se completamente nu de pensamentos, replicou:

– Sabe sim, irmão! Quando vai desistir de prejudicar Marta e Antero?

– Nunca! E sabe bem os meus motivos. Não posso deixá-los livres para ficarem rindo às minhas custas. Aloísio, sem saber, já está fazendo sua parte como encarnado e eu e Mercedes faremos a nossa. Não vai ser você quem vai nos impedir.

Ricardo abriu um lindo sorriso e, com carinho, comentou:

– Tem razão! Não posso impedi-lo. Deus nos deu o livre-arbítrio para respeitá-lo, mas saiba que vibro em prece para você perdoá-los e aceitar a ajuda da espiritualidade maior. Sei que mais dia, menos dia, isso vai acontecer.

Gilmar riu estrondosamente, respondendo com ódio no olhar:

– Isso, nunca! Agora saia da minha frente. Já cansei de ver essa sua cara de bom samaritano querendo salvar uma alma do purgatório.

O benevolente amigo fechou os olhos e desapareceu das vistas de Gilmar, que, irritado, decidiu voltar às esferas baixas do umbral, só saindo de lá no dia seguinte.

CAPÍTULO IX

Obsessão

FERNANDO entrou em casa desanimado e jogou-se na cama. No pequeno apartamento reinava a mais completa desordem, já fazia mais de uma semana que não ia à faculdade. Pensou em Caio e em como sua vida havia mudado depois que o conhecera:

"Meu Deus! O que está acontecendo comigo?", perguntou a si mesmo, sem sair do lugar.

O que ele não podia ver era Mercedes, que, mesmo sem nada fazer, somente com sua presença atrapalhava e muito a sua vida.

A campainha soou, tirando-o do estado letárgico em que estava e fazendo-o levantar-se para abrir a porta, já sabendo de quem se tratava. Caio entrou no local após dar um leve beijo na destra de Nando. Ao ver aquela bagunça, sentiu-se enojado e, procurando ignorar o local, se justificou:

– Desculpe o atraso! Meus pais me seguraram em casa, só agora consegui sair – mentiu, evitando olhar nos olhos do parceiro.

– Não tem problema. Para ser sincero, hoje não estou para ninguém.

– O que aconteceu? Está doente?

Caio sentiu um leve tremor invadir seu corpo. Não gostava de conviver com pessoas que tinham problemas de saúde. Seu espírito promíscuo só se aproveitava de pessoas saudáveis, que pudessem suprir seus instintos sexuais mais baixos. Nando, percebendo que o rapaz fizera cara de asco, irritou-se:

– Não, mas e se estivesse? Você está comigo para todos os momentos, ou não?

Caio mordeu os lábios em sinal de nervosismo. Já não se sentia tão atraído pelo rapaz e detestava cobranças, mas não quis brigar. Sempre que algum de seus parceiros se sentia no direito de lhe cobrar algo, ele logo se livrava daquela situação e não o procurava mais.

"Preciso me livrar desse 'mané'. Quem ele pensa que é para falar assim comigo?", pensou.

Mercedes, que ouvia o pensamento do jovem, aproveitou-se da situação e, encostando-se mais em Fernando, comentou:

– Caio está querendo passá-lo para trás. Não deixe que isso aconteça!

Fernando não pôde ouvi-la, mas registrou aquelas palavras em sua mente como se fossem seus próprios pensamentos. Levantando o tom de voz, disse colérico:

– Escuta aqui! Se pensa que sou igual aos outros, está muito enganado. Perdi muita coisa ao conhecê-lo e, caso pense em me deixar ou me trair, vai se arrepender amargamente. Você não sabe do que sou capaz!

– Ei! acalme-se! Quem disse que penso em abandoná-lo?

Caio passou a mão na cintura de Nando, fazendo-o se desarmar.

Mercedes resolveu sair do local, não queria presenciar cenas voluptuosas entre os dois. Só voltou ao nascer do sol.

*

Vânia entrou no apartamento de Fernando ao lado de Ricardo. Caio havia acabado de sair e Mercedes ainda não havia voltado. Olhou para o local. Quando encarnada, não suportava ver uma caneta fora do lugar e, ao ver aquela bagunça, teve vontade de sair correndo. Ricardo, lendo seus pensamentos, tratou de elucidá-la:

– Fernando está sendo vítima de obsessão pesada por parte de Gilmar e, embora mais leve, a influência de Mercedes também o está atrapalhando e muito. Sei que preza a limpeza e a ordem, e eu também. A sujeira e a bagunça são algumas das portas que se podem abrir para espíritos obsessores e zombeteiros.

Vânia ficou pensativa. Lembrou-se de uma família que conhecera quando era voluntária de um grupo que visitava as favelas e levava mantimentos e roupas aos mais necessitados. O barraco em que essa família morava vivia sujo e a dona da casa só se queixava da vida. Seu marido era viciado em álcool e volta e meia ela apanhava dele. Certa vez, quando chegou ao local, a tal senhora não havia sequer lavado o rosto ao acordar. A essa lembrança, perguntou:

– Ricardo, em todo lar em que há muita bagunça e sujeira, há espíritos obsessores e sem esclarecimento?

– Infelizmente, sim, minha querida. Quando alguém está sendo obsediado, perde o interesse pela boa higiene, tanto pessoal quanto do local onde reside, pois o espírito ignorante suga suas energias de tal forma que suas vítimas passam a não ter vontade para nada. Para que os espíritos esclarecidos possam frequentar uma casa, é preciso mantê-la sempre limpa e cheirosa, pois a ordem e a higiene são o primeiro passo para se obter boas energias.

Vânia olhou para Fernando penalizada. Antes de desencarnar, nunca o vira, mas naquele pouco tempo de convivência com o jovem já nutria verdadeiro carinho maternal e, como uma mãe zelosa, perguntou:

– Não podemos fazer nada para ajudá-lo, Ricardo?

Seu instrutor abriu um singelo sorriso, reconhecendo a grandeza de espírito daquela mulher e ponderou:

– A situação dele é delicada. Ele regressou à matéria com uma missão. Gilmar, que é seu inimigo desde que o jovem vestia a matéria de Marta, só estava esperando seu regresso para se vingar. Ele sabe muito bem qual é o intuito do espírito inimigo e fará de tudo para que ele não consiga realizá-lo. Mercedes, embora ainda não se lembre de sua encarnação anterior, é peça fundamental nesse sórdido jogo de vingança. Entendeu?

Vânia parou para analisar a resposta do amigo e, após alguns minutos de reflexão, comentou:

– Acho que entendi. Mas se Fernando não tivesse optado por ser homossexual, acredito que tudo ficaria mais fácil.

Ricardo olhou para o rapaz, que assistia à televisão alheio ao que se passava no astral e, voltando-se para Vânia, elucidou:

– Cara amiga, não existe essa história de opção sexual. Simplesmente o espírito já reencarna com clara tendência ao homossexualismo, seja masculino ou feminino. Eu prefiro usar o termo "condição" sexual, em que a homossexualidade é um fato, e não uma escolha, quando já se está encarnado. Agora, eu posso dizer que esse mesmo espírito, que já veio à carne com esta condição latente, pode optar por manter relações sexuais com outros do mesmo sexo ou reconhecer que esta condição é passageira, uma vez que encarnamos e reencarnamos centenas de vezes na terra, escolhendo a abstinência sexual, que é o caminho mais doloroso para tais almas, mas o melhor a fazer para quem quer, de fato, sair vencedor de uma encarnação na condição homossexual.

– Nossa! Como exigir tamanho sacrifício dessas pessoas se o desejo sexual é uma necessidade da alma?

– Não se trata de exigir. O caminho a ser apontado é este, lembrando que cada ser é único e deve viver sua vida da forma que melhor lhe aprouver. O que esses espíritos não podem esquecer é que seus atos lhes serão cobrados por suas próprias consciências ao desencarnarem. E, se tais pessoas sucumbirem aos prazeres do sexo, devem ao menos evitar a promiscuidade para não voltarem à esfera espiritual estacionados e perderem, assim, uma encarnação inteira de dor e sofrimento. O que não temos é o direito de julgar ninguém em nenhuma condição. Afinal, somos todos pecadores, e quem não tiver pecado que atire a primeira pedra! Agora, vamos. Não temos mais nada a fazer por aqui e, enquanto Fernando não pedir nossa ajuda, estaremos vibrando por ele da colônia espiritual em que residimos.

Ricardo pegou no braço de Vânia, que ainda não havia se acostumado a volitar por grandes distâncias sozinha, partindo para a colônia espiritual no intuito de refazerem suas energias.

Antonio andava carrancudo pelas ruas. Não gostara das brincadeiras do último domingo, mas, não querendo chatear a filha adorada, resolveu não tocar no assunto, guardando para si o sentimento de abominação que sentira pelo jovem Carlos e sua forma de viver a vida.

Ele já estava para chegar em casa quando, sem ver uma falha no piso da calçada, acabou por tropeçar e cair. Quando Clotilde, a vizinha, o viu esticado no chão, pôs-se a gritar pedindo ajuda. Em pouco tempo, Judite ficou sabendo do pequeno acidente. Uma ambulância foi chamada ao local, removendo Antonio, que gritava de dor. Judite entrou no veículo para acompanhá-lo e, enquanto rezava, procurava acalmá-lo.

Antonio abriu os olhos lentamente, tentou se mexer, mas não conseguiu. Olhou à sua volta e logo lembrou que havia caído. Na certa, estava em um leito de hospital. Já ia procurando a campainha para chamar a enfermeira quando a figura de Carlos apareceu à sua frente, dizendo:

– Boa tarde! O senhor caiu e fraturou a bacia. Precisou ser operado; portanto, não pode se mexer. Se precisar de algo, é só me falar que estou aqui para ajudá-lo.

– "Ah, meu Deus! Por que não morri de vez? Judite e Elisa devem estar loucas. Onde já se viu, deixar essa coisa cuidando de mim? Ah, mas isso não vai ficar assim!", disse a si mesmo.

Não conseguindo disfarçar o desagrado que a presença do jovem lhe causara, perguntou asperamente:

– Cadê a Judite? Era para ela estar aqui ao meu lado!

Carlos mordeu os lábios. Quando se ofereceu para cuidar de Antonio, sabia que não seria fácil lidar com o temperamento forte e um tanto rude daquele senhor, que demonstrara claramente, no aniversário da filha, que não aceitara sua presença no local, mas em consideração à Elisa, que se tornava cada dia mais amiga dele e da mãe, aceitara a incumbência de zelar por Antonio durante o dia. Procurando ser amável, respondeu calmamente:

– Dona Judite ficou muito nervosa com o acidente e os médicos recomendaram repouso absoluto. Elisa não conseguiu uma dispensa do trabalho e só poderá lhe fazer companhia à noite; portanto, estou aqui para ajudá-lo no que for possível.

Antonio fechou os olhos, fingindo voltar a dormir, sentindo certo alívio ao perceber que o jovem se afastara do leito. As horas passavam arrastadas quando Antonio ouviu a voz da filha, que se despedia de Carlos. Elisa, ao entrar no quarto, aproximou-se do leito e, reparando que o pai olhava para o teto, brincou:

– Se eu fosse o senhor, aprenderia a olhar para baixo, e não para o alto.

– Ah, minha filha! Não sei como pude cair daquele jeito. Sempre fui tão cuidadoso! Mas que bom que chegou. O médico que me operou veio me ver hoje à tarde e me explicou o que aconteceu. Não posso acreditar que ficarei sem andar durante dois meses.

– Papai, o tempo passa rápido. Devemos dar graças a Deus, pois o senhor, além de tudo, está bem.

– Bem? Nem tanto. Ainda mais por ter passado o dia todo sendo vigiado por aquela coisinha!

Antonio fez cara feia. Elisa, que já previa aquela reclamação, passou delicadamente a mão no ombro do pai, dizendo carinhosamente:

– Não fale assim! Carlos e sua mãe estão nos ajudando, e muito. Mamãe não anda bem de saúde. O senhor aqui neste hospital público, precisando de companhia vinte e quatro horas por dia, sabe que não temos condições de pagar uma enfermeira para acompanhá-lo. E, depois, Carlos é uma excelente pessoa. Fez um curso de acompanhante de idosos e se ofereceu para nos ajudar só pela amizade. Acho melhor o senhor ir se acostumando com ele, pois enquanto estiver neste hospital, ele lhe fará companhia durante o dia e eu venho à noite, depois de sair do trabalho, enquanto Camila dorme em casa, com mamãe.

– Mas...

Antonio ia objetar, dizer à filha que preferia ficar sozinho, em apuros, a ser obrigado a tolerar Carlos, mas desistiu. Conhecia bem Elisa para saber que ela não lhe daria ouvidos. Decidiu, assim, evitar mais aborrecimentos.

A noite foi tranquila. Elisa dormiu sentada em uma cadeira, ao lado da cama do pai, atenta a qualquer barulho que ele fazia. Quando amanheceu, trocou seu turno com Carlos e foi para casa tomar um banho e trocar de roupas, para mais um longo dia de trabalho. Lá chegando, encontrou Judite sentada à mesa, comendo um biscoito de polvilho. Aproximou-se da mãe e deu-lhe um beijo carinhoso na face, dizendo em seguida:

– Bom dia! Papai está se recuperando bem. Mais alguns dias e estará em casa.

– Que bom! Você não sabe o quanto eu rezo para que isso aconteça. Mas, diga-me, como Antonio reagiu à presença de Carlos?

– Daquele jeito: resmungou. Mas fui taxativa. Ele terá de aprender a conviver com as diferenças na marra.

Elisa riu prazerosamente. Judite, preocupada com a reação que a presença do rapaz causaria ao marido, irritou-se:

– Não brinque, Elisa. A situação é séria. Conheço seu pai e, assim que ele chegar aqui em casa, vai brigar comigo por ter deixado o jovem em sua companhia.

Elisa pegou uma xícara, serviu-se de uma quantidade generosa de leite quente e sentou-se à mesa, dizendo:

– Deus sabe o que faz. Estou pedindo a Ele em prece para que papai aprenda que ninguém é igual a ninguém, que devemos respeitar as diferenças e conviver em perfeita harmonia com elas. Quem sabe, agora que ele vai se ver precisando de ajuda, tendo o Carlinhos como sua única salvação, ele mude sua forma machista e preconceituosa com que enxerga o homossexualismo. E, se eu fosse a senhora, parava de achar que o mundo gira em torno do umbigo do papai. Entregue essa situação à providência divina, que tudo sairá na mais perfeita harmonia.

Elisa tomou o leite e foi para o seu quarto. Arrumou-se a prumo e saiu de casa para mais um dia de trabalho, deixando Judite pensando naquela conversa pelo resto do dia.

– Senhor Antonio precisa se alimentar, do contrário não receberá alta!

Carlos segurava uma colher com sopa. Antonio, ao ver que o rapaz não desistiria de lhe dar a comida na boca, acabou cedendo. Com um sorriso no rosto, o jovem o ajudou a fazer a refeição.

Ele já estava naquele hospital havia mais de uma semana. Era Carlos quem o ajudava a se alimentar e, nos últimos dias, passara a auxiliá-lo também em sua higiene íntima, o que o deixava encabulado. Contudo, já estava se acostumando com sua presença.

Quando o médico chegou, horas mais tarde, encontrou-o limpo e com aparência melhor, pois naquele dia Carlos o barbeara e aparara seu cabelo, pois aprendera alguns cortes com a mãe. O médico Jonas o examinou com presteza, dizendo em seguida:

– O senhor está se recuperando muito bem. Amanhã receberá alta e poderá ir para casa – e, voltando-se para Carlos, com cuja presença se habituara, tornou: – Vou prescrever a alta para amanhã logo cedo. Ele precisará permanecer imóvel por uns dois meses, enquanto isso passará por avaliação clínica a cada quinze dias. Poderá tomar banho e fazer sua higiene pessoal normalmente, mas sentado em uma cadeira de rodas apropriada para esse fim, entendeu?

– Sim, senhor! Não se preocupe, ele fará tudo direitinho. Eu prometo.

Jonas sorriu. No primeiro encontro com o médico, Elisa lhe falara que o seu amigo ajudaria a cuidar do pai, o que fez o médico sentir um carinho especial pelo rapaz. Sempre que ia ao quarto de Antonio, tratava-o com real respeito. No começo, percebeu o desconforto e até certa repulsa que a presença de Carlos causava em Antonio. Astuto, viu o motivo de tais sentimentos e procurava, sempre que tinha oportunidade, elogiar o moço.

– O senhor tem sorte em ter ao seu lado um amigo tão dedicado. Rapazes como Carlos não se encontram nas esquinas. Espero que essa amizade bonita entre vocês se fortifique cada dia mais.

Antonio abriu um sorriso como resposta. Jonas trocou mais algumas palavras com o jovem e deixou o local. Quando Elisa chegou, encontrou Carlos lendo um livro para seu pai, que se mostrava atento à história tão bem contada. Carlos, ao vê-la, terminou o parágrafo e fechou o exemplar, dizendo:

– Amanhã continuaremos de onde paramos, seu Antonio.

– Boa noite, papai!

Elisa deu um beijo no pai e, voltando-se para Carlos, brincou:

– Carlinhos, você ficou de nos ajudar a cuidar de meu pai, mas se eu soubesse que iria mimá-lo a ponto de ler livros para ele, não teria deixado cuidar dele.

Os três riram prazerosamente. Carlos se despediu de Elisa, que, já sabendo da alta do pai, combinou de levá-lo para casa no dia seguinte. Antonio, após apertar a mão que o rapaz lhe estendera e vê-lo sair do quarto, fechando a porta, comentou:

– Filha, esse menino me ajudou muito, mas agora que vou para casa, acho que poderei ser cuidado por sua mãe!

Elisa suspirou profundamente. Já imaginava que seu pai não ia querer continuar a receber a ajuda do amigo. Procurando encontrar as palavras certas, respondeu:

– Pai, nossa situação é delicada. Mamãe continua com sua saúde inspirando atenção: seu coração é frágil, sabe disso. Ela não poderá fazer esforços físicos, o que o estado do senhor requer. Também há o aspecto financeiro. Estamos gastando muito com os remédios da mamãe, e agora o senhor também gastará com medicamentos, sem falar que precisaremos alugar cadeiras de rodas para que o senhor se locomova e faça sua higiene pessoal. Falei com Maurício e ele se dispôs a nos ajudar financeiramente até as coisas melhorarem, mas, mesmo assim, não teremos condições de contratar um profissional para acompanhá-lo. Devemos dar graças a Deus por contar com amigos como Camila e Carlos, que não estão medindo esforços para nos ajudar.

Antonio ficou pensativo. Nos últimos dias, a imagem de Miguel não lhe saía da cabeça. Quando fechava os olhos, as cenas de anos atrás vinham à sua mente. Expulsara seu filho de casa sem dó nem piedade, deixara seu preconceito falar mais alto e sequer permitira que o filho o ensinasse a lidar com as diferenças.

Agora estava naquele estado incômodo, dependendo justamente da caridade de alguém cuja forma de viver lhe era odiosa e repugnante. Por que a vida o fizera passar por aquela situação? O que teria de aprender com a convivência forçada com aquele jovem, que, com aquela delicadeza, o fazia sentir-se pequeno e medíocre?

Olhou para Elisa. Sua filha era uma mulher bonita e inteligente, já estava com trinta anos de idade e dedicava sua vida a cuidar dele e da esposa. Que sonhos e esperanças guardavam aquele coração que ele nunca se preocupara em conhecer? Decidindo expor seus sentimentos, comentou:

– Estive pensando... Talvez eu tenha sido intransigente demais com meus filhos e Deus agora me castiga!

– Não fale bobagens, papai! Deus não castiga ninguém. A vida é sábia e nos coloca em situações para aprender com os nossos próprios erros.

– Que seja! O fato é que não soube lidar com os meus, perdi a oportunidade de conhecer você e seus irmãos como seres humanos, e agora não há mais nada a fazer. Estou condenado a passar o pouco tempo que me resta de vida ao lado de sua mãe, que só sendo uma santa para suportar minha presença, e de você, que dedica sua vida a cuidar de dois velhos doentes.

– Engana-se. Não sinta piedade de si mesmo. Há sempre tempo para recomeçar e corrigir erros do passado. Veja, com esse pequeno acidente, o senhor foi obrigado a conviver com Carlos, que é um homossexual assumido e cuja feminilidade é latente em seu espírito, e com isso percebeu que ele tem qualidades e defeitos, independentemente de suas preferências sexuais. Se essa mesma situação tivesse se passado anos atrás e Miguel estivesse no lugar de Carlos, talvez tivesse percebido o mesmo. E por que não aconteceu? Eu lhe respondo por quê. O senhor não estava preparado para aprender essa lição. Deus encontra o caminho certo para seus filhos seguirem na hora certa, nem um minuto antes; portanto, esse é o momento de o senhor mudar definitivamente sua visão de vida e aproveitar para corrigir tais erros.

Elisa enxugou uma discreta lágrima que Antonio, sem perceber, deixara escapar, e sentou-se, mudando em seguida o rumo da conversa para não deixá-lo ainda mais melancólico do que estava.

CAPÍTULO X
ENCONTRO

A NOITE ia a esmo. Caio olhou-se no espelho, gostando do que via. Ao passar pela sala, encontrou Silvana lendo uma revista. Ao ver o filho arrumado e perfumado pelo perfume importado, não se conteve:

– Como está bonito! Vai sair com Fernando?

Caio sentou-se no sofá confortavelmente e, com ar de cinismo, respondeu:

– E por acaso acha que eu me produziria assim para sair com o Nandinho, mamãe?

Silvana largou a revista. Ela e o marido aceitaram com certa facilidade a sexualidade do filho por serem liberais com relação ao sexo. Caio sempre levava um ou outro rapaz para o apartamento e lhes apresentava. Ela nunca gostara de nenhum, mas não se importava.

Conhecia o filho suficientemente bem para saber que ele não passava muito tempo com quem quer que fosse.

Mas com Fernando era diferente. Gostava do jovem, chegando a sentir pena dele por ter escolhido justamente seu filho. Agora, diante da resposta de Caio, decidiu se envolver em sua vida:

– Quando vai mudar, Caio? Por que não deixa de ser tão leviano? Você sabe que eu e seu pai apoiamos a sua sexualidade, tudo sempre foi tão fácil para você aqui em casa! Já é um homem feito, tem o privilégio de estudar e ter do bom e do melhor, sem precisar trabalhar. Agora conheceu uma pessoa boa. Fernando é um rapaz sério, esforçado e gosta verdadeiramente de você. Por que não aproveita essa oportunidade e sossega? Termine a faculdade, arrume um emprego. Estive conversando com o seu pai e ele me disse que, caso você se firme com Fernando, vai lhe dar um apartamento de presente para que vocês comecem uma vida a dois mais tranquilos.

Caio riu prazerosamente com o jeito de sua mãe falar, respondendo em seguida:

– O que deu em você? Pirou? Desde quando você e papai ficaram caretas? Era só o que me faltava, ouvir sermão da senhora em pleno sábado à noite. Agora tenho de ir, pois a noite promete. Caso o Nandinho ligue, diga que estou dormindo, que não passei bem de saúde durante o dia. Faça um *dramazinho* e ele cairá.

Com essas palavras, ele deu um leve beijo na face da mãe e saiu, sem obter resposta. Quando Jorge entrou na sala, Silvana disse:

– Sente-se! Precisamos conversar. Caio está passando dos limites.

Jorge sentou-se a contragosto. Detestava quando a esposa o chamava para resolver problemas domésticos e, com ar de pouco-caso, perguntou:

– O que foi desta vez? Quanto ele gastou com o cartão de crédito?

– Silvana olhou demoradamente para o marido e, pela primeira vez, viu um homem fútil, para o qual a única coisa que importava era o dinheiro. Procurando não se envolver com aquele pensamento para não mudar o foco da conversa, respondeu:

– Caio não quer saber de criar juízo. Acha que a vida é fácil e que todos estão no mundo para servir aos seus caprichos. Estou cansada disso. Erramos em sua educação e passou da hora de fazermos algo para que ele mude de atitude.

– Do que está falando, mulher? O que deu em você? Esses livros que está lendo sobre fantasmas estão mexendo com seus neurônios.

Silvana respirou fundo. Para obter a atenção do marido precisava se manter serena e, com a voz calma, ponderou:

– Bem, em primeiro lugar, não leio livro sobre fantasmas. Com esse comentário você está menosprezando uma doutrina séria, baseada nas palavras de Cristo, que prega a vida após a morte e se baseia em estudos e experiências realizadas por cientistas renomados e respeitados no mundo inteiro. Alan Kardec, o codificador da doutrina espírita, foi um cientista francês, com a moral e a mente elevadas e acima de qualquer suspeita. Mas não foi para falar sobre essa filosofia em que estou me iniciando que pedi sua atenção. – Silvana fez uma pequena pausa para ver a reação do marido, que ficou a fitá-la sem nada a dizer, e prosseguiu: – Veja, sempre fomos tolerantes com Caio. Quando ele assumiu sua sexualidade, não nos opusemos, pois sempre fomos liberais. Mas hoje vejo que erramos, sabe. Acho que não só nós, mas a maioria dos pais não sabe lidar com essa situação. Eu percebo que ou eles surram seus filhos e os colocam para fora, ou agem como nós, aceitam sem pestanejar e deixam seus filhos agir da forma que lhes for conveniente. Nós não ensinamos a nosso filho os valores morais que vão além da questão sexual.

– E o que quer que eu faça? Que eu corte seus cartões, obrigue-o a trabalhar até que ele resolva manter um relacionamento sério com alguém? O quê? Diga-me, pois não estou entendendo aonde quer chegar com essa conversa!

Silvana passou a mão no rosto freneticamente, respondendo em seguida:

– Não sei o que fazer, e é por essa razão que estou conversando com você, para juntos acharmos uma maneira de ajudá-lo, antes que a vida resolva fazer isso.

Jorge olhou para a esposa com ar de pouco-caso. Silvana mudara muito nos últimos meses, não era mais aquela mulher festeira, de mente solta, que o acompanhava a bares e boates. Começara a frequentar o centro espírita e passou por um tratamento, que, segundo ela, destinava-se a afastar espíritos obsessores. A partir daí, ficou daquele jeito. Agora resolvera implicar com o filho. Logo ela, que fora a primeira a lhe dizer que Caio deveria viver sua vida da forma que achasse melhor, isso quando ele estava com quinze anos de idade.

"O melhor a fazer é concordar. Conheço Silvana. Logo essa fase de boa samaritana passará e tudo voltará a ser como antes.

Enquanto isso, vou levando em banho-maria, assim não me estresso", disse a si mesmo.

Sentando-se ao lado da esposa, Jorge contemporizou:

– Está certo. Vamos achar um jeito de mudar as atitudes de nosso filho. Agora, vem cá, abrace-me!

Silvana abraçou o marido, não esboçando mais nenhum comentário, o que foi recebido com alívio por Jorge, que ficou ao seu lado até a hora de dormir.

*

– Mercedes, você tem de fazer esse tonto ir atrás de Caio, agora!

Mercedes olhou para Fernando, que ouvia música clássica de olhos fechados. Voltando-se para Gilmar, respondeu:

– Será que não está vendo que ele está vibrando em outra sintonia? Depois você diz que eu sou amadora!

– Eu digo, não! Você é amadora!

Mercedes ficou contrariada. Detestava ser pega de surpresa, e Gilmar já chegara lhe intimando. Não esperava ter de influenciar Fernando a sair de casa. Antes de tentar envolvê-lo, questionou:

– Olha, estou cansada de vocês. Só vou fazer o que me pede se me explicar o que está acontecendo.

– Mudança de planos. Jefrey acha que o momento de Fernando chegou. Caio foi para a esbórnia e o nosso Nandinho tem de pegá-lo no flagra. Temos certeza de que ele não vai aguentar e cometerá suicídio. Mas tem de ser agora! – respondeu Gilmar, nervoso com a situação.

Mercedes, que não gostara da ideia, aproximou-se de Fernando e, passando a acariciar seus cabelos, disse em seu ouvido:

– Caio não está em casa. Hoje é sábado, na certa está se divertindo por aí, enquanto você fica aqui ouvindo essas músicas chatas.

Nando não pôde ouvir, mas a fisionomia de Caio lhe veio à mente. A noite estava quente, o que deixava o clima um tanto agitado. Fernando se levantou, abriu a janela do pequeno apartamento e pôs-se a olhar a rua, que estava bastante movimentada, com os jovens que iam se divertir nos mais variados ambientes.

"Quer saber, não vou ficar aqui plantado!", disse a si mesmo.

Ao fechar as janelas, foi se arrumar. Gilmar, ao vê-lo bem-vestido, comemorou, dando um forte abraço em Mercedes, e comentando:

– Você é maravilhosa. Eu não teria conseguido resultado melhor. Nando vai sair para espairecer. Nosso trabalho agora é conduzi-lo até Caio. Quando ele avistar seu amiguinho íntimo às voltas com outros, com certeza vai atentar contra sua própria vida, e nós começaremos a desforra!

– Nós, não! Você! Eu, para ser sincera, não sei até agora o que faço ao lado dele. Meu problema é com Miguel, e este quase nem vejo. Estou até me esquecendo que ele existe, se quer saber a verdade.

– Não seja dramática! Miguel é outro que já está enredado. Após Fernando, ele será o próximo, pois queremos os dois juntos, ao nosso lado. Só assim poderemos nos vingar deles. E, desta vez, não vamos deixá-los escapar.

O espírito soltou uma risada estrondosa e, ao ver Fernando sair, pegou Mercedes pelos braços. Na rua, já sabendo onde Caio estava, Mercedes passou a influenciar o jovem, que, sem saber, ouvia e atendia a todas as suas recomendações. Em pouco mais de meia hora, chegaram a uma praça.

Fernando olhava tudo atentamente. Já passava da meia--noite e o local estava cheio de pessoas a fim de diversão. Os bares estavam lotados e muitos ficavam do lado de fora, com latinhas de bebida nas mãos, bebericando e paquerando quem passava pela frente e lhes interessasse. Com essa visão, ele se pôs a andar. Caio o havia levado àquele local e lhe apresentara alguns conhecidos. Quando Edson, um dos amigos de seu parceiro, o viu, aproximou-se e, dando-lhe um abraço apertado, comentou:

– Menino, o que está fazendo aqui sozinho? Caio está lá naquele barzinho em que nós fomos apresentados. Vocês marcaram de se encontrar por aqui?

Fernando sentiu o sangue ferver e, procurando dissimular seus pensamentos, abriu um sorriso encantador, respondendo:

– Sim, mas acho que nos desencontramos. Obrigado! Vou até lá!

Edson abriu um sorriso e desapareceu no meio de uma rodinha de pessoas que conversavam na calçada.

Gilmar trocou olhares com Mercedes, que preferiu segui-lo sem nada dizer.

Nando andava a passos largos, coração aos saltos. Entrou no local. O bar era escuro, não se via muita coisa lá dentro. Havia só algumas luzes de neon nos cantos das paredes e fracas lâmpadas com o mesmo tom nas mesas. Andou vagarosamente entre uma mesa e outra até deparar com Caio, que estava acariciando um rapaz.

Ao ver a cena, sentiu seu coração parar e, aos berros, avançou em sua direção, tirando-o a tapa de perto do outro.

– Seu safado! Como pôde fazer isso comigo?

Caio arrumou a roupa que Fernando amarrotara. Detestava cenas de ciúme e, querendo acabar de uma vez por todas com aquela situação, respondeu:

– Deixe de ser piegas! Eu não tenho nenhum compromisso com você. Posso sair com quem bem entender.

Fernando não se conteve e deu um tapa no rosto de Caio, que revidou. Os dois já iam partir para uma briga, quando dois garçons, já acostumados com aquele tipo de situação, os separaram, levando Fernando para fora.

Gilmar e Mercedes, que assistiam à cena, riam prazerosamente, sem perceber que alguns espíritos que andavam com Caio os rodeavam. Ao ver Fernando ser colocado para fora do local, já iam sair quando um desses espíritos se fez ver e se colocou à frente deles, dizendo:

– Aonde vocês pensam que vão?

Gilmar o mediu de cima a baixo e, com ar de superioridade, respondeu:

– Pensamos, não! Nós vamos sair daqui!

– Ah, mas não vão, não! – falou taxativo.

Mercedes, ao ver que os dedos dele tinham a forma de garras, estremeceu.

– Sei muito bem quem são vocês e, já que se atreveram a se meter em meu caminho, ficarão aqui comigo – tornou o estranho. – Mas, antes, permitam-me que eu me apresente! Meu nome é Duarte, mas podem me chamar de Duda. Sou eu quem manda nestas paragens e, a partir de hoje, servirão a mim.

Gilmar já ouvira falar a respeito daquele espírito. Ele era conhecido por proporcionar orgias a seus seguidores, envolvendo espíritos encarnados nos mais degradantes atos sexuais. Quando Jefrey lhes ordenou que seguissem Caio e Fernando, recomendou que ficassem longe desse grupo, pois não possuía ali nenhuma influência ou estima, mas lhes assegurou que eles não ousavam comprar briga com ele. Com essas lembranças, ele riu desdenhosamente, dizendo em seguida:

– Não vamos lhe obedecer. Trabalhamos para Jefrey e tenho certeza de que não vai querer arrumar confusão com ele.

Duda fez um sinal para que os outros espíritos os prendessem com suas energias. Ao vê-los presos a correntes magnéticas, respondeu:

– Não tenho medo de seu patrão, e ele sabe muito bem disso. Temos um acordo em comum, meu caro. Eu não me meto nos negócios de ninguém e ninguém se mete nos meus; portanto, vocês violaram uma lei e agora serão meus escravos. E acho bom me obedecerem, pois seu chefe não virá socorrê-los.

Mercedes olhou para Gilmar, como a questioná-lo, mas ele não esboçou nenhuma reação. Os dois foram levados para o andar superior, onde havia alguns quartos que o proprietário do local alugava para quem queria ficar mais à vontade.

⁂

Fernando entrou em casa chorando. As cenas de horas antes não saíam de sua mente. Como fora tolo em acreditar que poderia ser amado e viver um romance ao lado de outro homem.

Por que deixara Caio tomar conta de seus pensamentos a ponto de não conseguir mais respirar sem pensar nele? E o que ganhara com isso? Fora traído, humilhado por alguém que pegara seu coração, entregue de presente numa bandeja de prata, e o jogara no lixo, sem dó nem piedade.

A esses pensamentos, pôs a mão no peito. Seu coração estava apertado, sentia uma dor que vinha da alma e era maior que a que sentira quando Aloísio o espancara. Sem pensar duas vezes, abriu a janela, sentou-se no parapeito e olhou para baixo para certificar-se de que, ao se jogar daquela altura, não chegaria com vida lá embaixo. Era o fim, o fim de toda a dor e sofrimento, fim da humilhação por ser homossexual.

Mas o que ele não podia ver era a presença de Ricardo, que ao lado de Vânia, emanava pensamentos que nem sequer ele registrava. Vânia, ao ver que Ricardo não estava conseguindo mudar os pensamentos do jovem, disse aflita:

– Ele vai se atirar! O que vamos fazer para impedir, meu Deus?

– Acalme-se, querida! Se quiser ajudar, de fato, eleve seus pensamentos a Deus e peça para tranquilizar a mente de Fernando.

Vânia obedeceu. Ela gostava, de coração, do rapaz, e fechando os olhos, fez sentida prece, pedindo a Deus para ajudá-lo naquele momento tão difícil de sua vida. Quando terminou, viu que ele continuava sentado, já em posição de se jogar. Num gesto impensado, aproximou-se de Fernando, abraçando-o carinhosamente e beijando-lhe a face, dizendo:

– Não faça isso, caro irmão! Lembre-se da importância de não sucumbir ao desespero. Não perca a oportunidade dada por

Deus de reparar seus erros nesta encarnação, pois isso vai lhe causar ainda mais dor e sofrimento.

Nando sentiu seu corpo estremecer. Ricardo, aproveitando as palavras da amiga, emanou uma energia calmante ao jovem, fazendo-o lembrar de ter lido em um livro espírita quais as consequências do suicídio. Como num passe de mágica, foi mudando de ideia e, cautelosamente, acabou descendo da janela e deitou-se na cama, ficando a chorar baixinho.

O abnegado mentor, ao vê-lo mais calmo, abriu um sorriso, dizendo:

– Graças a Deus, conseguimos impedi-lo. Agora, vou levá-la de volta à colônia espiritual.

Vânia olhou mais uma vez para o jovem. Estava feliz, pois pela primeira vez, desde que desencarnara, sentia-se verdadeiramente útil em poder ajudar. Ricardo, ao ler seus pensamentos, comentou:

– Você está se saindo muito bem. Quem dera todo encarnado ou não descobrisse como faz bem ao espírito ajudar o próximo de forma desinteressada.

– Espero que um dia todos aprendam. Eu já aprendi. E, acredite, sinto-me imensamente feliz só em saber que ajudei um ser de Deus a não estacionar em sua escala evolutiva.

Vânia pegou na mão de Ricardo, e ele a levou para a colônia espiritual, voltando, em seguida, para ficar ao lado de seu tutelado pelo resto da noite.

*

A segunda-feira amanheceu chuvosa. Enquanto esperava o metrô, Fernando lembrava-se do que lhe acontecera e, sentindo seu coração despedaçado, entrou no veículo já lotado devido ao horário. Ao chegar ao trabalho, encontrou Nara à sua espera. Ao vê-lo, ela esboçou um sorriso e disse rapidamente:

– Bom dia, Nandinho! Prepare-se, pois Glória ligou. Está com uma virose brava e precisou ficar em repouso. Vai ter de fazer uma bateria de exames e não trabalhará esta semana. Incumbiu-o de resolver os eventuais problemas do departamento com Miguel.

Fernando abriu e fechou a boca.

"O que me falta acontecer, meu Deus?", questionou a si mesmo, ao se sentar a sua mesa.

Nara pôs-se a observá-lo; seu colega parecia preocupado. Suas profundas olheiras denunciavam uma noite maldormida e, a essa constatação, ela comentou:

– Sua aparência está péssima. Se eu fosse você, iria ao toalete jogar uma água no rosto e tentaria mudar o astral, pois logo Miguel vai chamá-lo.

Nando não respondeu. Só vira o chefe uma vez e de longe, no escritório. Alguns funcionários falavam barbaridades a seu respeito, mas ele não se preocupou com o comentário feito pela colega. Estava cansado, desiludido da vida e, se o chefe aparecesse já atirando pedras, faria o mesmo. E, com esses pensamentos, pôs-se a trabalhar.

A manhã já ia alta quando finalmente Zilda ligou para o seu ramal pedindo que ele comparecesse à sala de Miguel. Nara, ao vê-lo colocar o fone no gancho, abriu um sorriso vitorioso, dizendo com ar triunfante:

– Não disse que ele iria chamá-lo?

Fernando sentiu-se irritado. Por que a colega não se preocupava com seu trabalho?

– Trate de fazer o seu serviço e deixe que do meu cuido eu!

– Credo! Que bicho te mordeu? – perguntou a jovem de pronto.

Fernando virou as costas e saiu. Andou alguns metros pelo corredor, bateu levemente na porta de madeira e entrou. Zilda, ao vê-lo, mediu-o de cima a baixo, dizendo:

– Pode entrar. O senhor Miguel está à sua espera.

– Obrigado! – respondeu.

Fernando deu uma leve batida na porta que separava o escritório de Miguel de sua antessala, e entrou, encontrando o chefe lendo alguns papéis.

– Bom dia, o senhor mandou me chamar?

Miguel olhou para o jovem e sentiu um leve arrepio percorrer-lhe a espinha. Aqueles olhos, o rosto, algo naquele rapaz lhe soava extremamente familiar. Mas de onde o conhecia? Não saía para se divertir, nunca o vira antes no escritório, pois não queria ter nenhum tipo de contato extraprofissional com os subalternos e, uma vez que o jovem fazia parte da área comandada por Glória, não tinha nenhum motivo para querer conhecê-lo.

– Senhor Miguel...

Miguel saiu do estado de indagação em que estava e respondeu:

– Sim! Desculpe, rapaz! Você me pegou distraído. Sente-se!

Fernando sentou-se um tanto desconcertado. Ao ver o famoso chefe de perto, sentiu uma sensação inexplicável e pôde perceber que ele não era o monstro pintado por seus colegas de trabalho.

Miguel pôs-se a falar o motivo de tê-lo chamado a sua sala, explicando-lhe que Glória precisara se ausentar e que Fernando teria contato direto com ele para o que fosse necessário. O funcionário ouvia a tudo atentamente, observando a fisionomia de Miguel, que, vez ou outra, passava a mão no cabelo para tirar a franja que o incomodava, o que o deixou encantado.

Quando voltou à sua sala, estava com uma aparência melhor, ao contrário do que Nara esperava, mas esta evitou falar com ele pelo resto do dia, só o cumprimentando secamente ao ir embora.

Fernando ficara em sua sala, terminando algumas tarefas. O horário de expediente já havia acabado e ele nem se deu conta. Quando olhou para o relógio na parede, desligou o computador e, após certificar-se de que tudo estava em ordem, saiu. Passando pelos corredores, não viu ninguém. Todos já haviam ido embora e, para sua surpresa, Miguel o aguardava sentado em um sofá, na recepção. Ao avistá-lo, esboçou um sorriso, dizendo:

– Pensei que não fosse mais sair.

– Desculpe! Estava tão concentrado no que fazia que não me dei conta do tardar das horas.

– Não tem problema. Fiquei esperando você, pois sou eu quem fecha e abre o escritório.

Com calma, levantou-se. Ao ver o rapaz caminhar para a saída, saiu em seguida, trancando a porta. Nando esperou o chefe um tanto envergonhado. Não sabia como agir naquela situação. Miguel, ao vê-lo à sua espera, resolveu puxar assunto:

– Você, até onde sei, estuda no horário noturno e estamos em mês letivo. Não acha que vai se atrasar para a aula?

– Não! Eu tranquei a matrícula. E, para ser sincero, o curso de Psicologia não é do meu agrado. Agora, quero fazer Administração de Empresas.

Miguel abriu um sorriso e pôs-se a falar sobre seus planos de retornar aos estudos e entrar para a faculdade, justamente para fazer o curso de administração. Em poucos minutos, chegaram ao estacionamento onde ele deixara seu automóvel e, querendo continuar a conversa, voltou-se para o rapaz, dizendo:

– Venha! Vou pegar o meu carro e lhe dou uma carona.

Nando consentiu com a cabeça. Os dois caminharam em silêncio até pararem diante do automóvel último modelo que Miguel comprara recentemente. Entrando no veículo, o rapaz passou seu endereço e os dois seguiram conversando. Miguel se mostrava simpático e, a certa altura da conversa, comentou:

– Engraçado! Praticamente acabamos de nos conhecer e me parece que o conheço há séculos.

– Tive a mesma sensação. Talvez já tenhamos nos conhecido em outras vidas.

– Você acredita em reencarnação? – perguntou Miguel, lembrando-se, em seguida, de quem indicara o rapaz para Luiz. Dando um leve tapa na testa, tornou: – Claro que acredita! Que pergunta a minha! Foi Orlando quem o indicou e, na certa, deve frequentar o centro espírita que ele dirige.

– Sim, acredito na vida após a morte e no regresso à matéria quantas vezes forem necessárias para o aprimoramento moral e intelectual de um indivíduo, mas não frequento centros espíritas. Cheguei a morar na casa de Orlando, estimo sua família e os guardo em meu coração, mas nunca quis me aprofundar no espiritismo, talvez porque ainda não tenha chegado a hora.

Miguel ficou pensativo, lembrou-se do tempo em que frequentara as reuniões evangelizadoras e da paz que sentira dentro do centro espírita. Mas agora sua vida era outra. Embora acreditasse no que Orlando lhe ensinara a respeito da doutrina espírita, não queria se envolver com aquele assunto e, para não se aprofundar naquelas questões, mudou o rumo da conversa até parar seu veículo na porta do prédio onde Fernando morava. Despedindo-se dele com um aperto de mão, deu partida no automóvel rumo à sua casa.

CAPÍTULO XI

UMA PROCURA FELIZ

A SEMANA passou rapidamente. Glória não voltou a trabalhar por causa da sua saúde. Ela havia contraído uma intoxicação alimentar e ficara debilitada, o que aproximou ainda mais Fernando de Miguel.

No sábado, Nando estava em seu apartamento e não conseguia tirar Caio da cabeça. Quando a campainha soou, ele se levantou a contragosto. Ao espiar pelo olho mágico da porta e ver a fisionomia de Luana, suspirou. Gostava da amiga como a uma irmã, mas na certa ela ficara sabendo do término de seu relacionamento com Caio por meio de algum conhecido em comum.

Pensou em não atender, mas diante da insistência dela, que não tirava o dedo da campainha, abriu a porta. Ela, ao vê-lo, deu-lhe um leve beijo no rosto, e entrou, dizendo:

– Sei que não quer ver ninguém, mas sou sua amiga.

Luana sentou-se na beira da cama. Nando pegou uma garrafa de refrigerante na geladeira e, após colocar o líquido em dois copos, entregou um para a jovem, indo direto ao ponto:

– Não estou com vontade de falar sobre Caio, se é o que quer saber. Sei que vai me dizer que você me preveniu e vai desfilar um rosário completo.

– Não vou fazer isso, pois acho que é capaz de ver seus erros e rever seus conceitos sem os sermões de ninguém. Na verdade, vim para lhe dizer que sou sua amiga e, se quiser conversar, saiba que tem em mim um porto seguro, querido!

– Isso eu sei, sua boba, mas quero esquecer que um dia conheci Caio, por essa razão, não quero ficar falando sobre ele, entendeu?

– Entendi! – respondeu Luana, olhando fixamente para os olhos de seu amigo, reparando um brilho indefinido em seu olhar. Tornou: – Você está me escondendo alguma coisa. O que foi?

Nando sentou-se a seu lado. Luana era, com certeza, uma alma afim e não adiantaria querer lhe esconder nada. A esse pensamento, esboçou um profundo suspiro:

– Essa semana, finalmente, conheci meu chefe. Glória, minha superior, teve de se ausentar do trabalho e me deixou incumbido de tratar dos assuntos do departamento com ele.

Sua confidente abriu um sorriso malicioso. Conhecera Miguel semanas antes, na casa de Luiz. Ela e seus familiares foram convidados para o aniversário de Gabriel, e ele estava presente. Orlando o apresentara à filha, que simpatizara com o belo homem à primeira vista. Nando, ao vê-la pensativa, falou:

– Não vá pensar besteiras. O que eu ia lhe dizer é que Miguel não é o déspota que eu imaginava e, nesta semana, tornamo-nos amigos, é só.

– Eu não estava pensando nada. Conheci Miguel em uma festa, na casa de Luiz. Era o que eu ia lhe dizer. Achei-o muito bonito e educado. Fico feliz em saber que vocês, finalmente, se conheceram e viraram amigos.

Luana pegou sua bolsa. Havia marcado um compromisso com alguns colegas da faculdade e já estava atrasada. Só passara para saber como Fernando estava. Após lhe dar um beijo de despedida, deixou o apartamento, fazendo Nando voltar para o seu estado de apatia.

*

Dois meses se passaram. Elisa chegou ao salão de beleza de Camila animada. A amiga cortava o cabelo de uma senhora quando ela, após cumprimentá-las, sentou-se e pôs-se a folhear uma revista, sem perceber que a mulher a fitava pelo espelho. Quando Camila terminou o corte, a cliente pagou pelo serviço e prostrou-se diante de Elisa, dizendo:

– Desculpe, mocinha, mas acho que a conheço. Não é a filha de dona Judite?

– Sim, sou eu mesma. E a senhora, quem é?

A mulher lançou um olhar perscrutador antes de responder:

– Meu nome é Maria. Fui vizinha de vocês. Luiz, meu sobrinho, era muito amigo de seu irmão. Como era mesmo o nome dele, meu Deus?

– Miguel! – interpelou a moça, ao ver a senhora olhar para o alto, no intuito de interrogar o ser supremo.

– Isso! Sabe que vi todos vocês nascer? Seu irmão não saía da casa de Luiz. Cheguei até a pensar que... – a mulher bateu na boca antes de prosseguir. – Não importa.

Elisa fez uma cara de desagrado, entendendo muito bem o que ela estava insinuando, mas lembrou-se de Luiz. Desde o dia em que seu irmão saiu de casa, nunca mais ouvira falar dele. A essas lembranças, decidiu ocultar o desagrado que sentira com o comentário e abriu um sorriso falso, dizendo:

– Nossa, eu havia me esquecido do Luiz. E como ele está? Ainda mora na cidade?

– Não! Casou-se com uma das herdeiras daquela rede de lojas que tem uma filial aqui perto. Coitado...

A mulher fez uma pequena pausa. Camila, não querendo incomodá-la, pôs-se a esperar para chamar Elisa e começar o corte. Maria, ao vê-la esperando, tornou:

– Então... Ele mudou para São Paulo. A última notícia que tive a seu respeito foi que ficou viúvo recentemente.

– Nossa, que chato! Se falar com ele, mande recomendações minhas.

– Serão dadas.

Maria deu um leve beijo em Camila e outro em Elisa, que, ao vê-la sair, deu um pulinho de alegria. Camila, não entendendo o motivo daquela euforia repentina, questionou:

– O que deu em você? A princípio cheguei a pensar que voaria no pescoço dela!

– Ora, querida! Sabe que não sou mulher de fazer essas coisas. E depois, essa pobre senhora, sem querer, deu-me uma brilhante ideia.

– Que ideia?

Elisa sentou-se na poltrona e, após colocar o avental que a cabeleireira lhe deu, respondeu:

– Luiz e Miguel eram amigos inseparáveis. Se ele está em São Paulo, talvez saiba o paradeiro de meu irmão.

– *Tá*, mas como vai encontrar esse senhor?

– É simples. Essa loja a que dona Maria se referiu tem praticamente em todo o estado, mas se Luiz mora na capital, provavelmente o escritório central seja lá. É só ligar para uma das lojas e pedir o endereço da matriz.

– Você não tem jeito! Quando quer alguma coisa é daquelas que não desiste.

As duas riram prazerosamente. Quando Carlos chegou, Elisa o colocou a par de seus planos. O jovem ouviu atentamente e prometeu ajudá-la. Prontificou-se a lhe fazer companhia até a capital, o que ficara marcado para quando a moça entrasse em férias, na quinzena seguinte.

No dia combinado, Carlinhos entrou na casa de Elisa com a mochila nas costas. Antonio, que andava com a ajuda de uma bengala, ao vê-lo, abriu um largo sorriso e estendeu-lhe a mão, comentando:

– Eu já estava sentindo sua falta! O jogo de dominó não tem graça sem você.

Carlos, após cumprimentá-lo, sentou-se no sofá e, ao ver o senhor fazer o mesmo com certa dificuldade, respondeu:

– Ora, seu Antonio, só tem quatro dias que não apareço. Além disso, dona Judite é uma excelente jogadora.

– Ah, mas ele não pensa assim, meu filho. Todas as tardes, quando acabo o serviço, sento-me para jogarmos, mas ele só reclama, diz que eu não sei contar a pedra e que é fácil ganhar de mim – interpelou Judite, que, ao ouvir a voz de Carlos, foi abraçá-lo, fazendo os dois rir.

Carlos colocou a mão na cintura, dizendo:

– Seu Antonio, seu Antonio, já cansei de lhe falar que não deve ficar brigando com dona Judite!

– Ah! Você diz isso porque não está casado com ela. Eu sei o que eu aguento.

Carlos se pôs a rir prazerosamente com o jeito daquele senhor, que com a esposa, tornaram-se parte de sua família. Judite os deixou e foi para a cozinha. Antonio fez questão de jogar dominó, enquanto a filha se arrumava.

Quando a matriarca voltou, trazia consigo uma bandeja com guloseimas que sabia que o jovem gostava e juntou-se aos dois na partida. Mais de uma hora depois, Elisa apareceu, carregando uma maleta. Judite, ao ver a filha, parou o jogo e, com lágrimas nos olhos, disse:

– Filha, vê se toma cuidado! São Paulo é uma cidade perigosa. Fique de olho na bolsa e carteira.

– Mamãe, já disse para não se preocupar. Lembre-se de que fui à capital nas férias passadas e pode ter certeza de que não é a cidade perigosa que pintam em alguns telejornais. Sem falar que estarei hospedada na casa de Patrícia, que conhece a cidade como a palma de sua mão. E Carlinhos também!

– Não se preocupe! Eu trarei Elisa de volta, do mesmo jeito que ela está indo – interpelou Carlos, fazendo Antonio responder:

– Em você eu confio, filho! Mas vê se volta logo. Essa casa, sem a presença de vocês, não tem graça.

– Não se preocupe, papai! Uma semana passa rapidinho. Quanto a vocês, vejam se tomam os remédios direitinho. Camila virá lhes fazer companhia todas as noites e, se precisarem de algo durante o dia, é só ligar para ela, tudo bem?

Judite consentiu com a cabeça. Elisa abraçou e beijou a mãe repetidas vezes, fazendo o mesmo com o pai. Em seguida, deixou-os, saindo ao lado de Carlos, rumo à capital. Desta vez, tinha a certeza de que teria notícias do paradeiro de seu irmão do coração.

O dia mal amanheceu e Elisa já estava de pé, tomando seu desjejum ao lado de Carlos e Patrícia. As duas conversavam animadamente, relembrando o tempo em que trabalharam juntas na cidade de Ribeirão.

Carlos, ao perceber que as horas passavam rapidamente, chamou a atenção da amiga, dizendo:

– Desculpe, queridinha! Sei que você e sua amiga têm muito o que falar, mas já são quase oito horas da manhã e ainda não decidimos em que loja vamos procurar o Luiz.

Patrícia olhou para Elisa, que voltou sua atenção para Carlos, respondendo:

– Vamos fazer assim. Vamos à loja do centro da cidade. Ontem, por telefone, não quiseram me passar o endereço do escritório.

– E como quase todos os escritórios ficam no centro velho da cidade, vocês já estariam perto. Acertei? – completou Patrícia, piscando para Elisa, que riu com o jeito da amiga.

Carlos conhecia bem a cidade e, com presteza, levou a amiga até a loja da rua 25 de Março. Elisa olhava abismada o vaivém das pessoas pelo local. Carlos andava segurando sua mão para que ela não se perdesse no meio da multidão. Em poucos minutos, chegaram diante da loja.

Elisa, ao ver um vendedor na porta, foi direto a ele, dizendo:

– Bom dia! Gostaria de falar com o gerente. Ele se encontra?

O rapaz olhou para os lados. Ao ver a gerente nos fundos do salão conversando com outra vendedora, apontou o dedo em sua direção, dizendo:

– A gerente é aquela ali. Seu nome é Mônica.

– Obrigada! – respondeu Elisa, esboçando um sorriso, que o vendedor retribuiu, mostrando seus belos dentes alvos e bem distribuídos.

Quando passaram por ele, o jovem ainda deu uma olhada para Carlos, balançando a cabeça negativamente em sinal de reprovação, que o jovem não viu por ter lhe dado as costas.

Os dois se aproximaram da mulher indicada, que, ao vê-los, perguntou solícita:

– Pois não, em que posso ajudá-los?

– Bom dia! Meu nome é Elisa... – fez uma pausa para respirar e prosseguiu: – Você deve ser Mônica, estou certa?

– Sim! – respondeu a gerente, querendo saber no que aquela abordagem iria resultar.

– Desculpe! Sei que não me conhece. Eu sou de Ribeirão Preto. Conheço Luiz, o dono desta loja, desde menina. Preciso muito falar com ele, mas perdi seu telefone. Será que pode me dizer onde ele costuma trabalhar?

Mônica mediu-a de cima a baixo, gostando do jeito da moça, que lhe pareceu sincera. Decidindo ajudá-la, esclareceu:

– Luiz não trabalha mais. Deixou seus negócios por conta do chefe do escritório. Desculpe a indiscrição, mas está procurando emprego?

Elisa abriu a boca. Ia dizer a verdade, mas Carlos, ao perceber, interpelou, não dando tempo para a amiga falar.

– Estamos! Viemos do interior para cá há dois meses em busca de trabalho, mas sabe que a vida aqui na capital não é fácil, então pensamos que Luiz poderia nos ajudar, entende?

– Olha, Luiz pode não gostar, mas vou dar seu endereço. Eu o tenho porque cheguei a ir a sua casa uma vez. O homem que ele tem como braço de ferro é um tirano, insolente e mesquinho. Trata mal até sua sombra, por essa razão, quando precisamos de algum favor pessoal, recorremos primeiro a ele. Sabe como é, se eu mandar vocês para o escritório, não serão bem atendidos.

Mônica pegou um papel e uma caneta e anotou o endereço, entregando-o para eles e pedindo:

– Espero que sejam discretos. Não digam a Luiz que lhes passei seu endereço. Posso até perder o meu emprego.

– Não se preocupe! Nada diremos. Você é uma alma boa. Que Deus a abençoe! – respondeu Elisa, ao pegar o papel e agradecer à senhora.

Os dois saíram do local. Já na rua, Carlinhos pôs-se a rir prazerosamente dizendo:

– Essa minha encenação foi digna de um Oscar, não acha?

– Acho, mas não gosto de mentiras, sabe disso!

– Também não, mas foi por uma boa causa. E, depois, não estamos fazendo mal a ninguém. Deixe-me ver o endereço.

Carlos pegou o papel, leu atentamente e, em seguida, devolveu à amiga:

– Estamos longe desse bairro. Vamos precisar pegar um ônibus. Venha!

Carlos pegou a mão de Elisa e pôs-se a andar até chegar ao ponto onde o ônibus passaria. Quando chegaram à rua adjacente à do endereço, desceram. Elisa olhou para o relógio de pulso, já estava se aproximando a hora do almoço, e não queria incomodar ninguém naquelas circunstâncias. Ao expor seus pensamentos para Carlos, ambos decidiram almoçar em um *self-service* e esperar o começo da tarde, para finalmente encontrarem Luiz.

Duas horas depois, Elisa tocou a campainha da casa e, após alguns minutos de espera, Alice abriu uma pequena janela da porta, por onde era possível ver quem chamava. Ao ver a moça do lado de fora, perguntou:

– Pois não?

– Oi, meu nome é Elisa. Eu gostaria de falar com Luiz. Ele está?

– Olha, moça, não sei se ele poderá atendê-la. A senhora trabalha para ele?

– Não, não! Diga a ele que é Elisa, irmã de Miguel, de Ribeirão Preto, por favor!

– Só um minuto.

Alice fechou a janelinha, deixando os dois do lado de fora.

– Ai, amiga! Não sei, não! Esse homem é rico. Talvez nem se lembre mais de você. Além do mais, esse povo que tem dinheiro é desconfiado. Você viu? A mulher nem para mandar a gente esperar do lado de dentro!

– Ora, Carlos! Não me deixe mais nervosa do que já estou. É normal ela agir assim, nunca nos viu! E, depois, lembro-me muito bem do jeito de Luiz. Ele é gente boa, vai nos receber.

Elisa calou-se ao ouvir o barulho do trinco do portão. Era Alice, que, já sem o aspecto sisudo e desconfiado de momentos antes, mandou-os entrar, com um discreto sorriso nos lábios, conduzindo-os até a sala de visitas. Deixando-os a sós após lhes oferecer algo para beber e pedir que aguardassem.

Carlos olhou à sua volta. A sala era enorme, ricamente ornamentada. Em seguida, sentou-se no sofá, dizendo à amiga, que acabava de fazer o mesmo:

– Nossa, que casa linda! Só vi um lugar assim nas telenovelas.

Elisa já ia responder quando um garoto se aproximou correndo e, ao vê-la, deu-lhe um abraço carinhoso, dizendo amorosamente:

– Que bom que veio. Faz muito tempo que espero seu retorno.

Elisa retribuiu o abraço, sentindo verdadeira ternura pelo menininho, que, não querendo soltá-la, ficou agarrado a ela. Quando Luiz entrou na sala, ao ver o filho aconchegado nos braços de Elisa, voltou seu olhar para ele:

– Gabriel, por que está agindo assim, meu filho?

– Essa moça é minha amiga, papai, e eu gosto muito dela!

Carlos e Elisa riram com o jeito do menino, que deu um beijo na jovem e se afastou, vendo o olhar de reprovação do pai.

Luiz foi ao encontro da moça, que se levantou para cumprimentá-lo, e disse:

– Desculpe! Gabriel perdeu a mãe há pouco tempo. Hoje ficou estranho o dia todo. Parecia ansioso e, agora, teve essa atitude estranha.

– Não tem problema. Seu filho é adorável e eu adoro crianças. Eu que lhe peço desculpas por incomodá-lo dessa maneira.

Luiz abriu os braços, dando um abraço carinhoso na moça, que, em seguida, apresentou o amigo, que ele cumprimentou cordialmente. Quando se sentaram novamente, foi Luiz quem quebrou o clima de silêncio que se instalara no local:

– Poxa! Vou brigar com Miguel. Por que ele não me disse que você viria me visitar? A última vez que a vi, você era uma meninota, pouco mais velha que o meu Gabriel.

Elisa trocou olhares com Carlos, antes de lhe responder:

– Miguel não sabe que estamos em São Paulo. Eu vim procurá-lo justamente para ter notícias de seu paradeiro e acho que fiz bem.

Luiz coçou a cabeça. Olhou atentamente para Elisa, que se tornara uma bela mulher. Ela estava vestindo uma calça jeans e uma camisa de alça branca, que delineava seu corpo de forma discreta. Na certa, já havia se casado, pois, segundo suas contas, chegara na casa dos trinta. Com esses pensamentos, respondeu:

– Você veio ao lugar certo. Reencontrei Miguel há dois anos e, desde então, ele trabalha como chefe do meu escritório. É ele quem comanda de forma impecável as minhas lojas.

Elisa sentiu seu coração disparar e, com lágrimas nos olhos, falou:

– Você não sabe o quanto já procurei por ele. Reencontrar meu irmão é tudo o que eu quero nesta vida.

– Posso imaginar – respondeu Luiz.

Elisa pôs-se a falar sobre sua viagem a São Paulo no ano anterior, a doença da mãe, as mudanças de atitude do pai e como estava sua vida. Luiz ouvia atentamente. Quando ela disse que não havia se casado, pois não queria arrumar um companheiro e deixar o casal de idosos sozinhos, ele sentiu seu coração bater mais forte. Carlos, que ouvia a conversa sem se intrometer, pôde ver que os olhos de Luiz brilhavam por Elisa.

As horas passaram rapidamente. O dono da casa fez questão de oferecer a eles um café da tarde cheio de guloseimas, que Carlos e Gabriel comeram sem cerimônias, fazendo todos rir. Quando voltaram à sala, Gabriel ficou brincando com Carlos.

Elisa, vendo que o dia estava findando e que a visita se estendera a ponto de se tornar incômoda, levantou-se:

– Foi muito bom revê-lo, mas está ficando tarde. Precisamos ir. Será que pode nos dar o endereço de Miguel?

– Vou fazer melhor – respondeu Luiz, com um sorriso maroto. – Levarei vocês à casa de sua amiga, assim aprendo o caminho. Amanhã, por volta das dezesseis horas, passo lá e os levo até o escritório, assim faremos uma surpresa para seu irmão. O que acha?

– Perfeito! Mal vejo a hora... Mas não quero incomodá-lo.

– De forma alguma! Faço questão. Só um minuto!

Luiz os deixou a sós, indo à cozinha para trocar algumas palavras com Alice. Voltou à sala e os conduziu à garagem. Gabriel entrou no veículo fazendo os dois rir. Em pouco mais de quarenta minutos, pararam diante da casa de Patrícia, onde Elisa se despediu dele com um beijo no rosto, entrando em seguida na casa, acompanhada de Carlos. Este, ao ver Patrícia, foi logo dizendo:

– Menina, você deveria ter visto o "homão" do Luiz e o clima que rolou entre os dois!

Patrícia pôs-se a rir, querendo saber os detalhes. Ao ver o semblante feliz da amiga, sentou-se com eles, que trataram de lhe contar o resultado da visita, cada um a seu modo. Carlos fez questão de frisar que os olhos de Luiz brilhavam por Elisa, que ficou encabulada com o comentário, fazendo-o mudar de assunto. Os três ficaram conversando sobre como seria o encontro com Miguel por um longo tempo.

CAPÍTULO XII

O REENCONTRO

NAQUELA tarde caía uma fina garoa na cidade. Elisa olhava para o chuvisco pela janela, pensando em como seria seu encontro com Miguel. Lembrou-se das palavras da gerente, aquela mulher não a conhecia e, com toda a certeza, não mentira. Luiz mesmo lhe dissera que o amigo se tornara uma pessoa amarga, chegando a ser extremamente intolerante com seus subordinados, que se dirigiam, muitas vezes, ao dono da empresa, com medo de expor seus problemas a ele.

Carlos, que conversava com Patrícia na cozinha, podendo ver a amiga de onde estava, comentou:

– Sabe, Pati, estou preocupado com minha amiga. O irmão dela é detestado pelos funcionários. Temo esse reencontro.

– Não pense assim! Deus sabe o que faz e, depois, o máximo que pode acontecer é ele não querer um contato com os seus, deixando isso muito bem claro a ela. O que é um direito dele.

– Isso eu concordo, queridinha. A vida é feita de escolhas. Seu Antonio, coitado, optou por colocar o filho para fora de casa. Agora Miguel pode optar por não querer recebê-los.

– É... – respondeu Patrícia, esboçando um profundo suspiro. – Às vezes, penso em pessoas assim como você e tantos outros. Já ouvi várias histórias parecidas com a de Miguel. Sabia que aqui em São Paulo existe até uma associação beneficente que abriga homossexuais expulsos de casa?

– Não sabia, mas é por essas e outras que amo minha mãe, pois me aceitou exatamente como sou e, em vez de me criticar, procurou compreender o que se passava em meu íntimo. Mas não pense que ela é omissa, não! Desde que me encontrei comigo mesmo e cheguei à conclusão de que era, de fato, diferente, ela procurou me dar conselhos para que eu não me tornasse promíscuo.

– Sua mãe deve ser uma pessoa maravilhosa. Outro dia conheci um homossexual que se traveste e faz ponto na área central da cidade. Ele me disse que passou a vender o corpo por falta de opção. Quando tinha 12 anos, começou a ter raiva de seu corpo. Via as meninas da mesma faixa etária começando a transformação hormonal e queria ser igual, não só nisso, mas em tudo. Seu corpo era masculino, mas sua alma, sua essência, era definitivamente feminina. Um dia, passou a se vestir como mulher e sentiu-se feliz, passando a se chamar Eva. Seu pai o colocou para fora de casa, pois, como tantos outros, achou mais fácil se livrar do problema do que enfrentá-lo. Eva passou a sofrer abusos sexuais em troca, muitas vezes, de um lanche. Não ia à escola, pois o preconceito era grande, uma vez que resolvera assumir de vez seu lado feminino. Sem o apoio moral de ninguém, acabou por se tornar uma profissional do sexo. Agora, diga-me, como condenar esse pobre homem, que sucumbiu às necessidades físicas e sexuais de sua atual encarnação se ele mesmo está sendo prejudicado, uma vez que estacionou na escala evolutiva e ainda sofre todos os dias o preconceito nas ruas por onde passa?

Carlos olhou fixamente para Patrícia, que questionou:

– O que foi? Acha que estou errada?

– Não, não! De maneira alguma. É duro ter de aceitar, mas está certíssima. Eu mesmo vivo lutando comigo mesmo para vencer algumas tendências, mas não sabia que gostava de assuntos ligados à vida após a morte.

– Bem... Não sou nenhuma estudiosa ferrenha do assunto. Meu marido, que vocês infelizmente não chegaram a conhecer, pois está em viagem de negócios, estuda o espiritismo há anos e frequenta um centro kardecista. Eu, embora aceite a doutrina espírita em meu coração, não sou assídua frequentadora, mas leio muito e procuro compreender e vivenciar o que leio.

– Nossa, que interessante! Ontem Luiz também nos falou a respeito de Kardec. Acho que a vida está querendo que eu me aprofunde no assunto.

– Pode acreditar que sim. Quando o aluno está preparado, os desígnios divinos se encarregam de colocar em seu caminho os professores da vida espiritual.

– Que lindo! – interpelou Elisa, que chegou a tempo de ouvir o término da conversa dos dois. Voltando-se para Carlos, ela falou: – Se quiser conhecer meu irmãozinho, é melhor se levantar, pois Luiz já está parando o veículo aqui na frente.

Elisa deu um beijo na face da amiga. Não queria fazer Luiz esperar e foi rapidamente para fora da casa, sendo seguida por Carlos, que fez questão de que ela fosse no banco da frente, ao lado do motorista, no intuito de deixá-los mais à vontade.

*

Os funcionários do escritório já estavam saindo quando Luiz estacionou seu automóvel. Elisa ficou encantada com a fachada do belo imóvel, mas não quis comentar, limitando-se a segui-lo. Luiz cumprimentava a todos cordialmente. Quando passou pela recepção, esboçou um sorriso para a recepcionista, que, ao vê-lo, colocou a bolsa de volta na cadeira, o que o fez lhe explicar que viera conversar com Miguel e que ela estava dispensada, o que foi recebido de bom grado pela moça. Sem pensar duas vezes, ela pegou sua bolsa e saiu.

Os três caminhavam lentamente por um longo corredor. Luiz, ao passar pela sala de Glória, fez sinal com a mão para que ela o esperasse. Em seguida, conduziu os dois à antessala de Miguel, onde Zilda conversava ao telefone. Esta, ao vê-los, tratou logo de colocar o aparelho no gancho e, com um sorriso nos lábios, levantou-se para cumprimentá-los:

– Boa tarde, doutor Luiz! Estamos sentindo sua falta.

– Eu também sinto saudades de vocês, mas Gabriel ainda não está preparado para ficar sozinho.

Luiz fez uma pausa e, voltando-se para Elisa e Carlos, apresentou-os à Zilda, dispensando-a em seguida. Aguardou a saída da secretária e, então, deu uma leve batida na porta. Como não ouviu a voz de Miguel, bateu de novo, o que o fez abrir a porta com força, dizendo:

– O que foi, Zilda? Já não falei...

Miguel olhou para Luiz e para Elisa, sentindo seu coração bater acelerado. Reconheceria a irmã que tanto amava mesmo que ela estivesse com cem anos. Tentou argumentar, mas não conseguiu. Luiz, ao vê-lo parado à sua frente, quebrou o clima de silêncio que se instalara no local:

– Desculpe a surpresa. Eu achei melhor trazer Elisa aqui sem avisá-lo.

E, voltando-se para Carlos, apresentou-o a Miguel. Esperando o rapaz estender-lhe a mão, bateu em seu ombro, dizendo:

– Quero lhe apresentar Glória, uma amiga de quem sei que vai gostar. Venha!

Os dois saíram da sala, deixando Miguel olhando para a irmã, sem reação. Ela, ao ver o irmão ainda tomado pela surpresa, comentou:

– Estou muito feliz em revê-lo. Não sabe o quanto já o procurei nesta selva de pedra. Não vai, ao menos, me dar um abraço?

Miguel abraçou a irmã com força. Quantas vezes, no silêncio da noite, ficara pensando em como ela estaria, o que fazia da vida, se já se casara... As lágrimas caíam copiosamente por sua face e, após soltá-la, levou-a para dentro de sua sala.

Elisa não parava de admirá-lo. Miguel estava bonito, bem-vestido. Tornara-se um executivo. Conseguira vencer as barreiras do preconceito. Os dois ficaram calados, não querendo quebrar o clima do momento.

Foi Elisa, após respirar profundamente, quem tomou a iniciativa:

– Você está muito bonito e elegante. Não sabe como fico feliz em reencontrá-lo bem.

– Posso dizer o mesmo a seu respeito. Mas, diga-me, o que a trouxe a São Paulo? Por acaso mudou-se para cá com marido e filhos?

Elisa riu com o jeito do irmão e, após tirar um lenço da bolsa para enxugar algumas lágrimas que insistiam em cair e recompor-se, respondeu:

– Não, não. Eu não me casei. Cuido do pai e da mãe. Tenho medo de deixá-los sozinhos. Só vim a São Paulo para tentar reencontrá-lo e, assim mesmo, deixei-os sob os cuidados de Camila, a mãe daquele jovem que Luiz lhe apresentou.

Miguel sentou-se em sua cadeira, fazendo menção para Elisa sentar-se também. Ao ver a irmã sentada confortavelmente, pôs-se a fitá-la. Ela se tornara uma mulher bonita, elegante e educada. Na certa, fora procurá-lo para ajudá-la com os pais, talvez estivesse precisando de dinheiro. Com certeza, Luiz falara para alguns parentes seus de Ribeirão que ele havia melhorado de vida e ela estava ali para lhe cobrar ajuda aos pais, ou talvez para que ele fizesse algum favor. Com esses pensamentos, fechou o semblante, dizendo:

– Bem, você já me reencontrou e eu fiquei muito feliz, acredite! Sempre quis ter notícias suas, mas agora vamos ao que interessa. O que quer de mim? Dinheiro, trabalho, o quê?

Elisa abriu e fechou a boca, não querendo compreender aonde o irmão queria chegar. Lembrou-se de Mônica, a gerente, e pôde constatar o motivo de ela não gostar dele. Miguel mostrava-se frio, um déspota, sem um pingo de sentimentos nobres. A esses pensamentos, pôs-se a falar:

– Não vim lhe pedir nada material, pois tenho um bom trabalho. Papai e mamãe estão aposentados. Temos uma vida simples, mas sem necessidades financeiras. Maurício, seu outro irmão, embora você não tenha perguntado, está casado, tem um filho lindo, que se chama João Vítor, e mora em outra cidade.

– Se não é dinheiro, o que quer de mim? Por que só agora resolveu me procurar?

Elisa sentia o sangue ferver. Não imaginava aquela reação da parte de Miguel. Decidiu ir direto ao assunto:

– Olha, vim para lhe pedir que vá visitar papai e mamãe. Eles estão velhos e doentes. Nosso pai se arrependeu amargamente do que lhe fez. Eu cresci vendo mamãe chorando pelos cantos a cada aniversário seu, em cada festa de fim de ano. Será que dá para você perdoá-los e ir para Ribeirão comigo?

Miguel passou a mão no rosto e, levantando-se da cadeira, respondeu:

– Perdoar? Quem é você para me pedir isso, minha irmã? Então acha que é assim, simples? Você aparece na minha vida do nada, pedindo para eu perdoar meus pais porque são dois velhos doentes? – Miguel fez uma pausa. Seu coração batia descompassadamente e, após pegar um copo com água e tomar um gole, prosseguiu: – Você, por acaso, tem noção do que me pede? Sabe o que é ser enxotado de casa feito um lixo, sem eira nem beira? Por acaso me perguntou como cheguei aonde estou? Quantas vezes dormi na rua, ao relento, passando frio e fome, vivendo da caridade alheia para ter uma peça de roupa para vestir? Você não sabe! Não sabe por que nosso pai não iria colocá-la para fora de casa, nem você, nem Maurício, pois vocês são normais. A única aberração na família sou eu! E por esse motivo ele me jogou fora. Você disse que mamãe chorava pelos cantos da casa a cada aniversário meu, em cada festa, mas, e eu? Enquanto ela chorava, minha barriga roncava de fome. Enquanto vocês comemoravam o Natal, eu aproveitava a época em que todos se voltavam para a caridade para pedir roupas para trocar e comida.

Miguel batia com força na mesa, podendo ser ouvido até na sala de Glória, fazendo ela, Nando, Luiz e Carlos se entreolharem.

– Então me diga, agora! O que era o choro de nossa mãe, que não teve coragem nem sequer de me defender diante da ignorância e preconceito de seu marido? Agora sabe como cheguei até aqui? Quer saber como consegui meu primeiro emprego e pude começar a me sustentar? Pois vou lhe dizer. Uma vez eu estava revirando sacos de lixo, pois, acredite, as pessoas desperdiçam muitos alimentos em condições de consumo. Uma senhora me viu e ficou com dó. Seu nome era Joana, uma mulher simples e de coração bom. Digo era, porque já foi para perto dos anjos. Ela me levou para sua casa, onde havia um quartinho nos fundos e ali passei a dormir. Com sua ajuda saí das ruas, consegui meu primeiro emprego, segundo, terceiro, quarto, porque para alguns como eu, não é fácil ter estabilidade num emprego privado. Há sempre piadas de mau gosto, maus-tratos e intolerância por parte dos patrões. Só quando reencontrei Luiz, consegui ser reconhecido. Graças à sua bondade, estou empregado e, acredite, tento fazer por merecer a confiança em mim depositada. Essa é a minha vida, maninha!

Miguel calou-se. Elisa chorava copiosamente. Ele lhe ofereceu um copo com água, e ela sorveu alguns goles, levantando-se em seguida e dizendo:

– Desculpe, mas não tenho o poder nem a intenção de tentar mudar o que está feito. Sinto muito por tudo o que lhe aconteceu. Acredite, eu só queria melhorar o nosso futuro, mas vejo que fui ingênua. Vou ficar na cidade até o fim de semana. Caso mude de ideia, procure-me. Luiz sabe meu endereço.

Elisa saiu da sala de cabeça baixa. Luiz, ao vê-la fechar a porta da antessala, foi ter com ela, que, não conseguindo suportar a dor, pôs-se a chorar em seus ombros.

O escritório já estava completamente vazio, pois Glória e Nando haviam ido embora pouco antes de sua saída. Não queriam se envolver em problemas alheios.

Luiz, após dar-lhe um abraço carinhoso, levou-a de volta para casa ao lado de Carlos, que não ousou fazer comentário.

*

Enquanto isso, Aloísio esperava por Glória. Ele ainda não havia desistido de conquistar a mulher por ele desejada e, de vez em quando, passava pelo escritório onde a moça trabalhava, acompanhando-a até seu automóvel. Glória, por sua vez, tratava-o com respeito, mas deixava claro que não queria se envolver amorosamente com ele. O que Aloísio não sabia era que seu irmão trabalhava na mesma empresa que ela, pois desde que o expulsara de casa, não tivera mais notícias de seu paradeiro.

Quando o viu sair de braços dados com seu objeto de desejo, sentiu o sangue ferver, lembrando-se de Miguel, o transviado miserável que tirara Glória de seu convívio, e ainda conseguira levar seu irmão para junto dele. Na certa, ambos estariam juntos, rindo pelas suas costas, o que ele não podia permitir.

Com esses pensamentos, viu Glória e Fernando entrarem no automóvel e resolveu ir para sua casa. Lá chegando, encontrou Ana, como sempre, às voltas com as panelas, preparando o jantar. Ao vê-la, questionou:

– Escuta! Você sabia que aquela florzinha do seu irmão está trabalhando no escritório com Miguel?

Ana o olhou surpreendida. Os olhos de Aloísio faiscavam. Sem saber o que estava acontecendo, respondeu:

– Bom, primeiro eu nem sei quem é esse Miguel. Segundo, nunca mais tive notícias do Nandinho.

Aloísio chutou a porta do armário da cozinha com força, fazendo a irmã estremecer.

– Miguel é o pederasta maldito com quem eu arrumei confusão e que acabou sendo demitido do lugar onde trabalho. E o desgraçado parece que quer se vingar de mim a todo o custo. Primeiro carregou Glória, que ele sabe muito bem que é o amor da minha vida, para trabalhar com ele, e, não sei como, mas o frouxo do Fernando está trabalhando lá também, ao seu lado. Mas se eles pensam que isso vai ficar assim, estão muito enganados.

Aloísio pegou uma cadeira e jogou com tudo contra a parede, indo para o seu quarto. Ana, ao vê-lo se afastar, sentiu um aperto no peito. Conhecia bem o irmão para saber que ele era vingativo e o que ele era capaz de fazer. Ela, porém, não podia permitir; afinal, ele já havia expulsado o irmão de casa e não havia motivos para querer prejudicá-lo ainda mais.

Assim, terminou de fazer a refeição e, como Aloísio não saiu mais do quarto, pôs-se a pensar em uma forma de avisar Fernando sobre o que se passava na mente do irmão.

CAPÍTULO XIII

Um alerta

ANA ESPEROU Aloísio sair e arrumou-se a prumo, pegando na gaveta de seu criado-mudo um papel, que segurou com força na mão. Lembrou-se do dia em que Luana fora até sua casa para pegar os pertences de Fernando. A jovem lhe deixara seu endereço, dizendo que o irmão ficaria hospedado em sua casa o tempo que fosse preciso para se estabelecer sozinho. A essas lembranças, disse a si mesma: "Não posso deixar Aloísio fazer mais mal a Fernando. Preciso avisá-lo".

Em seguida, guardou o papel na bolsa e saiu. Em pouco mais de vinte minutos, chegou à porta de Magali. As janelas da casa estavam abertas. Ao longe podia ouvir uma bela canção vinda da parte interna da casa, que Ana reconheceu ser de uma cantora de MPB.

Após apertar a campainha, esperou pacientemente até que uma bela senhora apareceu no portão. Ao vê-la, abriu um sorriso, questionando:

– Pois não, em que posso ajudá-la?

Ana olhou para a senhora demoradamente antes de responder:

– Bom dia! Meu nome é Ana, sou irmã de Fernando. Luana, sua amiga, deu-me esse endereço. Ele está morando aqui?

Magali abriu o portão, fazendo um gesto para a moça entrar, e respondeu:

– Não! Ele está morando em um apartamento de quarto e cozinha, na Mooca baixa. Entre, vou lhe dar o endereço. A propósito, sou Magali, mãe de Luana.

Ana apertou a mão que a senhora lhe estendera e entrou no local. Magali a fez sentar-se e foi até a cozinha, onde pegou duas xícaras com café, colocou em uma bandeja com alguns biscoitos, que ela mesma fizera, e voltou à sala. Após servir a moça, comentou:

– Nós aqui em casa gostamos muito do seu irmão. Se dependesse de nós, ele estaria morando conosco até hoje, mas Nando não quis ficar mais tempo. Achou que incomodava, imagine! E assim que Orlando, meu marido, arrumou-lhe um emprego, ele alugou a quitinete e se mudou.

Ana ficou pensativa. Gostara de Magali desde o primeiro momento em que a vira. Decidindo abrir seu coração, comentou:

– A senhora não sabe como sou grata a vocês por terem dado guarida ao meu irmão em um momento tão difícil de sua vida. Eu, que sou sua irmã, não pude defendê-lo das maldades e do preconceito de Aloísio. Fui negligente, e é por esse motivo que estou aqui. A senhora disse que foi seu marido quem conseguiu esse emprego para o Nando. Será que pode me dizer como?

Magali pôs-se a falar sobre Orlando, o centro espírita que ele dirigia, a amizade com Luiz e de como Fernando fora contratado. Ana ouvia a tudo atenciosamente. Quando a senhora se calou, ela comentou:

– Nossa! Como a vida é engraçada. Fernando, sem querer, foi trabalhar na empresa em que Miguel, desafeto de Aloísio, trabalha com Glória, por quem ele é obcecado.

Magali assustou-se com o comentário, e, querendo saber melhor sobre o que acabara de ouvir, disse aturdida:

– Como assim? Você está querendo dizer que seu irmão conhece essas pessoas que são os superiores de Nando no trabalho?

– Sim! Glória e Miguel trabalharam com Aloísio. Foi ele que fez com que Miguel fosse demitido. Aloísio, por sua vez, tem uma paixão doentia por Glória, que largou o antigo emprego para trabalhar no escritório com Miguel. O que nem ele, nem ninguém poderia imaginar era que Nando fosse conviver justamente com essas pessoas. Mas o problema é que Aloísio está transtornado, achando que Miguel contratou meu irmão só para afrontá-lo e, como o conheço, sei que vai para a desforra. Eu preciso avisar o Nandinho para que tanto ele quanto Miguel tomem cuidado.

A essas palavras, Magali sentiu um ligeiro tremor percorrer-lhe a espinha.

– Nossa! Se eu não acreditasse no poder de Deus e na reencarnação, iria dizer que tudo isso não passa de uma brincadeira de mau gosto do destino.

Ana fez ar de desagrado. Não gostava de se envolver com religião, pois achava que todas elas tornavam as pessoas neuróticas. Magali, ao ver o semblante da jovem, esboçou um sorriso sincero, elucidando:

– Está pensando que sou uma fanática religiosa, mas devo esclarecer que está tudo certo no Universo e que, se a vida uniu Fernando, Miguel e Glória, tem lá seus motivos. Talvez tenha chegado o momento de eles se acertarem com Aloísio, do contrário, não teriam se conhecido. Tudo isso se explica por meio do processo reencarnatório. Não saberia lhe dizer o motivo desse ódio que vai além do preconceito que Aloísio sente por Fernando e Miguel, ao mesmo tempo em que é obcecado por Glória, mas, acredite, se pudéssemos tirar o véu das encarnações passadas, tudo ficaria claro como dois mais dois são quatro.

Ana ficou pensativa. Lembrou-se da perda dos pais e da dificuldade que ela e os irmãos enfrentaram na vida. Talvez aquela mulher estivesse certa. Se houvesse mesmo reencarnação, teria respostas para todas as dores e sofrimentos não só dela, mas do mundo.

– Talvez tenha razão. Gostaria de conhecer mais sobre esses assuntos.

– Se é assim!

Magali levantou-se, pegando na prateleira de livros um exemplar de *O Evangelho Segundo o Espiritismo* e *O Livro dos Espíritos*, ambos codificados por Alan Kardec. Entregou-os a ela, dizendo:

– Leve estes livros e leia-os com atenção. Depois, venha me visitar. Terei imenso prazer em tirar suas dúvidas e trocar ideias sobre o tema. Quanto a seu irmão, falarei com Orlando para colocar o nome de sua família no caderno de orações do centro espírita.

Ana pegou os livros. Magali anotou em outra folha o endereço de Fernando e o entregou, passando-lhe o horário de trabalho dele. Ana pegou o papel e guardou no bolso, dando um leve abraço em Magali e despedindo-se, prometendo voltar em breve para trocar informações a respeito da doutrina espírita.

⁂

Caía a noite quando Miguel e Fernando saíram do estacionamento. Fernando, ao vê-lo calado, prestando atenção no trânsito, comentou:

– Amanhã Luiz fará um jantar em homenagem à Elisa e, se você não for, também não irei.

Miguel olhou atravessado para o jovem. Ele já havia falado que não ia àquela reunião, pois, por mais que tentasse esquecer o passado, não conseguia. Como Fernando não obteve nenhuma resposta, decidiu ser mais direto.

– Olha, sei que não quer falar sobre esse assunto, mas será que não chegou a hora de se harmonizar com sua família? Deixe o ressentimento sair de seu coração. Vá à casa de Luiz, converse com Elisa, exponha seus sentimentos de forma tranquila, sem agressividade. Você tem um coração bom, eu sei!

Miguel olhou mais uma vez para Nando. Seus olhos brilharam. O rapaz estava conquistando seu coração com sua bondade e ternura e, meio que se dando por vencido àquela rogativa, respondeu:

– Ok, você venceu! Vou à casa de Luiz amanhã. Falarei com minha irmã e só. Deixarei bem claro que ainda não estou preparado para rever meus pais.

Nando não se conteve e deu um abraço rápido em Miguel com o carro ainda em movimento. Ao vê-lo se ajeitar no banco, Miguel pôs-se a olhá-lo entre um farol e outro. Nando era bonito, inteligente, sincero, além de carinhoso e de boa índole.

A cada dia seu coração batia mais descompassado com a presença de Nando, mas precisava se conter. Ele era seu subalterno e nunca lhe demonstrara nenhum outro sentimento, além de amizade, e não queria arriscar perder aquele sentimento que o jovem nutria por ele.

Quando parou o automóvel diante do prédio de Fernando, este viu Ana andando de um lado para o outro, à sua espera, e se assustou:

– Nossa! Minha irmã! Mas como? Por quê?

– Você só saberá se for ao seu encontro.

Nando olhou para Miguel e um sentimento ruim se apossou dele. Não querendo ficar sozinho, pediu:

– Por favor, venha comigo! Estou preocupado. Se Ana veio me procurar, não é coisa boa.

– Acalme-se! Ela deve estar com saudade e veio vê-lo. Mas vou com você, se for para ficar mais calmo!

Os dois desceram do carro. Ana, ao ver o irmão, correu ao seu encontro, dando-lhe um forte abraço e dizendo:

– Que bom que chegou. Preciso muito lhe falar.

Nando olhou para Miguel, apresentando-o à irmã, que, após cumprimentá-lo dando-lhe um leve beijo no rosto, comentou:

– Nossa, foi Deus quem trouxe os dois. O que tenho para falar a Fernando tem a ver com você também, Miguel!

Os dois entreolharam-se. Nando, não querendo continuar aquela conversa na rua, conduziu os dois até seu pequeno apartamento. Ana, após olhar com atenção o lugar onde seu irmão morava, pôs-se a falar os motivos que a levaram a procurá-lo e de tanta aflição. Os dois ouviam tudo atentamente. Quando ela terminou, Miguel comentou incrédulo:

– Nossa! Não podia imaginar que você fosse irmão de Aloísio. Já até me esqueci da fisionomia dele.

– É, mas ele não esqueceu de você. Pelo que Ana acabou de nos contar, é melhor tomarmos cuidado. Sei do que ele é capaz. Acho que vou pedir minha demissão, não quero que se prejudique por mim.

Miguel olhou para Nando. Não suportava ficar longe de sua presença e, após pensar um pouco, respondeu:

– Não vou permitir que faça isso. Aloísio é preconceituoso e maldoso, isso eu sei, pois senti na pele sua maldade, mas agora a situação é outra. Vamos estar preparados para enfrentar sua intolerância. Só precisamos avisar Glória.

– Tenha cuidado, é tudo o que peço. Temo pela vida de vocês, pois Aloísio está fora de si. Agora preciso ir. Não posso me demorar, pois falei para ele que ia à igreja, para não levantar suspeitas.

Ana deu um abraço no irmão, dizendo que o amava acima de tudo, prometendo revê-lo em breve. Em seguida, despediu-se de Miguel. Nando, ao se ver a sós com o amigo, disse:

– Miguel... Estou realmente preocupado. Aloísio acha que estamos tendo um relacionamento amoroso, e isso ele não vai suportar. Temo por sua vida. E, com essas palavras, deixou que as lágrimas rolassem por sua face. Desde que vira o chefe pela primeira vez, sentira um carinho e um amor incondicional que ia além dos desejos físicos. Só em pensar que algo de ruim poderia lhe acontecer, seu coração se apertava.

Miguel, procurando consolá-lo, abraçou-o com ternura, sentando-se com ele na cabeceira da cama. Pôs-se a acariciá-lo por um longo tempo. Quando viu que Nando havia se acalmado, ajoelhou-se a sua frente e, olhando fixamente em seus olhos, disse:

– Você não precisa temer. Não nos acontecerá nada. Caso seu irmão tente contra nós, temos como nos defender. Não podemos deixar que ele atrapalhe nossa vida e impeça nossa felicidade. Agora tenho de ir. Se precisar de algo, ligue-me. Amanhã venho buscá-lo para irmos ao jantar de Elisa. Pego-o às dezenove horas, ok?

– Nando consentiu com a cabeça. Miguel lhe deu mais um abraço caloroso e deixou o apartamento com o coração apertado, mas feliz por perceber que Fernando nutria sentimentos verdadeiros por ele.

*

Orlando cumprimentava a todos os que entravam no centro espírita carinhosamente. Era noite de trabalho espiritual, o lugar estava lotado. Quando ele finalmente sentou-se à mesa, apagou as luzes do recinto, ficando somente com uma luz azul de fundo, mantendo em volume baixo o som de uma Ave-Maria no intuito de relaxar e trazer paz a todos os que ali estavam.

Logo a sessão teve início. Glória abriu *O Evangelho Segundo o Espiritismo*[1] ao acaso, lendo em voz alta um trecho que falava sobre a piedade:

"A piedade é a virtude que mais vos aproxima dos anjos. É a irmã da caridade, que vos conduzirá até Deus. Deixai o vosso coração enternecer-se perante as misérias e os sofrimentos dos vossos semelhantes. As vossas lágrimas serão um bálsamo que derramareis sobre as suas feridas, e quando por terna simpatia logrardes levar-lhes a esperança e a resignação, que prazer não experimentareis então! Esse prazer traz consigo certo amargor, é verdade, pois que nasce ao lado da tristeza, mas, se não tem o travo dos gozos mundanos, também não encerra as pungentes decepções do vácuo que deixam após si. Há nele uma suavidade penetrante, que alegra a alma. A piedade, quando bem sentida, é amor. O amor é devotamento, e o devotamento, o esquecimento de si mesmo. Esse esquecimento, essa abnegação pelos infelizes, é a virtude por excelência, a que foi praticada pelo divino messias durante toda a sua vida, e que ele ensinou na sua santa e magistral doutrina. Quando essa doutrina for reconduzida à sua primitiva pureza, e admitida por todos os povos, há de trazer à Terra a felicidade, fazendo aí reinar a concórdia, a paz e o amor."

Glória parou para respirar. Orlando, ao vê-la abaixar o livro, tomou a palavra.

– Caros irmãos. Como o texto lido por Glória nos ensina, devemos ser piedosos, isso significa que devemos olhar para o

---

1. Kardec, Allan. *O Evangelho Segundo o Espiritismo*. Capítulo XIII, item 17 "A piedade", por *Michel* Bordéus, 1862). São Paulo: Opus. p. 602 (Nota do Médium).

nosso próximo com bons olhos. Amando nosso semelhante, independentemente de sua raça, credo, condição social e financeira ou suas opções de vida. Ser piedoso é não julgar nossos semelhantes como tantas vezes fazemos e, muitas dessas, de forma mecânica. Estamos tão acostumados a julgar e criticar nosso próximo que o fazemos sistematicamente e até sem nos darmos conta disso. Portanto, vamos aprender a ser piedosos no sentido amplo da palavra, procurando entender e ajudar nossos semelhantes sem críticas, preconceitos e todos os sentimentos contrários à caridade, pois, como o próprio texto diz, a piedade é irmã da caridade e, sem essas virtudes, não conseguiremos caminhar para a frente, para o nosso bem pessoal e da humanidade.

Orlando calou-se. Luiz, que estava sentado na primeira fileira, pôs-se a pensar nas palavras do amigo, enquanto as pessoas que ali estavam eram chamadas para as câmaras de passe. Pouco tempo depois, ao verificar que todos já haviam tomado o passe, Orlando fechou os olhos pronunciando uma belíssima prece. Quando terminou, senhor José, um médium psicofônico, que estava sentado à mesa, suspirou profundamente, dizendo:

– Boa noite a todos. Hoje vim lhes falar a respeito de um caso que estamos ajudando.

Orlando fixou suas vistas no médium e pôde ver atrás dele o espírito já conhecido de Ricardo e, com um sorriso, respondeu:

– Boa noite, querido irmão! Podemos ajudá-lo?

– Sim! Quero pedir a todos que vibrem bons pensamentos pelos envolvidos. Está chegando o momento de eles acertarem as contas do passado, pois a vida os reuniu para essa finalidade. Aguardemos com Jesus Cristo em nossos corações, pedindo à providência divina para ampará-los. No momento, é só o que posso dizer. Fiquem na paz de Jesus e que Deus os abençoe.

O médium esboçou mais um suspiro e, após tomar um gole de água, voltou a se concentrar. Orlando terminou a sessão, agradecendo aos espíritos esclarecidos por ajudá-los nos trabalhos da noite.

Quando as luzes foram acesas, as pessoas saíram aos poucos. Alguns médiuns também se despediram de Orlando, que permaneceu no local em companhia de sua esposa, Luiz e Glória. Esta, ao ver que estava só entre amigos, comentou:

– Orlando, desculpe minha indiscrição, mas senti que aquele espírito amigo que se comunicou por meio do senhor José se referia a mim e a Miguel. Só não estou entendo o porquê.

– Você tem razão. Hoje, Magali colocou o nome de Fernando e os de sua família no caderno de orações. Acho que ainda não sabe, mas já que essa história chegou até nós, sinto-me no direito de lhe falar.

Orlando sentou-se ao lado dela e de Luiz e pôs-se a relatar tudo o que a esposa lhe contara. Glória ouvia a tudo atentamente. Quando ele terminou, ela olhou para Luiz, dizendo:

– Meu Deus, que loucura! Quando eu iria imaginar que o pobre do Nandinho era irmão de Aloísio?

– Olha, minha amiga. Cada dia que passa, sou mais adepto daquela frase que diz: "A vida tem razões que a própria razão desconhece".

Glória olhou para os três. Nunca havia falado a ninguém que Aloísio a perseguia. Embora tivesse medo dele, achava que ele não lhe faria mal algum, e que se continuasse tratando-o com respeito, mas sem lhe dar esperanças de envolvimento amoroso, ele se cansaria e pararia de procurá-la. Mas depois do que ouvira de Orlando, comentou:

– Tenho medo de Aloísio. Agora, não mais por mim, mas por Miguel e Fernando. Eu errei em não afastá-lo desde o começo. Tentei agir da melhor forma possível, mas vejo que estava errada.

– Não pense assim! Pelo que Ana me contou, Aloísio é paranoico. A culpa não é sua. Esse rapaz precisa de tratamento tanto espiritual quanto psiquiátrico. Essa obsessão que ele tem por você é doentia – interpelou Magali, passando a mão no ombro da jovem para encorajá-la.

Os quatro ficaram conversando por mais alguns minutos e se despediram, indo cada um para seu automóvel, prometendo se verem no dia seguinte, na casa de Luiz.

CAPÍTULO XIV

UM CASO DE AMOR

ELISA olhou para o céu estrelado. Quando entrou na casa de Luiz, ao passar pelo belo jardim, respirou profundamente sentindo o cheiro gostoso emanado pelas roseiras. Carlos e Patrícia, que estavam a seu lado, seguiam calados.

Quando Luiz chegou à soleira da porta, cumprimentou Carlos e Patrícia e deu um leve beijo no rosto de Elisa, convidando-os para entrar. Os três foram conduzidos por Alice, que os acomodou no sofá da sala e foi à cozinha, voltando com uma bandeja contendo refrigerante, que foi aceito por todos. Elisa, ao notar que só eles haviam chegado, comentou:

– Pelo visto, viemos cedo demais!

– De forma alguma! Tomei a liberdade de marcar com nossos amigos um pouco mais tarde. Eu queria que vocês ficassem à vontade aqui em casa; afinal, é para vocês que estou oferecendo esse jantar.

Elisa sorriu desconcertada, trocando olhares com os amigos. Gabriel acabava de entrar na sala, dando um abraço apertado em Elisa e cumprimentando cordialmente os demais. Carlos aproveitou-se da ocasião e disse ao menino:

– Outro dia ficou de me mostrar sua coleção de carrinhos. Eu e Patrícia queremos ver.

O menino os pegou pela mão e os levou para seu quarto de brinquedos, deixando Elisa e Luiz sozinhos na sala. Ele, ao se ver a sós com ela, comentou:

– Esse rapaz parece ser boa pessoa e gosta muito de você.

– Carlos é um amigo leal, desses que estão conosco em todos os momentos de nossa vida. Não sabe o quanto sou grata a ele pelo que fez por meu pai.

Elisa pôs-se a falar sobre o tombo que Antonio levara e de como ele reagiu ao ter de conviver com Carlos. Luiz ouviu atentamente e os dois ficaram em palestra animada até que, a certa altura, ele a convidou para irem ao jardim.

A noite quente e o cheiro das flores deixavam o clima romântico. Ao pararem diante da estátua de Hércules, Elisa comentou:

– Seu jardim é lindo. Fiquei encantada com ele desde que o vi pela primeira vez.

– Gosto de flores. Elas me fazem lembrar a infância em Ribeirão. Quando compramos esta casa, já havia muitas plantas. Eu só remodelei o local, colocando essa imagem de Hércules, pois sou fascinado pela mitologia grega.

Luiz pegou na mão de Elisa. Seus olhos cruzaram com os dela e uma leve brisa passou pelos dois, o que o fez sentir o perfume gostoso da bela jovem. Não contendo mais suas emoções, beijou-a carinhosamente.

Os dois ficaram naquele clima de amor por alguns minutos até a chegada de Orlando e sua família, que Luiz apresentou à Elisa. Em seguida, chegou Glória e meia hora depois, chegaram Miguel e Nando, que, após os cumprimentos, juntaram-se ao grupo para conversar.

Luana olhou para o amigo. Ao ver seus olhos brilhar, sorriu, o que foi entendido pelo rapaz, que na primeira oportunidade, pediu licença ao grupo, chamando Luana para conversar em particular no jardim.

– Sei o que está pensando, mas sinto muito em lhe dizer que eu e Miguel somos apenas amigos.

– Não estou pensando nada. É você que está se justificando à toa.

A moça riu prazerosamente, deixando o amigo desconcertado. Fernando, que não conseguia esconder nada da jovem, acabou confessando:

– Está bem, sua bruxinha! Eu gosto de Miguel, mas não de forma carnal. Não sei lhe explicar, mas quando estou a seu lado, sinto-me pleno, seguro, feliz, bem diferente de Caio, com quem só o desejo e a paixão gritavam em meu coração.

Luana olhou para Fernando. Algo em seu ser mudara, estava mais sereno, mais dono de si, diferente daquele adolescente completamente inseguro e com pensamentos tumultuados que conhecera. Mas não quis falar nada, e deu-lhe um leve tapinha nas costas. Ambos voltaram à sala, juntando-se aos outros. Quando Alice entrou, avisando que a refeição seria servida, todos foram à sala de jantar.

As horas passaram rapidamente e o jantar transcorreu tranquilamente. Ao voltarem ao cômodo principal, Alice serviu um licor seguido de café. Já passava da meia-noite quando Orlando se levantou, chamando sua família para ir embora e despedindo-se de todos. Glória aproveitou para fazer o mesmo.

Miguel, ao se ver com Luiz, a irmã e seus amigos, sentiu-se mais à vontade e deu um abraço carinhoso em Elisa, dizendo em seguida:

– Oh, minha irmã! Gostaria de me desculpar com você. Fui rude e grosseiro lá no escritório. Você não merecia.

Elisa o fez sentar-se e, diante dos olhares de seus amigos, respondeu:

– Não se preocupe! Sei que sofreu muito nesses anos todos e não posso julgá-lo. Entendo seus sentimentos assim como entendo a postura que nosso pai teve diante da sua sexualidade, mas quero que saiba que os tempos são outros. Deus colocou em nosso caminho esse anjo chamado Carlos, que, com sua bondade, mostrou ao papai que o amor pelo próximo transpõe as barreiras do preconceito e que não importa a opção ou condição sexual, como queiram dizer, de uma pessoa, isso diz respeito somente à ela. Por essa razão, peço-lhe que perdoe nossos pais e que vá a Ribeirão vê-los.

Elisa enxugou uma discreta lágrima. Miguel a abraçou carinhosamente por um longo tempo, dizendo em seguida:

– Diga a eles que no próximo mês vou visitá-los. Chegou a hora de fazermos as pazes e vivermos em harmonia.

Elisa deu um abraço no irmão. Carlos chorava ao ver a cena, fazendo com que Patrícia lhe entregasse seu lenço. Luiz olhou para Fernando, que, comovido, não ousou dizer uma palavra. Quando finalmente os dois se afastaram, Luiz levantou-se, pegou na mão de Elisa e, voltando-se para Miguel, brincou:

– Vou com você a Ribeirão, meu cunhado! Quero pedir a mão de sua irmã em casamento para seu pai.

Miguel abriu e fechou a boca. Não havia percebido no amigo nada de diferente, mas, diante da surpresa, respondeu:

– Tenho certeza de que será bem recebido na família, mas nunca imaginei que isso pudesse acontecer!

– Ora, Miguel! Só você não viu a troca de olhares apaixonados entre os pombinhos durante o jantar – interpelou Carlos, colocando a mão na cintura e fazendo todos rir.

– Bem, você não sabe, mas sempre sonhei com esse dia. Quando Luiz ia lá em casa, eu ficava me imaginando casando com ele na igreja, mas ele nem olhava para mim!

– Claro! Você era seis anos mais nova que eu e, depois, irmã de amigo meu para mim era homem!

O riso foi geral e, nesse clima de descontração, Miguel e Nando se despediram. Patrícia estava de carro e levou Elisa e Carlos para sua casa, não sem antes esperar o casal se despedir entre beijos e juras de amor.

⁂

Já era madrugada quando Miguel parou seu automóvel diante de uma praia no Guarujá. Tirando o cinto de segurança, desceu do veículo. Fernando, ao sentir o cheiro gostoso de maresia que a leve brisa trazia do mar, olhou para Miguel, dizendo:

– Você é louco mesmo! Quando eu disse que queria ver o mar, não imaginei que me traria hoje!

– Seus desejos são uma ordem. Venha! Vamos entrar na água.

Fernando pensou em recusar o convite. Os dois estavam vestidos com a roupa com que haviam ido ao jantar, mas, ao ver Miguel tirando os sapatos, as meias e a camisa, fez o mesmo e juntos entraram na água, deixando as preocupações e os receios de lado. Viram o nascer do sol, que de onde estavam parecia mais bonito do que de costume.

Quando saíram da água, sentiram-se de alma lavada. Fernando, de posse de uma alegria nunca sentida antes, sentou-se na areia. Ao ver Miguel fazer o mesmo, passou levemente as mãos sobre seus braços, dizendo:

– Hoje é o dia mais feliz da minha vida. Nem que eu morra, esquecerei esse momento ao seu lado.

– Psiu! – respondeu Miguel, colocando o dedo indicador nos lábios do rapaz. – Se é o dia mais feliz de nossa vida, por que falarmos em morte?

Fernando olhou para a linha do horizonte. Havia dias sentia um aperto no peito, uma angústia inexplicável e, voltando-se para seu interlocutor, comentou com os olhos fixos no espaço:

– Não nasci para ser feliz, Miguel. Todas as vezes que me sinto alegre e pleno como hoje, acontece alguma coisa de ruim. – O jovem fez uma pausa, respirou um pouco de ar puro, e tornou: – Sabe que, desde que o conheci, sinto que nasci para ficar ao seu lado, mas, ao mesmo tempo, lá no fundo da minha alma, sei que essa felicidade será passageira.

Miguel sentiu um nó na garganta. Desde que vira o rapaz pela primeira vez, sentia um carinho inexplicável por ele e não podia sequer cogitar a hipótese de não tê-lo a seu lado, e, sem se preocupar com os possíveis olhares das pessoas que já faziam caminhada pela orla da praia, aconchegou-o em seus braços, dizendo:

– Você está preocupado com Aloísio, mas não fique assim. Ele não vai nos fazer mal algum, pode acreditar. E, mesmo que ele tente, não deixarei que atrapalhe nossa felicidade.

Fernando o abraçou com força, dando-lhe um beijo no rosto. Em seguida, afastou-se e, juntos, voltaram para o automóvel, subindo a serra ainda com as calças molhadas, mas felizes por terem feito o que ia em suas almas.

⁂

Enquanto isso, Mercedes aguardava, sentada no chão do quarto onde estavam presos. Naquele momento, um casal saía dali acompanhado dos últimos espíritos que acreditavam poderem saciar seus instintos sexuais junto aos encarnados. Olhou para Gilmar, que ficara encostado a um canto da parede a noite inteira e, nervosa com a inércia, naquela situação, perguntou:

– Você sabe há quanto tempo estamos nesta pocilga?

– Talvez dois, três meses. Por quê? Isso faz diferença? – respondeu seu companheiro de infortúnio, mecanicamente, fazendo o desespero de Mercedes aumentar.

– Meu Deus, como posso continuar nesta situação? Eu não mereço! – balbuciou Mercedes, olhando para o céu e pondo-se a chorar.

Gilmar, que também não aguentava mais aquela situação, procurou acalmá-la, dizendo:

– Não adianta reclamar com Deus. Temos de ser realistas. Jefrey nos abandonou e estamos à mercê da vontade de Duda.

Mercedes mordeu os lábios em sinal de nervosismo. Lembrou-se da última vez que Duarte estivera no quarto e o que lhes dissera:

"– Vocês ficarão aqui até aceitarem meu convite para se juntarem a nós.

– Nunca! – respondeu Mercedes.

Gilmar, intrometendo-se na conversa, obtemperou:

– Você é louco! Não aceitaremos participar dessa sujeira. Sinto nojo só em ver o que vocês fazem com esses encarnados; portanto, vá tirando seu cavalo da chuva, se pensa que vamos ceder aos seus caprichos. E, se eu fosse você, nos deixaria ir embora, pois Jefrey vai vir nos buscar e você pagará caro pelo que está nos fazendo.

Duda deu uma gargalhada e saiu do quarto."

– Esse cretino não vai nos deixar em paz. Precisamos sair deste buraco.

– Você está louca? Quantas vezes terei de lhe dizer que este lugar é dominado por espíritos sequiosos por sexo. As paredes deste pulgueiro estão impregnadas com as energias sexuais emanadas pelos encarnados que aqui frequentam, e não estamos sozinhos. Há vários do grupo dele nos vigiando. Tentar sair daqui será o mesmo que pedir para sofrer.

– Seu amiguinho está certo! – interpelou Duda, materializando-se na frente dos dois e lançando um olhar de zombaria para eles, prosseguindo: – Ah, como gosto deste quarto. Ele é o meu predileto. É nele que acontecem orgias e outras coisas mais, que não preciso citar, pois acho que já viram de tudo.

– Seu monstro! – respondeu Mercedes, levantando-se, juntando saliva e cuspindo no rosto dele. – É melhor nos deixar ir embora. Nunca participarei dessa nojeira.

O espírito limpou a face com a manga de sua camisa e, com ar de menosprezo, respondeu:

– Vocês só sairão daqui depois de se juntarem a nós. Não sei por que esse pudor todo.

Mercedes sentiu o sangue ferver. Não era pervertida e não se tornaria uma. Pensou um pouco e, de repente, partiu para cima de Duda, dando-lhe tapas. Gilmar, com medo do que ele poderia fazer com ela, pegou-a pelos braços e, com muito custo, tirou-a de perto dele, que deu uma risada e sumiu de suas vistas. Mercedes, ao se ver a sós com o amigo, falou:

– Esse asqueroso me paga! Você deveria ter me deixado marcar a cara dele, assim ele nunca mais se atreveria a brincar comigo.

– Não seja tola! Mesmo que o machucasse, ele não ficaria com cicatrizes. Esquece que não temos mais o corpo carnal e que o corpo que nos reveste é feito de um fluído menos denso? Podemos curar feridas somente com o poder de nossa mente.

– Gilmar está certo, minha irmã.

Mercedes olhou para Gilmar, que ao ver a figura masculina que se fazia presente, perguntou:

– O que faz aqui, Ricardo? Veio rir da minha desgraça?

Gilmar sentia o sangue gelar, mas Ricardo, procurando ser breve, respondeu em tom harmonioso e baixo:

– Sabe que não sou disso. Ao contrário, estou aqui para ajudá-los.

Gilmar o mediu de cima a baixo. Ricardo usava uma calça branca e uma camisa azul-claro, combinando com sua pele alva.

– Ajudar! Sei! Vamos sair de perto dos sujos para nos juntarmos aos maus lavados!

O abnegado espírito aproximou-se dos dois e fechou os olhos, fazendo sentida prece, pedindo a Deus para iluminar a mente daquele irmão em tão precária situação moral e espiritual. Nesse momento, caíram feixes de luz coloridos, que deixaram Mercedes maravilhada com o que via e sentia. Em seguida, ele comentou:

– Eu quero ajudá-los, mas para isso terão de rever suas atitudes e se arrependerem, pedindo perdão a Deus e aos que prejudicaram de coração limpo. Façam isso e estarão livres para viverem felizes no astral maior.

Ricardo abriu um sorriso e, do mesmo jeito que aparecera, desapareceu. Mercedes, sem entender nada do que havia acontecido, olhou à sua volta, incrédula, e perguntou:

– Quem é esse homem e como pôde entrar e sair sem ser visto?

– Ricardo trabalha para os cordeiros. Há décadas me persegue, sempre com essa fala mansa, dizendo que quer me ajudar. Esse povo é astuto. Entram e saem de qualquer lugar sem serem vistos, pois vibram em uma sintonia diferente da nossa. Mas agora...

Gilmar olhou para os lados e sabia muito bem que Ricardo usava métodos para entrar e não ser visto nem ouvido pelo grupo de Duda. Com ar preocupado, tornou:

– Mudemos de assunto. As bruxarias de Ricardo já devem estar acabando, pois logo os homens de Duda poderão ler e ouvir o que dizemos. Esqueça esse encontro para o seu bem.

Mercedes ficou pensativa. Desde que sofrera aquele maldito acidente, não sabia o que era um minuto de paz. Lembrou-se da conversa com Jefrey e de tudo o que aprendera em sua casa, mas algo a incomodava:

– Gilmar, eu estava pensando... Fizemos de tudo para que o bocó do Fernando não se encontrasse com Miguel e para que acabasse cometendo o suicídio. Agora, estamos aqui, sem ao menos saber se conseguimos atingir nosso intuito.

Gilmar passou a mão no rosto. Ficara tão absorto em seus problemas que se esqueceu completamente de Miguel e todos os que o envolviam. Após dar uma risada irônica, respondeu:

– Em outros tempos, daria minha vida para ter essa resposta, cara mia, mas agora essa maldita vingança tornou-se tão pequena e mesquinha que não sei mais o que sinto por aquela corja. A propósito, você já se lembrou do passado?

– Não! Por mais que eu tente, não consigo me lembrar de nada que não seja desta última vida na carne.

Gilmar lembrou-se da recomendação de Jefrey. Mercedes não poderia recordar sua encarnação anterior, pois poderia se rebelar contra eles, mas agora Jefrey os havia abandonado à própria sorte e, no intuito de fugir daquele lugar, disse:

– Acho que chegou a hora de você saber o que aconteceu a todos os envolvidos na encarnação passada. Vou fazer assim:

conforme conto a história, vou dizendo quem era quem na atual encarnação, tudo bem?

Mercedes consentiu com a cabeça. Gilmar, após se levantar para esticar um pouco as pernas, tomou fôlego, suspirando profundamente, e sentou-se ao lado de Mercedes. Com os olhos perdidos no espaço, procurou lembrar-se de detalhes do passado. Ao ver que Mercedes esperava ansiosamente pelo começo da narração, pôs-se a falar.

CAPÍTULO XV

O PASSADO

RIO DE JANEIRO, 1880. A carruagem passava pela rua às pressas. Antero, que hoje é Miguel, observava de dentro do veículo o movimento na empoeirada viela. Já era noite alta e os cavalheiros andavam despreocupados, parecendo não se importar com o cheiro fétido do esgoto, que corria a céu aberto, e o forte odor dos dejetos de cavalos pelas ruas, a denunciar que aquela seria mais uma noite agitada na capital do império.

Quando o caixeiro parou diante de uma bela casa iluminada, de onde se podiam ouvir um som de piano e risadas frenéticas, Antero agradeceu ao jovem condutor e desceu. Após pagar-lhe, entrou no recinto, deixando seu chapéu e bengala aos cuidados de Juliete, hoje Glória, que era a empregada da casa incumbida somente de receber os que ali frequentavam, cuidando de seus objetos pessoais.

Andou mais alguns passos até chegar ao salão principal, onde um homem de meia-idade tocava uma música alegre, deixando a atmosfera do lugar estonteante. Foi quando Polaca, hoje Luana, pseudônimo que a jovem polonesa havia adquirido por ter um nome de difícil pronúncia e que adotara no intuito de evitar situações constrangedoras em seu trabalho, entrou no local. Ao vê-lo, abriu um largo sorriso e foi ao seu encontro, cumprimentando-o cordialmente:

– Pensei que o conde não daria a honra da sua presença nesta noite!

Antero olhou à sua volta. Polaca, sabendo o que seus olhos procuravam ardentemente naquele local, escondeu o desagrado que aquele olhar denunciador lhe causou, e esclareceu-o:

– Marta (Fernando) descerá em breve. Você a conhece bem. Sabe que nossa cortesã é sempre a última a entrar no salão.

O conde limitou-se a olhá-la, sem nada dizer. Pegou uma bebida que um jovem fizera questão de lhe servir e ficou à espera. Em pouco mais de meia hora, o som do piano deixou de ser ouvido e Marta desceu os lances de escada vagarosamente.

Ela estava linda, vestia um longo vestido vermelho com pequenas rendas pretas, deixando parte de seu busto à mostra. Sobre o espartilho, que delineava ainda mais sua cintura, os vastos cabelos negros amarrados em trança, fechando em um coque na nuca e um lindo colar de pérolas enfeitando seu pescoço, mas não o bastante para ofuscar aquela beleza perigosamente avassaladora.

Antero, ao vê-la, apressou-se e, quase num salto, foi o primeiro a tocar sua mão quando ela desceu o último degrau. A cortesã, ao vê-lo, esboçou um sorriso alvo, de dentes bem distribuídos, dizendo:

– Conde, é um prazer recebê-lo em minha humilde casa!

– O prazer é meu de não ser privado de tão bela companhia!

Marta mordeu levemente os lábios. Não imaginava rever aquele homem que dias atrás mexera com o seu ser como nenhum outro conseguira ao longo de seus trinta anos de idade.

– O senhor é um galanteador.

Marta apontou para Polaca, que discretamente olhava para onde os dois estavam e, ao sinal de sua protetora, foi ao seu encontro. Marta voltou seus olhos para Antero e disse, procurando ser agradável:

– Deixo-lhe com uma de minhas melhores meninas. Tenho certeza de que apreciará a companhia.

Antero abriu a boca. Já ia lhe dizer que não queria outra, que desejava ardentemente ficar ao seu lado, mas Madame Fourton, astuta como era, não lhe deu tempo de objetar e, em um gesto de simpatia, curvou-se levemente, pedindo licença para ir ao encontro de Gilmar.

⁂

– Não mudei meu nome, mas pretendo lhe narrar os fatos na terceira pessoa para que possa saber tudo o que se passou conosco naquela época – interrompeu Gilmar para esclarecer à companheira de infortúnio, que, ao ouvir o relato, começou a ter vagas lembranças daquela encarnação.

⁂

– Cara mia! – respondeu o jovem italiano ao ver a bela cortesã à sua frente.

– Como tem passado, querido amigo?

– Agora bem com sua presença! Ainda melhor estaria se me concedesse o prazer de uma dança.

Marta consentiu com a cabeça. O pianista já havia voltado à sua função e foi com prazer que dançou ao lado da bela mulher, sem poder deixar de observar os olhares de inveja de muitos condes e barões que ali estavam para se divertir em presença de tão belas meretrizes.

⁂

Gilmar parou sua narrativa. Mercedes, com os olhos perdidos no espaço, comentou:

– Meu Deus, estou começando a recordar! Como isso é possível? Eu me vejo nessa época!

– Se está se lembrando, será mais fácil contar o que se sucedeu após esta noite. Vou continuar a história. Embora eu não fizesse parte dos próximos acontecimentos, quando desencarnei fiquei a par de tudo o que se passou à minha volta.

– Está bem, continue! – interpelou Mercedes, eufórica.

⁂

O dia havia amanhecido quando Antero entrou em casa, um belo palacete. Sua família possuía vasta influência nessa época do Brasil Império. A condessa Maria Antonieta, hoje Mercedes, tomava seu desjejum ao lado do conde Augusto, hoje Luiz, seu marido. Quando viu o filho se aproximar, não se conteve, pondo-se a questioná-lo:

– Posso saber onde meu único filho passou a noite?

Antero olhou para Augusto, que, conhecendo o universo masculino, baixou a cabeça.

– Estava com amigos, bebericando, mamãe.

– Bebericando, sei! Acha que sou uma tola, Antero? Por acaso acredita que não sei que anda às voltas com aquela maldita cortesã que resolveu se instalar no Império há pouco?

– Deixe o rapaz! Nosso filho é varão, não tem compromisso com nenhuma moça da corte; portanto, não faz mal algum em se divertir.

Antonieta largou a xícara de porcelana na mesa, respondendo com o tom de voz alterado:

– Vocês, homens, são todos iguais. Acha mesmo que não há mal algum em Antero fazer a corte de tal meretriz? Em cada beco desta cidade fétida comenta-se que o jovem conde suspira por uma cortesã!

Antero pensou em responder, dizer à mãe que não se importava com as convenções sociais, que amava Marta com toda a força de sua alma e que estava disposto a dar-lhe seu nome e prestígio na corte, mas conteve-se. Aquele não era o momento. O melhor que tinha a fazer era ir para os seus aposentos. Assim, pediu licença aos pais e os deixou a sós, ficando em seu quarto pelo resto do dia.

⁂

Marta sentou-se na tina com água morna preparada por Polaca, que lhe esfregava as costas. Ao perceber que sua protetora e amiga parecia alheia, comentou:

– Não pude deixar de sentir uma ponta de inveja na noite anterior, quando o conde rejeitou minha companhia para ficar admirando sua beleza.

– Ah! Polaca! A vida não é mãe como gostaríamos, ao contrário, é uma madrasta amarga e inescrupulosa que brinca com nossos sentimentos só para se divertir à custa de nossas desgraças.

– Credo em cruz! Nunca a ouvi falar desse jeito.

– E não é verdade? Veja, estou nas mãos de Gilmar, a quem possuo um verdadeiro asco, mas sou obrigada a agradar-lhe, pois sem ele não teríamos nem onde descansar nossas costelas. Sabe bem que desde que me instalei nesta cidade é ele quem garante financeiramente nosso trabalho. Pretendo pagá-lo, é claro, mas levará anos para que eu consiga quitar minha dívida com esse italiano de fortuna duvidosa, obtida por meios escusos que, só em pensar, causa-me arrepios. Desde que aquele maldito do Cezar (Caio) me deixou, não tive outra escolha a não ser aceitar a proposta de Gilmar e me tornar cortesã.

Marta ficou pensativa. Lembrou-se do dia em que conheceu Cezar. Ela morava com o pai, um velho cocheiro, quando ele apareceu, precisando de serviços. Ao ver a jovem, encantou-se com sua beleza e a pediu em casamento para o pai, que, acreditando estar cuidando do futuro de sua filha, concordou com as núpcias, entregando-a em pouco tempo, na capela de uma igreja, para um homem que mal conhecia.

No começo, ela se sentiu feliz ao lado do marido, que passava noites fora de casa alegando trabalhar. O que ela não sabia era que seu esposo vivia de pequenos golpes no carteado, enganando viciados em jogos de azar, em geral pequenos burgueses e barões já arruinados pela fase difícil que o país enfrentava, gastando quase tudo o que conseguia com meretrizes.

Um dia ele chegou em casa pela manhã e obrigou-a a arrumar seus poucos pertences em um baú, deixando a cidade, rumo ao Rio de Janeiro, onde ele conheceu Gilmar. Este, fascinado pela beleza de Marta, ofereceu verdadeira fortuna a Cezar para deixá-la sob seus cuidados, o que foi aceito com gosto, já que ele não nutria nenhum sentimento por aquela a quem jurara perante a Deus amor e respeito até que a morte os separasse, apenas para satisfazer a vontade de seu pobre sogro.

Marta, sabendo da negociação, implorou para seu novo dono libertá-la, mas este, uma vez que a desejava de todo o coração, não querendo manter relações forçadas com a jovem, resolveu oferecer a ela uma oportunidade de fazê-la pagar o que lhe devia, acreditando que isso nunca aconteceria e que, mais cedo ou mais tarde, a bela, que ele tornara cortesã, cederia ao seu amor e seria dele para sempre.

Marta sacudiu a cabeça, procurando esquecer seus dramas íntimos, e comentou:

– Deixemos as tristezas de lado. Ontem vi que Rubens a chamou para sua alcova. Soube que se trata de um viúvo abastado e, se eu fosse você, faria de tudo para fisgá-lo de vez. Quem sabe ele não a leva para longe desta cidade e lhe proporcione uma vida digna?

Polaca não respondeu. O que mais queria era deixar a vida de meretriz, só não esperava ouvir aquele comentário de Marta, que seria a maior prejudicada com sua saída da casa. Sentiu um imenso carinho por aquela mulher, que fazia tanto sucesso entre os homens que frequentavam aquele lugar, mas, que mesmo assim, sabendo que poderia se prejudicar, desejava o bem e a felicidade de sua protegida e amiga íntima.

⁂

Maria Antonieta andava de um lado para o outro:

– Preciso fazer algo. Não posso aceitar Antero de chamego com uma cocota, mas o quê?

A esses pensamentos, sentiu uma sensação de angústia em seu peito. Cada dia que passava, o filho se tornava mais alheio aos seus conselhos, e ela não permitiria que ele jogasse o nome da família na lama.

Caía a tarde quando ela finalmente teve uma ideia e, sem pensar duas vezes, foi até o quarto de trocar roupas, pegou um manto negro, envolveu-o em seu rosto e saiu, procurando não ser vista. Andou rapidamente pelas ruas, que devido ao tempo gélido daquele fim de tarde de inverno, estava praticamente vazia.

Em poucos minutos estava próximo a casa onde Marta vivia com suas protegidas e pôs-se a observar o movimento, a alguns metros do local. As horas passaram rapidamente sem que ninguém entrasse no recinto. Logo, ela pôde perceber que não haveria função naquela noite.

Já pensava em ir embora quando uma jovem saiu do local com os olhos marejados. Antonieta, num gesto instintivo, apertou os passos para se aproximar da moça, que andava lentamente, enxugando as lágrimas com um lenço.

– Por que uma senhorita tão bonita chora desse jeito? – perguntou Antonieta.

Após ser abordada, a moça a mediu de cima a baixo e respondeu:

– Estou triste, só isso!

A jovem já ia virar as costas quando Antonieta, percebendo que poderia tirar proveito da situação, pegou em seu braço, abrindo um sorriso falso e comentando:

– Desculpe a descompostura, mas, ao vê-la, senti em meu coração que precisa de ajuda. Venha! Vou levá-la a um lugar seguro. Poderá desabafar comigo. Tenho certeza de que isso vai lhe fazer bem.

A jovem pensou em recusar o convite. Não gostou nada da forma como aquela senhora a abordara, mas resolveu segui-la. A dama trajava-se a prumo e, pelas belas vestes e a forma como falava, demonstrava ser nobre e talvez pudesse lucrar com tal amizade. Sem reclamar, deixou-se ser conduzida por Antonieta até uma bela casa, onde esta, após trocar algumas palavras com a negra que abriu a porta, entrou no imóvel, fazendo a jovem meretriz se sentar e a elucidando:

– Esta casa é de minha prima Lenice (Maíra). Pobre mulher! Ficou viúva há pouco tempo e foi para a França por recomendações médicas. Ah! Que tolice a minha! Nem me apresentei. Maria Antonieta, condessa de São Luiz. E você, quem é?

A moça nunca antes conversara com uma condessa. Mas Antonieta mostrava-se simpática e ela decidiu não mentir sobre sua origem; afinal, não tinha nada a perder com aquela mulher.

– Meu nome é Sofia (Vânia). Trabalho na casa de madame Fourton.

– Marta Fourton, a cortesã? – Antonieta esboçou um sorriso, ocultando o que vinha em seus pensamentos, e prosseguiu: – Há muito gostaria de conhecê-la. Sua fama de formosa dama espalhou-se no Império rapidamente. Dizem que até o príncipe regente, em vindas para o Brasil, quis conhecê-la.

– Bem, isso não é verdade. Foi só um boato que se espalhou a seu respeito. Mas Marta é uma mulher admirável...

Sofia respirou fundo. Antonieta, ao ver que a jovem fez ar de tristeza, resolveu instigá-la:

– Seus olhos brilham ao falar de sua, digamos, tutora, mas sua face não esconde a tristeza. Por acaso teve algum contratempo com Fourton?

– Marta é pessoa boa, cuida de nós como se fôssemos suas filhas, mas deixa claro sua preferência por Polaca, e está fazendo de tudo para que ela se arranje com um senhor abastado, o qual eu gostaria que me desse mimos especiais.

"Sei! Essa tonta vai ser mais útil do que eu podia imaginar", pensou, antes de prosseguir com voz suave:

– Não fique assim. Gostei de você e gostaria de ajudar. Sabe, conheço condes, barões e seus descendentes. Tenho influência no Império, talvez possa ajudar a você a conseguir um cavalheiro que lhe faça a corte. Façamos assim, daqui há dois dias nos encontramos neste mesmo local. Quero conhecê-la melhor, mas será nosso segredo. Sou uma mulher avançada, mas preciso manter as aparências. Além disso, acredito que nem suas colegas nem madame Fourton vão gostar de saber que deseja mudar de vida e que está recebendo auxílio.

Sofia consentiu com a cabeça e pegou nas mãos de Antonieta, beijando-as com fervor. O que fez com que a condessa escondesse seu asco com aquele gesto. A moça se despediu e Antonieta gritou para que a escrava lhe trouxesse uma bacia com água e limão para esfregar suas mãos, no intuito de se limpar.

⁂

Gilmar parou sua narrativa. Ao ver Mercedes enxugar as lágrimas, perguntou em tom carinhoso:

– Quer que eu pare? Sei que essas lembranças não lhe agradam.

– Não! Enquanto fala, relembro cada segundo de minha encarnação como Maria Antonieta. Meu Deus, como fiz mal à coitada da Vânia.

Gilmar consentiu com a cabeça.

– Isso quer dizer que já se recordou de tudo o que aconteceu.

– Sim, enquanto falava, vinha a minha mente todo o passado. Nossa, que horror! É difícil deparar com os erros de outrora e não se sentir culpada. Fui manipuladora, joguei com a vida dos outros e agora estou pagando muito caro por tudo.

Gilmar a mediu de cima a baixo. Como Jefrey havia previsto, quando Mercedes se lembrasse do passado, iria se sentir culpada e não mais colaboraria com ele, mas isso não tinha mais importância. A vingança contra Marta e Antero já não lhe parecia tão substancial, mas pensava diferente da amiga e, para não deixá-la desanimada, comentou:

– Não a vejo como um carrasco. Você usou e abusou de sua fortuna e prestígio, com isso manipulou pessoas e não mediu esforços para conseguir separar Antero de Marta, mas, no caso de Sofia, sua ambição e vaidade a conduziram até você, que, aproveitando-se dessas fraquezas, usou-a em benefício próprio. Você não é o algoz que acredita ser, e Vânia não é a vítima indefesa. O único que pode dizer que foi vítima de Antero e Marta sou eu, pois a mim eles prejudicaram gratuitamente.

Mercedes pensou em contestá-lo, mas desistiu. Gilmar ainda não chegara ao fim da história para juntos reviverem as cenas que estavam por vir. Só depois falaria o que pensava a respeito dele.

Gilmar, que estava envolvido demais com as lembranças do passado, não registrava os pensamentos da amiga. Ao vê-la em silêncio, abriu um sorriso maroto, perguntando:

– Quer que eu continue ou não precisa?

– Sim, quero. Quem sabe, juntos, possamos entender melhor os fatos. Prossiga, por favor!

– Gilmar não se fez de rogado e, após esboçar um profundo suspiro, prosseguiu.

CAPÍTULO XVI

A TRAMA

A SEMANA passou rapidamente. Antonieta, colocando seu plano em prática, passou a usar a casa da prima para seus encontros secretos com Sofia. Duas vezes por semana, as duas se encontravam. Ela ensinou a jovem a se portar entre os nobres a pretexto de lhe arranjar um bom casamento.

Antero, cada dia que passava, apaixonava-se mais por Marta, que sentia seu coração pular de alegria só em ver o jovem em sua casa à noite, o que deixava Gilmar furioso. Mas Marta não ousava se encontrar com o conde a sós, e sempre que ele a questionava, ela dizia que precisava manter acesa a chama da paixão no jovem, pois esse era o sucesso de sua casa. Mas nunca cedia aos seus caprichos e, com isso, ele ia lhe dando uma considerável soma em dinheiro a cada noite.

A primavera chegou trazendo seu encanto. Em cada lugar por onde se passava, sentia-se o perfume das flores desabrochando. O clima quente e a agradável brisa de fim de tarde alegravam o espírito de quem ali vivia. Em uma dessas agradáveis noites, Antero chegou à casa de Madame Fourton com um brilho indefinido nos olhos e, com ansiedade, esperou pela sua chegada triunfal ao salão principal. Ao vê-la, deu um leve beijo em sua mão e, após olhar para os lados, certificando-se de que ninguém os observava, comentou:

– Está mais linda do que nunca. Será que me concederia dez minutos de seu precioso tempo ao término da função?

Ao ver que Gilmar a fitava de longe, Marta procurou não fazer gestos labiais ao lhe responder:

– Espere-me no porão. Assim que todos forem embora, falarei com você.

E, sem esperar por uma resposta, deixou-o, indo cumprimentar outros cavalheiros que ali estavam em busca de diversão.

A noite passou rapidamente para todos os que ali estavam, menos para Antero, que, sem que ninguém o visse, passou por um longo corredor até chegar à cozinha, onde Juliete se entretinha preparando alguns petiscos. A senhora, ao vê-lo, espantou-se, pois não estava acostumada a ver os clientes da casa naquele local. Antero, fazendo um gesto de silêncio com o dedo, tratou de se explicar:

– Marta precisa falar comigo a sós. Sei que é fiel a ela; portanto, diga-me onde fica o porão.

Juliete fez um sinal com a mão, apontando-lhe uma porta no fim da copa. Antero, após lhe agradecer com um aceno, foi para o local e, com o coração batendo descompassado, pôs-se a esperá-la. Quanto tempo? Não soube contar. Estava tão absorto em ter aquele encontro que nada lhe importava naquele momento.

A madrugada ia em alta quando finalmente Marta apareceu, segurando um castiçal. Antero, ao vê-la, não se conteve e, num gesto extremo de paixão, abraçou-a e beijou seus lábios repetidas vezes, chegando a deixá-la sem fôlego.

– Marta, por que demorou tanto para ceder aos meus carinhos?

Marta o olhou. Não aguentava mais viver longe dele. Por vezes ficou imaginando quando teria coragem de ir ao encontro daquele que mexera com seu coração a tal ponto de fazê-la enfrentar Gilmar.

– Oh! Antero! Não sabe como sofro com seu amor, pois não poderei aceitá-lo!

Antero sentiu um aperto no peito. Amava Marta com toda a força de sua alma, estava disposto a romper com sua família e fugir com ela para bem longe. Muitas vezes, sonhara que a levava para morar na Europa, onde os dois passariam o resto da vida, felizes para sempre. Mas agora, diante daquele olhar carinhoso, dizendo-lhe que não aceitava seu coração e sua alma, sentiu como se o chão se abrisse e, num gesto de loucura, apertou-a com força, dizendo:

– Nunca mais diga isso! Agora que sei que me ama, não vou deixá-la fugir de mim.

Marta pensou em se afastar, mas Antero a abraçava com força e ela não pôde ou não quis fugir de seus beijos, deixando-se envolver pelo fogo da paixão e entregando-se de corpo e alma naquele local que cheirava a mofo, mas que estava inundado com o sentimento de paixão.

O dia já estava amanhecendo quando Antero deixou o local. Ao chegar em casa, deparou com a mãe, que, ao ver o ar de felicidade estampado na sua face, encheu-se de cólera, mas não lhe disse nada. Sofia já estava enfeitiçada por suas promessas e a condessa chegou à conclusão que já era hora de acabar de uma vez por todas com Marta.

Naquele mesmo dia, foi à casa da prima, que havia voltado da Europa. Ao ficar a par do que se passava com a família, a prima prometeu ajudá-la no que fosse possível. Ao chegar, encontrou-a à sua espera. Ao vê-la, estendeu-lhe os braços, dizendo:

– Querida Lenice, só você para entender meu coração de mãe zelosa. Se não fosse seu auxílio, já teria me lançado ao mar!

– Bata na boca, Antonieta! Nem pense nisso, é pecado! Tenho boas notícias. Consegui um jovem, seu nome é Otávio Medeiros (Eduardo), um bonachão que gosta de aproveitar a vida. Tenho certeza de que, com uma pequena fortuna, ele fará de tudo para nos ajudar.

– Ótimo! Era tudo o que eu precisava ouvir. Hoje, Antero chegou em casa com o raiar do dia, e sei bem onde estava e com quem. Preciso tirar Marta de Fourton do caminho o mais rápido possível, pois conheço o meu filho o suficiente para saber que ele fará tudo pelo amor da cocota.

– Que horror! Nem pense nisso. O nome de nossa família ficaria manchado por gerações. Por essa razão, tomei a liberdade de marcar um encontro com o rapaz aqui em minha casa. Ele deve estar chegando a qualquer momento.

Antonieta abriu um sorriso quando a mucama que Lenice tratava com severidade, mas sem maus-tratos físicos, apareceu com uma bandeja contendo suco de laranja. Antonieta pegou o refresco, sendo seguida por Lenice, que deixou ordens para a escrava conduzir Otávio assim que ele se fizesse anunciar. Não tardou para ela voltar em companhia do rapaz. Antonieta, mediu-o de cima a baixo.

Otávio era alto, forte, moreno claro e muito bonito. Seu jeito refinado, porém com vestes simples, o que denunciava se tratar de filho de pequenos burgueses. Lenice, após apresentá-los, deixou-os a sós para que Antonieta colocasse o jovem a par de seus planos. Quando mencionou a recompensa por tais serviços, Otávio não hesitou e concordou, combinando novo encontro em dois dias, naquele mesmo lugar.

*

Marta conversava animadamente com Polaca quando Sofia passou por elas. Polaca, ao vê-la, mediu-a de cima a baixo e disse:

– Gostaria de ter um espelho que pudesse me mostrar aonde vai quase todas as tardes.

– Não é necessário. Saio para passear. Presa nesta casa é que não fico.

– Ora, Polaca! Deixe de ser implicante! Vá dar sua volta vespertina, mas não chegue tarde. Quero todas vocês lindas para a despedida de Polaca.

Sofia abriu um sorriso e saiu. Polaca, ao se ver a sós com Marta, comentou:

– Não gosto do jeito dela. Sofia é invejosa, parece que está sempre tramando algo pelas nossas costas.

– Imagine! Sofia é sonhadora e nada mais. Talvez até esteja com ciúmes de você por ter conseguido um bom partido, mas só.

– Assim espero!

Marta mudou de assunto e as duas passaram a conversar sobre a viagem da amiga e o destino ao lado do velho milionário, esquecendo-se de Sofia, que entrava rapidamente na casa de Lenice.

Ao ver as duas senhoras conversando, cumprimentou-as e sentou-se. Antonieta, após trocar olhares com a prima, obtemperou:

– Vejo que está animada. Como é bom ser jovem, não é Lenice?

– Sim, os rubores da juventude. Que Maravilha!

Lenice já ia continuar quando Otávio entrou na sala. Ele já havia mudado um pouco seu jeito. Estava mais educado e vestindo roupas à altura da nobreza. Sofia, ao vê-lo, não conseguiu esconder o agrado que a presença do jovem lhe causou. Antonieta tratou logo de apresentá-los:

– Sofia, querida! Este é Otávio, filho de minha querida prima.

Sofia abriu um sorriso encantador, levantando-se e estendendo a mão num gesto gracioso para que ele a beijasse, voltando a se sentar. Otávio, após lhe beijar a mão, lançou-lhe um olhar perscrutador, que não passou despercebido pela jovem. Antonieta, colocando seus planos em prática, comentou:

– Otávio voltou ontem de Paris e anseia por sua amizade.

Sofia não respondeu, limitando-se a sorrir. O jovem pronunciou algumas palavras e, após pedir licença para as senhoras, deixou o local. Lenice, a pretexto de procurar a mucama, saiu do recinto. Antonieta, ao se ver a sós com Sofia, falou:

– Otávio é um belo rapaz e, pelo que pude perceber, gostou de você. Posso ajudá-la a conquistar seu coração. Veja, ele não mora na cidade há muitos anos, não sabe nada sobre seu, digamos, trabalho na casa de Fourton. Com minha influência, será fácil ajeitar um casamento. O que acha?

Sofia consentiu com a cabeça. Otávio era bonito e galanteador, além de ser um partido excelente. Na certa, Polaca morreria de inveja ao saber que ela conseguira se casar com um jovem bonito e abastado, diferente dela, que estaria condenada a passar anos ao lado de um velho rico só para viver no luxo.

– Não sei se sou digna de tanto zelo por parte da condessa, mas ficaria eternamente grata com o arranjo.

Antonieta sorriu com prazer e depois de meia hora se despediu da jovem, prometendo revê-la em breve.

*

Foi com muita tristeza que Marta despediu-se de Polaca, que, ao lhe dar um abraço de adeus, prometeu ser sua amiga e ajudá-la por toda a eternidade. Só não caíra em depressão com a partida daquela que entendia sua alma gêmea por estar apaixonada por Antero, que, todas as noites, ao ver o último cliente sair, corria para o quarto da cortesã que tomara por amante. Ambos faziam planos de amor eterno.

Quando Fourton lhe contou que estava nas mãos de Gilmar e os motivos que a levaram àquela situação, Antero enfureceu-se, chegando a cogitar quitar a dívida para livrá-la do maldito inescrupuloso, mas Marta não deixou, pois sabia que Gilmar não a escravizara por dinheiro, e sim para tê-la um dia.

Desde então, Antero passava os dias formulando em sua mente uma forma de acabar de vez com seu oponente, até que, em uma noite quente de verão, entrou nos aposentos de Marta e pôs-se a esperá-la. Quando esta entrou no local, encontrou-o sentado em uma poltrona. Ao vê-lo, ela o abraçou com força, dizendo em seguida:

– Que bom que está ao meu lado!

Antero estremeceu. Marta lhe falava com lágrimas nos olhos e, pressentindo que algo de ruim pudesse ter acontecido, ele a fez se sentar em uma cadeira e, prostrando-se a seus pés, perguntou:

– O que houve, minha querida? Está triste?

– Nem sei como lhe dizer isso. Há pouco, Gilmar me procurou. Está fora de si e exigiu que eu o desposasse; do contrário, fará valer minhas dívidas para com ele.

Antero mordeu os lábios em sinal de nervosismo. Só em imaginar a mulher amada nos braços de outro, enfureceu-se. Precisava dar um jeito em Gilmar. Acabaria de uma vez por todas com a vida daquele maldito estrangeiro porco.

– Marta, precisamos nos livrar desse insolente!

– Ah! Meu amor! Disso bem sei, mas como? Gilmar tem influência e é muito rico.

– Sim, mas não é dono da vida e da morte.

– O que disse? – perguntou Marta, não acreditando no que ouvia.

– Por que o espanto? Repugno o maldito e não suportarei vê-la em seus braços. Só a morte sossegará esse porco italiano.

Marta sentiu-se tonta. Não era uma mulher de maus sentimentos, mas logo se lembrou de Gilmar, horas antes acariciando sua pele, o que a fez se controlar para não demonstrar o desprezo e a repulsa que sentia com aquela investida.

"Sim, só a morte daquele asqueroso vai me deixar livre para ser feliz ao lado de quem amo", disse a si mesma.

Procurando colocar suas ideias em ordem, abraçou mais uma vez Antero, dizendo entre lágrimas:

– Se for para sermos felizes, concordo com o desenlace de Gilmar.

– Deixe comigo! Farei de uma forma que ninguém possa imaginar que foi assassinato.

Antero beijou Marta nos lábios, que, procurando esquecer o que se passava em sua vida, entregou-se ao amor daquele a quem amava pelo resto da madrugada.

*

Alguns dias depois, Marta conversava com suas pupilas quando Gilmar entrou no grande salão. Faltava pouco mais de uma hora para o início da função. A cortesã, ao vê-lo, levantou-se para abraçá-lo, um abraço de Judas, do qual ele só teria consciência pouco depois.

– Como tem passado, meu caro?

– Melhor agora. Diga-me! Para que me chamou mais cedo?

– Acalme-se! – respondeu com um sorriso e, voltando-se para as meninas, segurou sua mão, fingindo-se feliz, e disse: – Bem, gostaria de comunicar a vocês que em pouco tempo serei esposa de Gilmar, meu amigo, protetor e meu amor!

O viva foi geral. Nenhuma meretriz sabia das reais intenções de Marta. Gilmar, não se contendo de felicidade e pego de surpresa, beijou a mão da amada várias vezes.

– Hoje, quero que você, meu amor, anuncie a todos as nossas núpcias, para que nossos amigos saibam que Marta Fourton finalmente terá um dono, a quem vai amar e respeitar por toda sua vida – tornou a cortesã, deixando Gilmar com o coração pulando de tanta felicidade.

Em seguida, deu-lhe um leve beijo nos lábios e o deixou a sós, pois ela e as meninas precisavam se arrumar para mais uma noite de trabalho.

Em pouco tempo, a casa ficou cheia. O clima quente e enluarado fazia com que o salão ficasse animado com a presença dos homens que ali passavam boa parte de sua noite. Quando Marta desceu, estava mais radiante do que nunca: usava um vestido longo azul-escuro com uma grande cauda, que se arrastava pelo chão.

Gilmar, ao vê-la, fez questão de oferecer-lhe o braço, que ela pegou com um sorriso. A um sinal seu, o pianista parou o som, fazendo a atenção de todos se voltar para eles. Então falou:

– Senhores, peço-lhes um minuto de atenção!

Todos pararam o que estavam fazendo, voltando-se para o jovem casal, o que fez Gilmar prosseguir:

– Esta noite é muito especial para mim e desejo partilhar minha alegria com os nobres cavalheiros, pois nossa adorada Marta finalmente rendeu-se ao meu amor e nos casaremos em breve.

– Um viva aos noivos! – gritou o pianista, fazendo todos responder a saudação com entusiasmo.

Juliete, que estava à espera do comunicado, segurando uma bandeja com algumas taças de champanhe, entregou uma a Gilmar e outra a Marta, conforme as orientações que esta dera, bebendo o líquido entre os olhares admirados de muitos que ali estavam.

Em seguida, a música voltou a alegrar o ambiente. Gilmar deixou Marta por alguns instantes para conversar com alguns amigos, quando Pedro, um dos rapazes que foram ao encontro dele para felicitá-lo, comentou:

– É um homem invejado por muitos nobres e aristocratas. Além da fortuna que possui, conseguiu conquistar o coração da dama mais requisitada do Império.

– Sem dúvida, caro amigo...

Gilmar tentou prosseguir, mas sentiu seu coração bater descompassado e logo uma dor aguda tomou conta de seu peito, fazendo-o sentar-se para abrir o colarinho da camisa. Olhou à sua volta. Suas vistas foram ficando trêmulas e a falta de ar aumentou, até que uma dor profunda o fez agonizar.

*

– Gilmar, respire fundo! Já passou!

Mercedes dava tapinhas no rosto do amigo, que tentava respirar com dificuldade, ficando naquele estado por alguns minutos. Quando se sentiu melhor, comentou:

– Toda vez que me lembro da forma cruel como Marta e Antero acabaram com minha vida, fico desse jeito.

Mercedes limitou-se a olhá-lo. Só veio a saber dessa parte triste da história quando desencarnou como Maria Antonieta e, agora, sentia pena de Gilmar; afinal, ele protegera Marta, dera-lhe uma forma de subsistência e tempo para se acostumar com a ideia de viver ao seu lado. Não merecia um fim como esse.

Gilmar, ao se sentir melhor, levantou-se e, não querendo tocar mais no assunto, voltou-se para Mercedes, que o observava a certa distância, e disse:

– Espero que não se incomode de voltarmos ao assunto num outro dia.

– De forma alguma! Sei que as lembranças do passado estão mexendo com seus sentimentos, assim como acontece comigo.

– Sabe, Mercedes, agora, ao rever o passado em sua presença, nesta situação de encarcerados em que nos encontramos, percebo que não sou tão inocente quanto acreditava. Veja! Comprei Marta como se fosse uma pedra preciosa e a obriguei a se tornar cortesã, alegando que dessa forma poderia pagar por sua liberdade, o que eu sabia que jamais aconteceria. E quando me senti ameaçado com a presença de Antero a cortejá-la, praticamente a forcei a assumir um compromisso comigo. Só não poderia imaginar que ela, sentindo-se acuada, acabaria com minha vida para viver livre com o homem que amava.

– Sim, mas a vida é dura para quem semeia vento. Marta, sem saber, com seu ato insano, abriu passagem para que meu plano de separá-la de Antero desse certo.

Gilmar abriu um sorriso forçado e voltou seus pensamentos para outra coisa. Mercedes, entendendo que ele precisava de um tempo para refletir, calou-se, ficando a pensar em sua atual encarnação e esquecendo-se das lembranças amargas do passado, que ainda insistiam em permanecer em seu coração.

CAPÍTULO XVII

MAIS LEMBRANÇAS

A SEMANA passou rapidamente sem que nada acontecesse de diferente para Gilmar e Mercedes.

O dia amanhecia e ela, sentindo um aperto no peito, pôs-se a chorar. Gilmar, não aguentando mais aquela situação, aproximou-se, passando a mão em seu cabelo e dizendo em tom delicado:

– Não fique assim! Isso só vai piorar nossa situação.

– Eu sei, mas estou com maus pressentimentos – respondeu entre uma lágrima e outra.

Gilmar, que também sentia que algo estava por vir, disse:

– Olha, vamos terminar de rever o nosso passado. Sinto que isso vai nos ajudar. Além disso, com a mente mais tranquila, pensaremos em uma maneira de sairmos dessa, tudo bem?

Mercedes consentiu com a cabeça e Gilmar, sentando-se ao seu lado, procurou nas paredes da memória o passado que não se calava, pondo-se a narrá-lo.

Marta fingiu-se de triste com a morte de seu protetor. O médico que fora chamado para examiná-lo constatou tratar-se de infarto fulminante, provavelmente causado pela forte emoção do momento, o que eliminava de uma vez por todas as possíveis suspeitas contra ela, que chegou a se vestir de preto em sinal de luto para que ninguém notasse os seus reais sentimentos.

Maria Antonieta, ao ficar sabendo do fim trágico de Gilmar, logo supôs que ele havia sido envenenado, mas guardou suas suspeitas para si mesma; afinal, não queria ver seu filho envolvido em um assassinato. Assim, resolveu acabar de uma vez por todas com aquela história.

Naquela tarde, indo à casa da prima, ao vê-la tomando chá, cumprimentou-a cordialmente, indo direto ao assunto:

– Preciso saber a quantas anda o envolvimento de Otávio com a cocotinha.

– Ora, de vento em popa! Otávio é um jovem sedutor. A pobre Sofia está apaixonada.

– Ótimo, pois não podemos mais adiar nossos planos. Agora que o italiano se foi, Antero tomará a cortesã em seus braços.

– Seja feita a sua vontade, minha querida Antonieta! O jovem casal está conversando em nosso jardim de inverno. Creio que logo estarão em nossa presença.

Antonieta sentou-se. Lenice chamou a mucama e a fez servir o chá para a prima. Quando Otávio e Sofia apareceram, ela pediu licença à dona da casa e chamou a jovem para uma conversa em particular, indo para a biblioteca, onde Sofia, sem entender o motivo da palestra reservada, questionou-a aflita:

– O que aconteceu? Fiz algo errado?

Antonieta abriu um sorriso e, pondo suas mãos sobre as dela, respondeu:

– Ah, minha querida! Não sabe o quanto a estimo e a minha felicidade em saber que entrará para a família! É por esse motivo que vim lhe pedir um favor. Não sei se sabe, mas Antero é meu filho. Sei que ele está envolvido com Madame Fourton, sua protetora. Bem sabe que não sou preconceituosa, prova disso é o seu envolvimento com meu primo Otávio, mas meu filho está de casamento marcado com uma condessa. O consórcio se arranjou entre nossas famílias e não posso permitir que ele e Marta se unam. Será o fim de nossa linhagem, pois caso essas núpcias não se realizem, nosso nome vai pela lama e, provavelmente, seu enlace com Otávio também.

Sofia sentiu um leve tremor. Amava Otávio e não poderia permitir tal ameaça, então, mostrando-se solícita, respondeu:

– Não sei como poderia ajudá-la. Marta diz estar triste com a morte de Gilmar, mas sei que está fingindo e que ama Antero. Tenho certeza de que assim que voltar da pequena viagem que fará à casa de Polaca, vai se unir a ele.

Antonieta sentiu seu ódio crescer. Sofia, sem querer, colocou-a a par dos planos da meretriz. Ela, procurando dissimular sua fúria, andou alguns passos até a janela. Virando-se para a jovem, disse com ar preocupado:

– Veja, não quero o mal de Fourton, mas agora que me deixou a par de seus intuitos, atino um plano. Marta viajará e podemos fazê-la demorar mais do que o esperado, assim Antero achará que ela não o quer mais e se casará com a condessa, salvando nossa família do descaso. O que acha?

Sofia ficou pensativa. Admirava Marta pela beleza e simpatia. A cortesã era admirada pelos homens mais influentes da cidade, e não seria difícil arranjar um protetor de posse. Ao contrário dela, que não era tão desejada a ponto de conseguir outro pretendente à altura de Otávio. Com esses pensamentos, respondeu:

– Perfeito! Se depender de mim, Marta não ficará com seu filho.

– Ótimo! Por acaso, sabe os pormenores da viagem?

– Sei...

Sofia pôs-se a falar o que sabia. Antonieta ouvia a tudo atentamente. Quando a jovem terminou, a senhora bateu palmas, dizendo:

– Ótimo, então façamos assim: traga-me o cocheiro que vai levar Marta e sua acompanhante para o campo. Tenho certeza de que, com uma boa soma em dinheiro, ele fará o que quero.

Antonieta abraçou a jovem e voltou ao salão, onde a prima a aguardava ao lado de Otávio, que, ao ver Sofia, esboçou um sorriso, pondo-se ao seu lado. Eles ficaram em palestra animada por mais alguns minutos. Sofia se despediu das duas senhoras, alegando ter afazeres, e foi seguida por Otávio. Antonieta contou a Lenice a conversa que tivera com a jovem meretriz e, juntas, elas planejaram, nos mínimos detalhes, como eliminariam a cortesã.

⁂

O dia amanhecia quando Marta, acompanhada por Alva, entrou na charrete rumo à fazenda de Polaca. Ao ver a paisagem que passava lentamente por suas vistas, deixou uma discreta lágrima escapar por sua face. Alva, embora tenha percebido, não ousou questioná-la, o que foi bem recebido pela jovem cortesã, que escolhera a moça para lhe fazer companhia por sua discrição.

Lembrou-se da noite em que Gilmar morrera praticamente em seus braços. O choro falso, mesclado a um desespero, encenando uma tentativa de salvar sua vida, o que ela sabia ser inútil, já que Antero lhe garantira que o veneno conseguido por meio de uma velha feiticeira era letal e provocava um ataque cardíaco fulminante.

Marta balançou a cabeça negativamente. Amava Antero com toda a força de sua alma, mas nunca deveria ter aceitado resolver seus problemas de forma tão trágica e cruel. Mas não adiantava ficar reclamando, o leite já havia sido derramado e nada que fizesse traria Gilmar de volta à vida.

Com esses pensamentos, prosseguiu sua viagem e, somente na hora do almoço, pediu ao condutor que parasse próximo a uma bela cachoeira, o que foi obedecido de pronto por José. Cabisbaixo, o cocheiro ajudou as damas a descer da charrete e pôs-se a observá-las de longe. Esperou pacientemente até as duas terminarem a refeição.

Alva olhava admirada a beleza do lugar e resolveu andar um pouco no intuito de ajudar no processo digestivo, deixando Marta absorta em seus pensamentos, olhando a queda-d'água.

José, aproveitando-se da oportunidade, pegou um pedaço de madeira e, sem que a cortesã pudesse ter tempo de perceber seu intuito, desferiu um golpe com o caibro em sua cabeça, o que a fez tontear e cair.

Procurando ser rápido, ele jogou o corpo de Fourton na água e ainda pôde vê-lo correr desfiladeiro adentro. Quando Alva voltou, foi a vez dela, que chegou a tentar contra seu algoz, mas foi golpeada diversas vezes até ele se certificar de que seu coração não batia mais.

Em seguida, José subiu na charrete e, rapidamente, deixou o local, nunca mais sendo visto naquelas paragens. Acabou morto em Minas Gerais, anos depois, também jogado em uma cachoeira.

Dez dias se passaram e Antero andava pela rua quando um negrinho o abordou, entregando-lhe um bilhete. Ao abrir, ele leu atentamente e, ao ver a assinatura de Juliete, seu coração bateu descompassado. As breves palavras no pedaço de papel solicitavam sua presença na casa de Fourton, ao cair da noite, pedindo discrição e cautela ao entrar pela porta lateral do local, que estaria destrancada para sua entrada.

"Marta voltou! Finalmente poderemos fugir para bem longe", disse a si mesmo, voltando para seus afazeres.

No horário marcado, entrou no local. Ao ver Juliete à sua frente, sentiu uma onda de tristeza invadir-lhe a alma e, com um aperto no peito, perguntou afoito:

– Onde está Marta? Diga-me! Pensei que ela estaria me esperando.

– Lamento, senhor, mas as notícias que tenho não são nada boas. Recebi uma carta de Polaca. Leia!

Juliete entregou a carta para Antero, que, com as mãos trêmulas, pôs-se a ler:

> *"Cara Juliete, é com o coração aos prantos que lhe escrevo. Houve uma tragédia. Alva foi encontrada morta em uma corredeira, não longe de minhas propriedades e nossa querida Marta, embora ainda esteja desaparecida, provavelmente teve o mesmo fim. Sabe bem que meu esposo é homem influente. Mandou revirar toda a área próxima ao local fatídico e adjacências, mas nem sinal de nossa querida Fourton. Acredita-se que seus restos carnais foram devorados por predadores, uma vez que pedaços de seu possível vestido foram encontrados mata adentro. Não há mais o que se fazer. Logo a notícia se espalhará pelo Império e o melhor para você e para as meninas que aí se encontram é procurar resolver a vida de vocês... Polaca."*

Antero amassou o bilhete e o devolveu para Juliete, procurando ocultar seus sentimentos. Pigarreou antes de comentar:

– Não posso crer nessas linhas. Vou procurar saber a verdade. Enquanto isso, não tome nenhuma decisão. Permaneça nesta casa até o meu retorno.

Juliete consentiu com a cabeça. Antero saiu em disparada e procurou um lugar calmo, longe das possíveis investidas de curiosos, pondo-se a chorar. Em seguida, voltou para sua casa e trancou-se em seus aposentos, saindo somente na manhã seguinte.

Antonieta, vendo a fisionomia triste do filho, fingiu não perceber e procurou disfarçar a alegria que sentira com o definitivo desaparecimento de Fourton da vida deles.

Antero procurou Marta por todos os cantos. Quando foi à propriedade de Polaca, ouviu de sua própria boca o que escrevera à Juliete. Um mês depois, finalmente, vencido pelas evidências, chorou pelo desenlace prematuro da mulher que sonhara em desposar e viver ao seu lado para sempre.

Ao voltar ao Rio de Janeiro, ajudou Juliete a resolver as questões referentes à casa, e as poucas meretrizes que sobraram a darem um rumo para sua vida. Decidiu não mais viver na capital da província. Mudou-se para a fazenda de café de sua família, levando consigo a pobre senhora, que era de confiança de sua amada, prometendo dar-lhe proteção.

O tempo foi passando sem que Antero conseguisse esquecer Fourton. Gilmar, que acordara no astral com ódio, tornou-se seu obsessor. Ao saber o que Antonieta fizera, aproveitou-se para se vingar. Um fim de tarde, quando os negros voltavam da lida, Antero pôs-se a observá-los até que um deles chamou sua atenção.

Ele nunca fora de se preocupar com os escravos da fazenda de seus pais. Crescera acreditando que se tratava de animais sem alma, que deveriam servir aos seus senhores em todos os seus caprichos, sem pestanejar, do contrário, sofreriam os castigos mais variados, de acordo com o grau de suas desobediências.

Naquela tarde, em companhia de Gilmar, decidiu olhar para as “peças” que possuía e, após falar com o feitor, este ordenou que os escravos permanecessem em fila. Antero sentiu-se imponente.

Ali, naquele momento, ele era Deus, poderia fazer o que bem entendesse com aquelas criaturas, assim como o ser supremo lhe dera Marta e a tirara conforme sua vontade.

Com esses pensamentos, ele passou a olhar minuciosamente um por um. A fila já estava por terminar quando o negro que lhe chamou a atenção postou-se à sua frente e, com um chicote na mão, ele fez o escravo olhar para ele e questionou:

– Qual é o seu nome, negro? Se é que negro tem nome.

O feitor e seus capatazes riram com a observação do patrão, que os olhou com ar de reprovação. O negro, trêmulo, respondeu:

– João (Aloísio), sinhozinho!

– João! E você acha que é gente, negro?

O pobre escravo abaixou a cabeça. Lembrou-se da conversa que tivera com pai Thomaz, um velho negro, líder espiritual, que, naquela fazenda, vivia uma encarnação sofrida. Fitando-o nos olhos, respondeu:

– Sim, senhor! Sou feito de carne e osso, tenho alegrias e tristezas como o senhor, *sinhozinho*!

Antero deu uma risada de escárnio. O negro, além de sujo e fedido, ainda era insolente. Por momentos, pensou em lhe dar umas chibatadas, mas desistiu. João era um negro bonito, estatura baixa. Seu porte, embora bem definido pelos trabalhos braçais, não era corpulento. Seus olhos amendoados, o nariz um tanto afinelado, os lábios carnudos, mas com a boca delineada e uma dentição alva e perfeita, denunciavam que aquele negrinho insolente era mestiço, provavelmente filho de alguma escrava abusada sexualmente por um capataz de sua fazenda, como era comum na época. Sem mais delongas, mandou que ele se retirasse.

No dia seguinte, Antero descansava à sombra de uma árvore quando Juliete aproximou-se ofegante. Antero, ao ver o estado de sua protegida, levantou-se de um salto.

– O que aconteceu?

– Senhor, preciso que venha comigo imediatamente.

Juliete virou-se sem dar tempo de ser questionada. Antero pôs-se a segui-la até a casa-grande, onde um casal os aguardava impacientemente. Ele, ao vê-los, reconheceu a antiga cocota de Marta e, não entendendo o porquê da visita inesperada, questionou:

– O que a traz aqui, Sofia? Por acaso encontraram o corpo de Marta?

– Não! E não vão encontrar. É por essa razão que estou aqui.

Antero sentou-se. Juliete foi à cozinha e voltou, trazendo refresco para todos. Em seguida, fez menção de sair, mas Sofia chamou sua atenção, dizendo:

– Sente-se conosco! Sei que Antero não vai se incomodar, uma vez que o que venho lhe contar diz respeito à Marta.

Sofia pôs-se a falar a respeito de Antonieta, de como a conhecera, os fins de tarde na casa de Lenice, o romance com Otávio e como ela ajudara Antonieta a conseguir que o cocheiro lhe fizesse um favor: impedir a volta da cortesã.

Antero ouvia a tudo abismado, procurando controlar-se entre um comentário e outro. Sofia finalizou:

– Bem... A senhora sua mãe, com isso enganou a todos. Eu me casei com Otávio na mesma semana que Marta desapareceu, e só depois descobri que ele não era filho de Lenice, muito menos rico. Mas meu coração pertencia a ele e o perdoei. Hoje trabalho a seu lado como mascate e, passando por estas paragens, decidi lhe contar tudo.

Antero sentiu um ódio crescer dentro dele. Sofia foi sincera, mas nem por isso se eximia da culpa por ter ajudado sua mãe a matar sua amada. Num gesto de fúria, pôs-se a gritar:

– Fora daqui, sua interesseira de uma figa! Espero que consiga viver com a culpa por ter ajudado minha mãe a acabar com a vida daquela que lhe deu proteção e um teto para dormir.

Sofia levantou-se e, ao lado de Otávio, deixou a fazenda sem esboçar mais uma palavra, pois sua consciência a acusava todos os dias por ter traído a confiança de Marta, iludida com promessas de riqueza e *status*.

Antero pôs-se a andar de um lado para o outro. Juliete o deixou sozinho, indo cuidar de seus afazeres.

"Não posso acreditar que minha mãe foi capaz de um golpe tão vil! Mas Sofia não mentiria. Ao contrário, contou com riqueza de detalhes o que aconteceu", disse a si mesmo. Sentindo-se sufocado, foi até a varanda, onde de lá pôde ver o negro João, sentado ao lado de algumas crianças e descansando após um exaustivo dia de trabalho.

Logo a fisionomia de Marta lhe veio à mente e ele lembrou-se dos momentos íntimos que passara ao seu lado. Em seguida, lhe veio a face do negro a fitá-lo. Um leve torpor tomou-lhe o corpo e, como um louco, gritou o nome de Juliete, que, assustada, correu ao seu encontro. Ao vê-la, foi logo dizendo:

– Pegue aquele negro, o João. Faça-o tomar um banho de cheiro, deixe-o limpo e leve-o ao quarto contíguo ao seu.

Juliete pôs-se a olhá-lo, tentando entender o motivo daquela ordem. Antero, ao ver que ela o fitava com curiosidade, berrou:

– Vá logo! Quero aquele negro do jeito que lhe pedi, ao pôr do sol!

Juliete virou as costas. Indo até a senzala com um capataz, pegou o escravo e cumpriu a ordem do patrão. O negro a seguiu e, com desconfiança, mesclada ao medo do que poderia estar por vir, deixou-se banhar pela senhora, que o esfregava com força, a ponto de fazê-lo sentir dor.

Quando a noite chegou, Antero entrou no aposento onde o negro o esperava, apenas com uma leve calça, tomando-o em seus braços e abusando dele sexualmente. O escravo rompia em soluços ao toque da pele de seu senhor sem ousar encará-lo. Deixou-se envolver naquela situação até o raiar do dia.

Quando voltou à senzala, estava exausto. A dor e o sofrimento de horas antes não se comparavam à vergonha que sentiu ao voltar à presença dos seus, que o olhavam assustados. Foi em silêncio que se sentou a um canto, pondo-se a remoer o ódio àquele que o tratava como um animal.

Daquele dia em diante, uma vez por semana Antero dava a mesma ordem à empregada, que, muda, o atendia. Em pouco tempo, o comentário sobre o envolvimento dele com o escravo chegou aos ouvidos de outros fazendeiros. Quando Antonieta chegou à fazenda, em companhia do marido, ficou a par do ocorrido, chegando a chamar a atenção do filho. Mas ele estava cada dia mais desequilibrado e não atendia aos seus apelos, fazendo-a sentir remorso pelo que fizera à cortesã. Assim, ela chegou à conclusão de que teria sido melhor tê-lo deixado ao lado da meretriz para não precisar passar por aquele constrangimento.

Antero desencarnou alguns anos depois de uma doença desconhecida. Todos diziam que era castigo por ele ter cometido tal heresia. Quando a escravidão acabou, João deixou a senzala, tentando levar consigo Juliete, a quem estimava de coração, pois a senhora, penalizada com o que Antero lhe fazia, passou a tratá-lo com carinho filial, chegando a dar-lhe guloseimas, a enxugar suas lágrimas e a oferecer consolo na hora do banho.

Mas a mulher não o amava, apenas o estimava. Tentou dizer isso para ele, que, cego de ódio, colocou toda a culpa em Antero. Além de acabar com sua vida por meio de seus atos, ainda fez com que Juliete o repugnasse por ter experimentado aquelas heresias profanas com o *sinhozinho*, mesmo que à força.

Gilmar, após conseguir seu intuito de se vingar de Antero, ainda tentou escravizá-lo quando este se livrou da matéria, mas havia um grande número de ex-escravos que, ao vê-lo despertar no astral, cercaram-no e o fizeram pagar na mesma moeda, não sobrando espaço para seu antigo algoz, que decidiu voltar sua atenção à fazenda de Polaca.

Lá chegando, encontrou Marta deitada na cama, revivendo a dor da tentativa de homicídio. Quando o cocheiro lhe deu a pancada, ela se sentiu tonta e caiu no chão. Desmaiou, e acordou embaixo d'água. Encontrou energia para prender a respiração e fechou os olhos, pondo-se a boiar, deixando seu corpo percorrer corredeira abaixo, batendo o corpo e a cabeça entre uma pedra e outra, mas sumindo da vista de seu algoz.

Quando, finalmente, conseguiu sair da água, fez um esforço descomunal e, chegando ao leito do rio, desmaiou novamente. Já era fim de tarde quando acordou e, com muita dificuldade, chegou à estrada de terra. Sentia muitas dores no corpo. Lembrou-se do que fizera a Gilmar e sua expressão, enquanto estava agonizando, não saía de sua mente. Perdeu a noção do tempo.

Ficou estirada em uma grande pedra por horas, sendo amparada por colonos que voltavam de uma viagem. Dias depois, sentindo-se um pouco melhor, foi levada para a fazenda de Polaca, que soube recompensar financeiramente a ajuda recebida pelos camponeses. Mas seu estado de saúde havia sido comprometido. Seu rosto ficara marcado com cicatrizes horripilantes, por causa das fortes batidas nas pedras e nos pedaços de madeira do rio.

Foi quando decidiu que não mais voltaria a ver Antero. Com a ajuda de Polaca, teve a ideia do bilhete. No dia em que Antero foi ter com Polaca, Marta se escondeu em um quarto de vestir, só saindo quando teve certeza de que o homem que amava e que nunca mais veria já havia ido embora.

A partir daquele dia, decidiu vestir-se de preto e cobrir-se com véu, ficando conhecida na região com a viúva feia, codinome criado pelo imaginário dos pequenos colonos, que acreditavam que por sua feiura, não mostrava a face. Embora alguns tivessem medo dela, Marta passou a ajudar todos os que a procuravam. Aprendera com uma velha cigana a usar o poder curativo das plantas e fazia chás e pastas para aliviar a dor de quem precisasse.

Arrependeu-se amargamente do que fizera a Gilmar, acreditando que o que lhe acontecera fora castigo divino. Terminou seus dias na carne aos quarenta e cinco anos. Por sua bondade e dedicação ao próximo, foi socorrida pelos cordeiros ao desencarnar, não dando chance a Gilmar de acertar as contas do passado.

*

Gilmar calou-se. Passara a limpo o passado ao lado de Mercedes, que estava visivelmente perturbada.

Por que era tão difícil perdoar os erros cometidos por Antero e Marta, se eles sofreram e até haviam pagado pelo mal que haviam cometido?

– Não! Marta até pagou por seus erros, mas Antero não! – afirmou Gilmar.

Pensando assim, pôs-se a andar de um lado para o outro, esquecendo-se até da presença de Mercedes, que ficou sentada com o olhar perdido no espaço.

CAPÍTULO XVIII

LIVRE-ARBÍTRIO

MARTA andava lentamente pelo vale do Umbral. Seu coração apertado denunciava seu estado de espírito. Passara o dia na crosta terrestre em companhia de Miguel, que estava quinze anos.

Ricardo, ao vê-la entrar pelo portão do pequeno pronto-socorro de auxílio à recém-registrados das zonas umbralinas, foi ao seu encontro. Após lhe dar um abraço fraternal, conduziu-a até o banco de um jardim, onde orquídeas se destacavam com sua graciosidade. Ao vê-la se sentar, comentou:

– Hoje fui chamado pelo nosso querido governador. Ele pede para que você compareça amanhã ao departamento reencarnatório, pois vai começar a se preparar para sua nova jornada na matéria.

Marta abriu um sorriso. Conhecia bem o amigo para saber que algo o incomodava e, procurando manter-se serena, respondeu:

– Sei que não aprova minha volta à matéria nas condições que escolhi, mas acredite! Esse será o melhor caminho para tocar o coração de Miguel e ajudar Aloísio.

– Veja! Não se trata de aprovar ou não, minha amiga. Há muito, prezo por sua felicidade e, se você achou melhor reencarnar na condição de um homossexual masculino, cabe a mim pedir a Deus, em prece, que a ajude a superar os obstáculos a serem vencidos com resignação, mas devo alertá-la: reencarnar em condições homossexuais significará verdadeira prova, pois vão caçoar de você na escola, será perseguida injustamente por colegas do colégio, que por não entenderem e aceitarem as diferenças, vão magoá-la verbalmente. Você poderá sofrer agressões físicas, como vemos acontecer todos os dias. Depois de passar por esses dissabores, ainda correrá o risco de sofrer abusos sexuais de adultos que, não compreendendo o real valor de tal conduta, e tendo já enraizado em sua mente o conceito de que alguém com tais características deve servir ao prazer sexual, tentarão satisfazer os seus próprios instintos nesta área. Muitas vezes, esses que foram submetidos a tais atos se tornam adultos e podem passar de vítimas a verdadeiros algozes, fazendo com os outros o que fizeram a eles no passado. Sem se darem conta disso, podem voltar ao plano espiritual em precária situação espiritual e mental.

Ricardo fez uma pausa para observar a reação de Marta, que o olhava atentamente.

– E não é só isso. Quantas portas de trabalho vão se fechar para você quando perceberem as suas tendências sexuais? E quando não se fecharem pelo preconceito direto, o próprio indivíduo acaba por fechá-la, pois não aguenta a zombaria e o escárnio, além das piadas maledicentes. E, acredite, terá sempre alguém que as faça. E como suportar o desprezo nas rodas sociais, onde perceberá que cochicham a seu respeito, sem o menor pudor? Então, minha irmã, creia que é por estes motivos que acredito que deva fazer o combinado, esperando todos regressarem à verdadeira pátria e vibrar para que Miguel supere suas fraquezas e finalmente possa viver em um futuro próximo com as bênçãos divinas.

Marta ficou pensativa. Quando fora ao departamento reencarnatório e fizera o pedido para reencarnar, ouvira praticamente o mesmo conselho, mas expôs seus motivos, que foram analisados pelo departamento, que acabou julgando seu intuito benéfico tanto para ela quanto para Miguel, acabando por aceitar. Procurando elucidar o protetor, que há muito era querido, respondeu:

– Sei que não terei uma vida fácil na carne e que não preciso passar por esta experiência, pois, se precisasse, você não estaria tentando mudar meus pensamentos, mas veja: voltarei como irmão de Aloísio, que, mesmo sem intenção, acabei por colocar no caminho de Antero, que cego de ódio ao descobrir as armações de sua mãe e, beirando a loucura por ter me perdido, acabou por abusar do pobre escravo. Este, sem ter outra saída, deixou-se à mercê das vontades mundanas de Antero, e parte da culpa é minha. Não deveria ter forjado minha morte, deveria ter-lhe dado o direito de escolher se queria ou não viver ao lado de uma mulher feia e doente. Hoje sei que ele me ama verdadeiramente e que, fosse qual fosse minha aparência, seu coração continuaria batendo no compasso do nosso amor. Estou tão segura disso que vou reencontrá-lo na carne em um corpo masculino, tendo a certeza de que nosso amor quebrará as barreiras do preconceito de uma forma pura e benéfica à nossa alma.

Marta fez uma pausa para sentir a brisa leve que batia em seu rosto e prosseguiu:

– E sei que, quando chegar a hora, estarei pronta para cumprir minha missão e voltarei ao astral, finalmente com o coração leve por ter cumprido meus desígnios.

Ricardo olhou para a amiga-irmã e, com lágrimas nos olhos, estendeu-lhe os braços e lhe deu um abraço apertado.

⁂

– Ricardo! Posso me sentar? – perguntou Vânia, tirando o amigo de suas lembranças.

Ao vê-lo consentir com a cabeça, sentou-se a seu lado e tornou:

– Sei que está se lembrando do passado, pois seus olhos brilharam ao olhar para o infinito.

– Lembrava-me de uma conversa que tive com Marta aqui neste mesmo banco. Sei que é chegado o momento de ela escolher o seu destino e desejo que sua escolha seja a mesma que prometeu antes de reencarnar.

Vânia levantou a sobrancelha sem entender aonde o amigo queria chegar, questionando:

– Como assim? Não seguimos até o fim o plano que fizemos antes de voltar à matéria?

– Deveríamos, mas nem sempre isso acontece. Como sabe, quando voltamos à matéria, esquecemos completamente o passado e, consequentemente, os planos que fizemos antes do reencarne. Deus nos dá o livre-arbítrio justamente para decidirmos que rumo dar à nossa vida. Muitos espíritos, antes de voltar à crosta em uma nova matéria, fazem planos para se redimirem, mas quando chega a hora de cumprirem as promessas, acabam desistindo, optando pelo que lhes é mais conveniente naquela atual encarnação. – Ricardo levantou-se, e, estendendo a mão para Vânia, tornou: – E por falarmos em planos, chegou a hora de irmos à crosta. Hoje você finalmente deixará ser vista por Mercedes e tentará ajudá-la.

Vânia sorriu, pegando carinhosamente na mão que o amigo lhe estendeu, e assim volitaram rumo à crosta terrestre.

CAPÍTULO XIX

NA CROSTA TERRESTRE

ANA TOMAVA seu desjejum pensativa. Fora jantar com Fernando e Miguel na noite anterior. O irmão estava feliz ao lado do amigo. A princípio, sentira um mal-estar por ver o irmão acompanhado de outro homem. Isso lhe causou certa estranheza, mas, no decorrer do jantar, mudara completamente aquela impressão.

Os dois se davam bem. Miguel mostrava-se atencioso para com Fernando, chegando a conhecer seu gosto e paladar. Nando lhe falara que qualquer que fosse seu pedido, Miguel atendia de pronto. Finalmente, quando eles se despediram, Ana abraçou o irmão calorosamente e, em seguida, repetiu o gesto com Miguel, que fez questão de abrir a porta do táxi, já que ela achara melhor eles não a levarem para casa, pois falara a Aloísio que iria a uma novena na casa de uma amiga.

Quando Aloísio entrou na cozinha, tirando-a de seus pensamentos, voltou-se para ele dizendo:

– Bom dia, Aloísio! Embora vivamos na mesma casa, não compartilhamos da mesma cama. E desejar aos outros que eles tenham um dia bom atrai boas energias.

– Só se for para você, que é cabecinha de vento. Para mim, isso é hipocrisia. Ninguém quer desejar coisas boas a ninguém, somos todos egoístas, essa é a realidade.

Aloísio pegou a garrafa térmica e, após colocar um pouco de café na xícara, sorveu o líquido ainda quente e saiu. Ana, ao se ver a sós, pôs-se a comparar os irmãos. Enquanto Fernando era simpático, alegre e autêntico, Aloísio era o oposto.

"Estou começando a acreditar que o que estou lendo a respeito do Espiritismo é a mais pura verdade. Somente levando em conta as sucessões de vidas na matéria para explicar quão gritantes são as diferenças entre os dois", disse a si mesma antes de se levantar para dar início aos seus afazeres.

⁂

Fernando acordou cedo. Após tomar um banho demorado, arrumou-se a prumo para mais um dia de trabalho. Era sexta-feira e ficara de ir ao cinema com Miguel e Glória, no fim do expediente. Naquele dia, sentiu algo diferente, uma energia estranha tomara conta de seu ser e, sem saber explicar o que se passava em seu íntimo, saiu de casa.

No caminho para o trabalho, parecia ver todo o trajeto pela primeira vez, e uma agradável sensação de bem-estar tomara conta dele. Ao entrar no escritório, foi para a sala de Miguel e, após dar uma leve batida na porta, entrou, encontrando-o, como sempre, preparando sua mesa para mais um dia de serviço.

– Bom dia, Miguel! Está tudo bem?

Miguel o mediu de cima a baixo. Fernando não tinha o hábito de ir a sua sala antes de o expediente começar. Os dois haviam combinado de só se falarem no fim da jornada de trabalho. E, estranhando a atitude dele, respondeu:

– Bom dia! Comigo está tudo ótimo, mas você está estranho. Tem algo que quer me contar?

– Não! – respondeu Fernando de pronto, aproximando-se mais da mesa de Miguel. – Vindo para cá, senti uma vontade incontrolável de lhe dar um abraço. Posso?

Miguel sentiu um leve arrepio percorrer-lhe a espinha, não gostando daquele sentimento, mas procurou ocultar o que vinha em seu íntimo e, com um sorriso nos lábios, deu um abraço apertado no rapaz, que parecia não querer largá-lo.

Minutos depois, Fernando afastou-se e, olhando nos olhos de Miguel, comentou:

– Esse abraço foi para lhe agradecer por tudo o que você significa para mim. Nunca se esqueça desse abraço, pois ele é o elo que vai nos ligar para a eternidade.

Miguel sentiu um aperto no peito e, não entendendo o motivo daquela declaração, questionou:

– Por que diz isso? Sempre vou lhe dar milhares de abraços como este até o fim de nossa vida!

– Pode ser, mas esse é um abraço especial, um momento único, que não será igual a amanhã nem depois. Agora vou para a minha sala. Só queria que você soubesse o quanto é importante para mim tê-lo ao meu lado.

Fernando rodou nos calcanhares e saiu, deixando Miguel feliz, porém melancólico pelo resto do dia.

⁂

Gilmar sentiu seu peito oprimir e logo a fisionomia de Aloísio lhe veio à tona. Via-o atrás de automóveis, próximo ao escritório onde Miguel trabalhava, procurando ocultar uma arma de fogo em sua cintura. A essa visão, voltou-se para Mercedes, dizendo atônito:

– Não me pergunte como, mas acabei de visualizar Aloísio! Acho que por ter estado muito tempo ao lado dele, transmitindo-lhe energias de ódio. Ele está, neste momento, à espreita de Miguel para matá-lo.

Mercedes estremeceu. Desde que se recordara o passado, sentia-se culpada pelo que fizera ao filho Antero e, com lágrimas nos olhos, respondeu:

– Deus permita que esteja errado, pois caso isso aconteça, eu me sentirei ainda mais culpada do que já me sinto. Veja, falamos sobre nosso passado, mas o que você não sabe é que antes de regressarmos, tivemos uma reunião com todos os envolvidos no departamento reencarnatório, onde cada um expôs seus sentimentos e fizemos planos para a nova experiência na carne. Eu e Augusto nos casaríamos novamente. Ele se julgara ausente na educação do filho, sendo conivente com minhas atitudes, assim retornaríamos em nova existência como um casal, onde ele procuraria chamar a minha atenção caso eu sucumbisse ao erro.

Tendo Antero como amigo íntimo, iria ajudá-lo no futuro, e isso ele está cumprindo, pois vê nele um irmão do coração. Já eu me deixei levar pelo preconceito, ignorando que para Nosso Senhor todos somos irmãos e que devemos ter, no mínimo, compaixão e respeito por nosso semelhante. Juliete, a serva de Antero, sentindo que poderia ter ajudado Aloísio a fugir de seu senhor, resolvera voltar e encontrá-los no trabalho e, sendo amiga de ambos, iria ajudá-los a se reconciliar. Já Sofia seria minha melhor amiga e resolvemos que desencarnaríamos juntas.

Mercedes pôs-se a chorar, um choro doído que vinha de sua alma. Gilmar limitou-se a olhá-la sem nada dizer. Quando finalmente se sentiu melhor, prosseguiu:

– Nós desencarnaríamos em um acidente rumo ao litoral, descendo a Anchieta. Todos de nossa ligação, incluindo Miguel, que seria meu amigo e confidente, a quem prometi ajudar com bons conselhos, estaríamos indo para nossa casa de veraneio, mas só eu e Vânia não resistiríamos e regressaríamos ao plano espiritual com nosso coração limpo por termos corrigido nossos erros.

Gilmar abriu e fechou a boca. Pensou em consolar a companheira de infortúnio, mas desistiu, pois sentia o mesmo que ela. Mercedes, ao ver que os olhos dele se enchiam de lágrimas, terminou:

– A única coisa que não entendo é por que Marta voltou. Ela deveria esperar nosso retorno para, num futuro, vir como minha filha e, finalmente, esposar Miguel, a quem ama verdadeiramente.

– Marta voltou por amor, minha irmã. Acreditou que seria importante retornar para ajudá-los a não errar, e é o que está fazendo – interpelou Vânia, com um sorriso nos lábios.

Mercedes, ao vê-la, não se conteve. A amiga estava linda, emanando uma energia suave e tranquilizadora. Sem conter seus sentimentos, correu para abraçá-la, dizendo entre lágrimas:

– Ah, Deus, perdoe-me! Perdoe essa pobre ignorante que só soube viver tendo como verdadeiro as conveniências sociais. Nunca me importei com os sentimentos de ninguém. Para mim, só importava o nome e o *status* que isso proporcionava. Fui cruel ao filho do passado e não aprendi a amar sem preconceito o meu próximo como Jesus amou, livre de qualquer barreira.

Mercedes chorava copiosamente. Ricardo, que estava ao lado de Vânia, foi quem lhe respondeu:

– Deus é pai bondoso, sempre ajuda seus filhos, desde que estes se arrependam de coração. Venha conosco para estudar e trabalhar em prol da humanidade e, quando estiver preparada, terá nova oportunidade para se corrigir. Todos temos fraquezas, e é por esse motivo que Deus nos dá novas oportunidades de aprendizado, seja pelo amor ou pela dor.

Mercedes não conseguiu articular palavras, deixando-se abraçar pela amiga. Gilmar, ao ouvir as palavras do espírito amigo, ficou pensativo:

– Quanto tempo perderá alimentando o ódio em seu coração?

Lembrou-se de Marta, a jovem que lhe foi vendida pelo marido inescrupuloso, e a vontade que sentia de tê-la como sua.

"Não, isso não é amor!", disse a si mesmo.

Fourton foi para ele um ideal inatingível, um objeto de luxo que comprara e que, ao tentar levar consigo, quebrou-se. Ricardo, ao ler seus pensamentos, aproximou-se dizendo:

– O amor verdadeiro é desinteressado, livre de preconceitos. Você está certo, nunca amou Marta, confundiu seus sentimentos. Se tivesse percebido isso quando encarnado, muito sofrimento teria sido evitado a você e aos que o rodeavam, mas a vida tem seu preço e você pagou caro para aprender a lição, desencarnando ainda jovem pelas mãos da mulher que tentou subjugar. Passou mais de um século à espera do momento certo, para uma vingança que não o levou a nada, pois sentimentos como estes só atrapalham a evolução de quem os possui. Mas, como disse à Mercedes, há sempre uma nova chance. Basta querer aproveitar as oportunidades dadas pelo Criador.

Gilmar não respondeu. Pensou em Miguel e no pressentimento de que Aloísio concluiria sua vingança. Parte da culpa era dele, pois passara parte do seu tempo incentivando o rapaz a alimentar sentimentos de ódio aos homossexuais, pois conhecia a tendência de Miguel e sabia que um dia poderia usá-la contra ele, fazendo de Aloísio seu fantoche para usá-lo quando chegasse a hora.

– Não, não posso ir embora e deixar Aloísio concluir sua vingança. Antero e Marta merecem ser felizes, mesmo tendo regressado ambos em corpos masculinos – pensou em voz alta, fazendo Ricardo retrucar.

– Não seja pretensioso, caro amigo! Acha mesmo que a vida colocou Antero, Aloísio e Marta frente a frente por sua vontade? Não, definitivamente não! O seu ódio contribuiu para manter aberta a ferida na alma de Aloísio, mas a vida é sábia. Se os colocou juntos, é para o próprio bem de todos. Hoje eles terão a chance de reparar seus erros, não importa qual seja o desfecho. Acredite! Todos aprenderão.

Ricardo parou de falar. Ao ouvir a porta do quarto se abrir, Lucas, um dos abnegados trabalhadores do astral, ao ver Ricardo, aproximou-se dizendo:

– Desculpe por tê-lo interrompido, mas precisamos ir. Duda, ao ver nossa equipe de socorristas, fugiu, na certa para buscar ajuda. Já tiramos todos os que sofriam e que, arrependidos de coração, desejavam ser socorridos, por esse motivo, não temos mais tempo.

Ricardo consentiu com a cabeça e lançou um olhar para Vânia, que com Mercedes amparada em seus braços, deixou o local. Voltando-se para Gilmar, comentou:

– Como pôde ouvir, não há mais nada que o prenda aqui. Está livre para decidir o caminho a seguir.

Gilmar esboçou um profundo suspiro. Estava desanimado, cansado e não possuía mais sentimentos negativos em seu coração. Lembrou-se de Jefrey e sentiu um arrepio. Não compactuava mais com os sentimentos de seu antigo protetor. Tudo o que queria era descansar, apagar as marcas do passado e poder fazer planos para o futuro, quando em seu coração reinaria a paz e a alegria. Com esses pensamentos, respondeu:

– Não sei se sou digno de perdão, mas gostaria de reparar meus erros e viver em paz.

Ricardo estendeu-lhe a mão e, com um sorriso nos lábios, deu-lhe um abraço. Assim, ambos sumiram daquele local, indo direto para um lugar seguro.

Lucas, ao vê-los sair, voltou-se para onde estavam os outros trabalhadores e, juntos, fizeram sentida prece. Logo uma chama de fogo purificador se formou naquele local e foi crescendo rapidamente, espalhando-se por todos os quartos plasmados. Em pouco tempo, o local estava livre das energias pesadas emanadas por Duda e por todos os que ali buscavam satisfazer seus desejos mais vis. Foi mantido apenas o local na matéria que, com a chegada dos fiscais da prefeitura, devido a uma denúncia anônima, foi considerado um lugar que não oferecia a menor condição de higiene e segurança, e lacrado, impedindo a reabertura da casa, que só aconteceria mediante pagamento de uma multa altíssima. Mas a reforma do ambiente ficaria difícil para o proprietário, que, não podendo voltar àquele ramo, teria de vender o imóvel.

Lucas, ao ver o local finalmente limpo no astral e fechado na matéria, voltou-se para o grupo, dizendo:

– Este local não será mais usado por nossos doentes e ignorantes irmãos, nem na condição de encarnados, nem em espírito. Esta é uma pequena vitória, mas, infelizmente, enquanto houver pessoas dispostas a se entregar aos vícios da carne, sempre haverá espíritos afins para obsediá-las e compartilhar das mesmas energias, e outros lugares como este serão abertos para satisfazer tal intuito. Portanto, vamos agradecer ao pai por ter concedido a bênção de limparmos esta casa e pedir, em prece, por todos os que aqui buscavam os prazeres do sexo.

O grupo fechou os olhos e, de mãos dadas, elevaram seus pensamentos para Deus, fazendo sentida prece. Em seguida, deixaram o local para cuidar de todos os que ali foram resgatados naquele começo de tarde.

*

Os ponteiros do relógio na parede da casa de Ana apontavam para as quinze horas quando a campainha soou, fazendo-a correr para abrir a porta. Ao ver Magali e Luana, abraçou-as carinhosamente, dizendo:

– Que bom que aceitaram meu convite. Não sabem como fico feliz com a presença de vocês em minha casa. Entrem, por favor!

As duas entraram no local. Ana lera os livros que Magali lhe emprestara e, desde então, elas passaram a conversar sobre Espiritismo. Naquele dia, Ana ligara para a nova amiga. Ela se sentia triste sem ter explicação plausível para tal sentimento e pediu para Magali que fosse ao seu encontro, o que foi aceito. Quando Ana viu mãe e filha acomodarem-se confortavelmente em sua sala, sentou-se em frente às duas, dizendo:

– Não sei o que está acontecendo comigo hoje. Estou melancólica, parece que algo de muito grave está por vir. Passei a parte da manhã toda sentindo a presença de minha mãe ao meu lado. Luana trocou olhares com a mãe, que respondeu:

– Talvez você esteja desenvolvendo seus dons mediúnicos. Isso é mais comum do que você imagina. Sei que quer respostas para seus sentimentos e que espera que nós lhe respondamos a tais indagações, mas devo adverti-la: um erro muito comum entre os simpatizantes do Espiritismo é acharem que os médiuns sabem de tudo e podem prever o futuro.

– E não podem? – interpelou Ana, fazendo com que Luana lhe respondesse.

– Claro que não! Não somos ninguém para ver, com antecedência, os desígnios divinos. Os próprios espíritos esclarecidos com que trabalhamos só nos passam o que é necessário que saibamos, nem uma informação a mais, nem a menos. No seu caso, por exemplo, você diz que está tendo maus pressentimentos e que sente a presença de sua mãe. O que você deve perguntar a si mesma é: "Por que estou com tais sentimentos e por que minha mãe estaria ao meu lado?". Essas são perguntas que só seu espírito poderá responder. Quando tem esse pressentimento, o que ou quem vem em sua mente?

– Fernando e Aloísio. – Respondeu a jovem de pronto, tornando: – Sei que não estou impressionada. Ontem jantei com Miguel e Nando. Eles me disseram que não deveria me preocupar com Aloísio e que, se ele tivesse de fazer algo contra eles, já teria feito. Quero acreditar nisso, mas meu coração não deixa.

– Então você mesma está respondendo às suas indagações. Se sente que Aloísio está planejando algo contra Miguel, provavelmente é porque é verdadeiro tal pressentimento, e sua mãe pode estar a seu lado para encorajá-la a superar esses momentos difíceis. O melhor que temos a fazer é uma prece. Vamos? Podemos usar sua mesa? – perguntou Magali, fazendo Ana levantar-se de pronto.

Indo até a cozinha, pegou uma toalha branca e colocou sobre a mesa de jantar. Em seguida, pegou uma jarra com água e colocou três copos, voltando à sala e convidando as amigas para irem à copa, onde as três se sentaram.

Magali pegou um exemplar do evangelho na bolsa e, após colocá-lo sobre a mesa, pediu para que as duas fechassem os olhos e pensassem em Jesus. Em seguida, solicitou aos espíritos de luz que a auxiliassem, abrindo o evangelho ao acaso e lendo um capítulo que falava sobre a vingança. Quando terminou a leitura, voltou seus olhos para o céu, pedindo a Deus que enviasse seus protetores para ajudar a todos, emanando energias de amor e paz para Aloísio.

Dez minutos depois de iniciar a prece, agradeceu a Deus pela ajuda recebida, tomando o copo com água, sendo imitada pelas outras duas. Ana, ao se sentir melhor, levantou-se dizendo:

– Estou um pouco mais leve. Obrigada! Agora vou passar um café para nós.

Ana pôs a água no fogo e, em seguida, tirou um bolo que assara pela manhã do forno, colocando-o na mesa. Em poucos minutos, as três tomavam o café quando o telefone tocou. Ana pediu licença.

Ao pegar o aparelho, escutou uma voz feminina, que se identificara como Vera, do setor de recursos humanos da empresa em que Aloísio trabalhava, que se pôs a relatar o motivo do telefonema. Quando voltou à copa, Ana estava pálida e trêmula. Magali, ao ver o estado emocional da amiga, levantou-se, questionando:

– O que aconteceu? Quem era ao telefone para deixá-la neste estado?

– Era do escritório onde Aloísio trabalha. Estavam querendo saber o motivo de sua ausência no serviço há mais de uma semana.

Ana respirou fundo. Aloísio saía todas as manhãs dizendo que ia trabalhar. A essa lembrança, pensou em Miguel e Fernando e, decidida a reagir, disse freneticamente:

– Preciso ir ao escritório de Miguel para preveni-lo. Aloísio é capaz de tudo e, se o conheço bem, está esperando o momento certo para matá-lo.

– Acalme-se! Olha, vamos ligar para lá, assim eles já ficarão a par dessa notícia.

Luana pegou o telefone. Sabia o número do escritório de cor, pois sempre que podia ligava para falar com Fernando. Após discar o número, ouviu o sinal de ocupado. Ana, não querendo perder tempo, pegou sua bolsa, dizendo afoita:

– Vamos pegar um táxi. Em pouco tempo estaremos no escritório. Não vou esperar mais nenhum minuto.

Luana consentiu com a cabeça. As três mulheres saíram rapidamente. Ao chegarem à rua, foram até o ponto de táxi e pegaram o primeiro que viram. Luana passou o endereço para o motorista, pedindo para ele tentar chegar ao local o mais rápido possível.

Enquanto isso, Luiz entrava no escritório com um sorriso nos lábios. Ao ver a recepcionista, cumprimentou-a cordialmente e foi direto para a sala de Miguel. Ao ouvir uma música tocando bem baixinho em todos os ambientes, admirou-se. Olhou à sua volta, notando que os funcionários pareciam mais tranquilos e trabalhavam com ar de descontração. Zilda, ao vê-lo, levantou-se dizendo:

– Boa tarde! Miguel pediu para o senhor aguardá-lo. Ele foi à sala do João, mas volta logo.

– Obrigado! Vou esperá-lo aqui.

Luiz sentou-se. Olhou para a secretária, que parecia menos sisuda que o habitual e, não contendo a curiosidade, comentou:

– Miguel está deixando o clima aqui mais leve. Vejo que estão menos apreensivos que de costume.

– Fernando deu a ideia de colocar um aparelho de som com música ambiente em todas as salas, em nossa primeira reunião entre os funcionários. Acho que não sabe, mas o senhor Miguel faz agora uma reunião conosco, uma vez por mês, para discutir melhorias em prol do coletivo e, quando alguém dá uma sugestão como a do Fernando, fazemos uma votação. O senhor não pode imaginar como essa ideia foi aceita por todos. E, acredite, a boa música deixa o ambiente descontraído e estamos trabalhando melhor.

Luiz não respondeu, limitando-se a sorrir. Logo, Miguel apareceu. Ao vê-lo, deu-lhe um abraço, dizendo:

– Por que não esperou em minha sala? Afinal, esse escritório é seu!

– Às vezes me esqueço disso.

Miguel abriu a porta de sua sala, fazendo Luiz entrar e, em seguida, pediu para Zilda providenciar duas xícaras de café, o que foi atendido de pronto. Luiz, ao se acomodar na cadeira, comentou:

– Eu sabia que estava mudado, mas não imaginava o quanto! Você, fazendo reunião com funcionários para debater assuntos corriqueiros?

– Ora, meu amigo! Não sou o monstro do Lago Ness. Nando me fez perceber que não posso levar a vida a ferro e fogo. Resultado? Ele estava certo, o rendimento dos funcionários melhorou muito com minhas novas atitudes.

– Nando, *né*? Sei! – Luiz pôs-se a rir, deixando Miguel encabulado.

– Não pense besteiras. Fernando é um excelente funcionário e dá boas dicas, só isso!

Luiz tomou um gole do líquido quente que Zilda lhe trouxera, respondendo em seguida:

– Deixe de bobagens, Miguel. Além de sermos amigos, seremos cunhados. Respeito suas decisões e sua forma de viver a vida. Para mim não é preciso ocultar seus sentimentos.

Miguel sentiu uma energia gostosa no ambiente e pôs-se a falar com o amigo sobre a vida pessoal. Luiz o ouvia atentamente. Quando terminou, foi a vez de Luiz falar sobre seus planos com Elisa.

Contou-lhe que falava todas as noites com ela ao telefone e que chegara a conversar com Judite, que o encheu de perguntas a respeito de Miguel. Luiz avisou-a que em breve todos estariam reunidos em Ribeirão para um almoço em família, e disse também que Judite ficou muito alegre com essa notícia.

Miguel chegou a derramar uma lágrima com o relato do amigo, ficando em palestra animada, relembrando o passado no interior.

⁂

– Moço, não dá para o senhor cortar caminho? É caso de vida ou morte!

Ana passou a mão no rosto em sinal de nervosismo. O chofer olhou para o retrovisor. Detestava pegar passageiros naquela situação. Se tivesse percebido a aflição das três mulheres ao entrarem em seu carro, com certeza não teria concordado com a corrida. Procurando ocultar o desagrado, respondeu:

– Acalme-se, senhora! Estamos subindo a rua da Consolação. É fim de expediente e o trânsito neste pedaço é caótico. Ainda teremos de pegar a avenida Paulista. Não tem para onde fugir; portanto, terá de ser paciente.

Ana não respondeu. Olhou para o lado e, ao ver a parede do Cemitério da Consolação e avistar os imensos mausoléus imponentes, a maioria de famílias importantes da cidade, sentiu-se incomodada.

Magali, que rezava baixinho, foi quem quebrou o clima de silêncio que se instalara no veículo, dizendo:

– Vamos confiar em Deus, Ana. Tudo acabará bem.

– Isso mesmo, precisamos manter a calma. Se Aloísio ainda não fez nada contra Miguel é porque espera o melhor momento, e não sabemos se será hoje – interpelou Luana.

Ana não respondeu. Seu coração estava apertado e aquele telefonema era a resposta à sua intuição. Tinha a certeza de que Aloísio faria algo contra Miguel naquele dia.

CAPÍTULO XX

TRAGÉDIA

ALOÍSIO olhou para o relógio de pulso. Ao ver o primeiro funcionário sair, disse a si mesmo:

– Bingo! Cinco horas em ponto!

Ele havia passado a semana observando o local, conhecia cada funcionário e seus horários. Em poucos minutos, quase todos os que trabalhavam para Luiz deixaram o local, faltando Zilda, que ele já sabia se tratar da secretária de Miguel; Raquel, a recepcionista, que seria a próxima a sair; Glória, Fernando e Miguel, que sempre saíam juntos. O que ele não sabia era que aquele procedimento fora adotado pelos três para o caso de uma possível abordagem de sua parte, pois estariam em vantagem e teriam condições de se defender.

Quando Raquel saiu, Aloísio olhou para os lados. Viu quando Luiz entrou no local e, acreditando se tratar de algum amigo de Miguel, concluiu que estaria lá em sua presença, mas com tudo esquematizado, esperou pacientemente.

Zilda, que havia sido dispensada antes por Miguel, abriu a porta do escritório cantarolando. Ao ver Aloísio à sua frente com uma arma apontada para ela, deu um grito, mas o rapaz foi rápido, dando-lhe uma chave de braço e dominando-a sem esforço. A jovem senhora era franzina e não esboçou nenhuma reação, deixando-se levar por ele, que, ao ver Miguel e Luiz em companhia de Glória e Fernando, foi logo gritando:

– Não façam nenhum movimento, senão acabo com ela.

Luiz olhou para Miguel, que, pego de surpresa, ficou sem reação. Glória, procurando conter Aloísio, foi logo dizendo:

– Acalme-se, Aloísio! Deixe Zilda em paz! Vamos conversar como pessoas adultas e civilizadas.

– Cale a boca, sua falsa! Pensa que sou besta? Agora, preste atenção! Vocês vêm comigo para a recepção. Não tentem fazer nenhuma gracinha.

Aloísio pôs-se a andar de costas e os quatro o seguiram vagarosamente até a recepção, onde Aloísio os fez se sentarem no sofá. Pegou o telefone que estava sobre a mesa e o atirou contra a parede. Mantendo Miguel na mira de seu revólver, riu em zombaria:

– Seu cretino! Achou que iria tripudiar em cima de mim e ainda sair na boa? Não! Você vai se arrepender. Sabe aquele dia na sala do café, quando estourei o botão da minha calça e fui todo desgrenhado procurar nosso chefe, acusando-o de assédio?

Aloísio riu prazerosamente ao lembrar-se da fisionomia do chefe ao vê-lo entrar em sua sala, segurando a calça para não cair. Em seguida, tornou:

– Então, depois disso, pensei que nunca mais veria a sua cara lavada, seu pederasta! Mas não! Você tinha de querer ir à forra, não é?

Aloísio gritava. Miguel, procurando manter a calma, respondeu:

– Eu não fiz nada. Não sei por que tanto ódio de mim. Não sabia que gostava de Glória e, quando seu irmão veio trabalhar conosco, foi a pedido de Luiz, que está aqui para confirmar isso.

– E você acha que vou acreditar em você?

– É verdade, Aloísio! O destino nos colocou juntos. Ninguém planejou nada – interpelou Glória.

Fernando olhou para o irmão. Não imaginava que ele pudesse chegar a esse ponto e, com lágrimas nos olhos, falou:

– Aloísio, ninguém aqui quer o seu mal. Você é meu irmão e, apesar das nossas brigas, mora em meu coração. Olha só, você já me expulsou da casa em que morávamos e nunca mais o procurei. Estou vivendo a minha vida da melhor forma possível. Respeito seus sentimentos, sei que para você é difícil aceitar minha condição sexual e o compreendo. Por que não faz o mesmo? Não por mim, mas pela alma de nossa mãe. Acha que ela está feliz vendo o que está fazendo conosco?

Aloísio olhou para o irmão. Por segundos pensou em desistir, mas procurou não ligar para o comentário feito, respondendo aos berros:

– Cale a boca, seu florzinha! Não se preocupe que não vou matá-lo. Depois que eu acabar com a vida do seu amiguinho, vou deixá-lo aleijado, assim nunca mais sairá na rua para envergonhar sua família.

Aloísio enxugou a face com um lenço, mantendo, com a mão direita, a mira de sua arma apontada para Miguel. O que ele não podia ver eram as sombras escuras o instigando a acabar com a vida de seu inimigo. Tratava-se de alguns ex-escravos que insistiam em permanecer com ódio de Antero em seu coração e que, ao reencontrarem ele e Aloísio, passaram a obsediá-lo para, juntos, cumprirem a promessa de vingança que fizeram décadas atrás.

⁂

O sol já estava se pondo quando finalmente o táxi chegou ao local indicado. Ana tirou o dinheiro da bolsa, dando uma quantia bem superior à marcada no taxímetro, deixando o troco de gorjeta ao chofer, que, agradecido, procurou sair logo daquele lugar.

Em poucos minutos, estavam diante do imóvel. Ana olhou para o andar superior. As janelas estavam abertas e todas as luzes acesas. Aproximou-se da porta, que estava fechada, e pôde ouvir os gritos do irmão, que ameaçava aleijar Fernando, dizendo aflita:

– Meu Deus! Aloísio está louco. Precisamos chamar a polícia.

Luana correu para o orelhão, ligando para o serviço de emergência da polícia militar e relatou o que estava acontecendo. Ao desligar, voltou para junto das duas, dizendo:

– Eles virão o mais rápido possível. O policial pediu para não tentarmos nada até a viatura chegar.

– Como? Não! Vou falar com Aloísio. Ele terá de me ouvir.

– Não, Ana! É muito perigoso. Não sabemos o que está acontecendo lá dentro, nem se seu irmão está de posse de arma de fogo. Qualquer ato impensado poderá fazer com que Aloísio se sinta acuado, o que não será nada bom.

Ana pôs-se a chorar. Magali a abraçou carinhosamente, enquanto Luana esperava a chegada da viatura.

Dentro do imóvel estavam todos apreensivos. Luiz observava cada movimento que Aloísio fazia, esperando o melhor momento para rendê-lo. Zilda chorava copiosamente. Glória pedia ajuda divina.

A cada minuto, a situação ficava mais insustentável. Aloísio, determinado a dar um fim àquela situação, apontou a arma para Miguel, gritando:

– Chegou a hora de acabar com você. Levante-se!

Miguel levantou-se. Aloísio o fez ficar de frente para ele e para os outros, dizendo em seguida:

– Você não sabe o que é conviver com gente da sua laia. Vocês são as escórias da sociedade, imundos e doentes. Acabar com sua raça será um favor que farei para nossa sociedade, que é obrigada a conviver lado a lado com a falta de vergonha e ainda fingir que aceitam essas aberrações da natureza.

Miguel não respondeu. Se havia chegado o momento de seu desencarne, o faria com dignidade. Passara a vida inteira tentando ocultar seus sentimentos, com vergonha de si mesmo, mas agora, naquele momento crucial de sua vida, ergueria a cabeça. Com esses pensamentos, balbuciou:

– Pode atirar, se isso fará você se sentir melhor. Esteja à vontade. Não vou implorar para que me deixe vivo. Sou homossexual sim, e, ao contrário do que você pensa, caráter não tem nada a ver com sexualidade. Acredite, sou um homem de caráter impecável; portanto, acabe logo com isso, mas deixe seu irmão e os outros em paz.

– Aloísio, não faça isso, por favor! – interpelou Fernando, levantando-se cautelosamente e se aproximando de Miguel.

Ele não poderia permitir que seu irmão tirasse a vida de seu companheiro, que era um homem bom, honesto, trabalhador e tratava-o com respeito. Com ele aprendera o verdadeiro significado da palavra amor, um amor desinteressado em que reinava a pureza de sentimentos.

Os dois já estavam juntos havia algum tempo e não sentiam a necessidade de se relacionar sexualmente. Passavam a maior parte do tempo livre indo a cinemas, teatros e restaurantes. Quando estavam sozinhos, abraçavam-se e ficavam horas conversando.

Fernando tinha certeza de que já vivera ao seu lado em outras vidas, e que agora precisava frear os sentimentos sexuais. Por essa razão, não insistia em se relacionar mais intimamente com aquele que, só com a sua presença, enchia sua alma de alegria. Com lágrimas nos olhos, implorou ao irmão:

– Deixe-o em paz! Por Deus, pare com isso!

Aloísio sentiu o sangue ferver. O maldito do irmão, mesmo correndo o risco de levar um tiro, defendia o safado. Decidido a colocar toda a sua fúria para fora, apertou o gatilho. Fernando, agindo por instinto, colocou-se à frente de Miguel a tempo de ser baleado em seu lugar.

– Desgraçado! – berrou Aloísio, não querendo acreditar no que estava vendo.

Ele não imaginava que seu irmão pudesse ter coragem de se colocar à frente de Miguel. Luiz, aproveitando-se do momento, pegou Aloísio por trás, segurando-o com força. Glória correu para ajudá-lo e, com Zilda, tiraram a arma da mão dele.

Miguel olhou a cena incrédulo. Com o tiro, Fernando jogou-se em cima dele e os dois foram ao chão. Ao ver o jovem caído aos seus pés, conseguiu se sentar, colocando a cabeça do rapaz sobre seu colo e pôs-se a chorar.

Nando o olhava com ternura. Sentia uma dor intensa, ao mesmo tempo em que uma energia tranquila começava a tomar conta de seu ser. Logo um gosto de sangue lhe subiu a garganta e, fazendo um esforço descomunal, conseguiu levantar o braço, fazendo um leve carinho no rosto de Miguel. Falou entre lágrimas:

– Não se esqueça do que lhe falei hoje de manhã. Vou levar aquele abraço para onde eu for.

– Não diga nada. Você vai ficar bem – interpelou Miguel, não contendo as lágrimas que caíam copiosamente por sua face, misturando ao sangue que jorrava e escorria pelo corpo do rapaz, que suspirou profundamente.

– Nosso amor não é para esta vida. Agora tenho certeza disso.

Fernando calou-se. Em poucos segundos, lembrou-se de sua infância; do preconceito dos colegas que o xingavam no colégio; da fisionomia triste de sua mãe; de Caio e da briga que tivera com Aloísio ao ser escorraçado de casa; de Ana com seus cuidados maternais e, finalmente, de Miguel. E foi olhando para aquele que enchia sua alma de alegria que deu seu último suspiro.

– Nando, não! – gritou Miguel, chacoalhando o corpo do jovem.

Aloísio, que estava deitado no chão, sendo pressionado por Luiz, não viu o momento derradeiro daquele que a vida colocara em seu caminho para fazê-lo evoluir espiritualmente.

Quando a polícia chegou ao local, encontrou aquela cena e, rapidamente, prendeu Aloísio, que, sem esboçar nenhuma reação, deixou-se conduzir para a viatura. Ao ver a irmã chorosa na calçada, abaixou a cabeça.

A noite ia rapidamente quando Orlando, após honrar seus compromissos, chegou ao local, dando um abraço apertado na filha, que, com lágrimas nos olhos, colocou-o a par do que acontecera a seu amigo. Em seguida, pediu licença para alguns policiais que ainda aguardavam na cena do crime e entrou no escritório.

O corpo de Fernando já havia sido recolhido e a área em que havia ocorrido o homicídio, isolada, para que o trabalho da perícia técnica não fosse prejudicado. Foi com certa dificuldade que conseguiu passar, indo à sala de Miguel, que deixava as lágrimas correr por sua face livremente.

Ao vê-lo, deu-lhe um abraço. O momento era delicado e todos, inclusive ele, estavam chocados com a tragédia. Pensou em não dizer nada, sabia o quão difícil estava sendo aquele momento para ele, mas sentiu a presença de Ricardo, que, envolvendo-o com sua energia, fez com que ele se aproximasse mais de Miguel e, com o tom de voz sereno, comentou:

– Sei que este momento é de tristeza, mas preciso lhe falar. Não deixe que sentimentos de dor e revolta tomem conta de sua alma. Fernando se foi, mas essa separação será momentânea. Viva daqui para a frente procurando ajudar ao seu próximo. Transfira todo esse sentimento bom que possui por Fernando para a humanidade e faça algo construtivo para quando, finalmente, chegar a sua hora de fazer a passagem, ter merecimento para se reencontrar com aquele que acaba de nos deixar.

– Suas palavras são louváveis, mas meu coração sangra. Não posso aceitar o que aconteceu. Ele não tinha o direito de ir em meu lugar. Aquele tiro era para mim!

– Não, Miguel! Está enganado. Um grão de areia não sai ao vento sem que Deus assim o permita. Nando sabia exatamente o que devia ser feito naquele momento. Ele poupou sua vida, pois sentiu que isso seria necessário. Deus sabe os motivos para ele ter agido da forma como agiu e não cabe a você sentir-se culpado. Ao contrário, deve elevar seus pensamentos, desejando que seja feliz na morada reservada para ele na casa do Pai. Viva a sua vida e procure seguir o caminho reto. Fernando cumpriu sua missão de forma a merecer um futuro melhor por amor a você. E Aloísio, acredite, quando estiver mais calmo, pensará no ato insano que cometeu e aprenderá pela dor.

Orlando calou-se, deu mais um abraço no amigo, que, confortado com as palavras profundas, parou de chorar. Ricardo, que envolvera Orlando, passando seus pensamentos para ele, ao ver Vânia os observando, abriu um singelo sorriso:

– Agora devemos ir. Não há mais nada a fazer. Fernando já foi socorrido e Miguel pensará no que lhe dissemos. Tenho certeza de que o desencarne de Nando vai fazê-lo rever suas atitudes e seguir, finalmente, o caminho do bem, eliminando seu carma negativo. O mesmo acontecerá a Aloísio, que amargará na prisão longos anos de sua vida e terá tempo suficiente para aprender a respeitar o direito que seu próximo tem de ser diferente.

Vânia pegou a mão do amigo e juntos volitaram.

*

As horas que se seguiram foram de tristeza para todos os envolvidos. A notícia sobre a morte prematura de um jovem homossexual, vítima da intolerância de seu próprio irmão, saiu em vários jornais, deixando a opinião pública chocada.

O velório de Nando fora realizado com muita emoção. Todos os amigos do escritório compareceram, além de colegas da faculdade e de Caio, que fora ao local acompanhado de sua mãe, que demonstrava verdadeira tristeza com o que acontecera ao rapaz. Em poucas horas, não havia mais nada a fazer naquele lugar, que, com sua tranquilidade, abrigaria a matéria de Fernando.

Miguel, que ficara no local, sentou-se próximo às flores que enfeitavam o túmulo e se pôs a pensar no que faria dali para a frente. Só saiu quando um funcionário alegou o fechamento do cemitério devido ao horário.

CAPÍTULO XXI

BOAS VIBRAÇÕES

TRÊS MESES após os últimos acontecimentos...

Miguel acordou num sobressalto. Sonhara que estava em um abismo, vendo Fernando cair em um desfiladeiro, sem que ele pudesse ajudá-lo. Olhou para o relógio na cabeceira da cama e, ao ver que já passava das três da manhã, levantou-se, indo à cozinha para preparar um café.

Em sua mente passava um turbilhão de pensamentos contraditórios. Fernando, com certeza, estaria se recuperando em alguma colônia espiritual do astral, como Orlando lhe dissera. Mas por que o sonho? A essas indagações, lembrou-se do momento em que o jovem prostrou-se à sua frente para salvá-lo.

"É isso! Fernando salvou minha vida e não pude fazer nada para impedi-lo. Acho que Orlando tem razão.

Deus sabe os motivos que o levaram a receber aquele projétil por mim. Preciso reagir e agradecer a Deus e a Fernando por estar vivo", disse a si mesmo, convicto, ao enxugar uma discreta lágrima que caía por sua face.

Decidiu tomar um banho. Em poucos minutos, estava arrumado a prumo e de malas prontas para ir a Ribeirão. Com o que acontecera a Fernando, adiara a visita que faria aos seus, alegando não ter condições psicológicas para passar por fortes emoções.

Luiz anunciara seu noivado com Elisa, e todo fim de semana levava Gabriel para Ribeirão e trazia notícias de todos para Miguel, que procurava protelar ao máximo o reencontro com seus pais. Mas, naquele dia, Miguel cedera ao amigo; afinal, seria o dia mais feliz da vida das pessoas que mais amava e não podia deixar de estar presente.

Com esses pensamentos, saiu do apartamento sentindo o frescor da brisa fria da madrugada. Colocou suas malas no bagageiro e entrou em seu automóvel rumo ao passado.

⁂

O dia amanheceu ensolarado. Elisa abriu a janela da sala, deixando os raios solares entrar no local. A casa amanheceu agitada. Judite estava na cozinha terminando de preparar os quitutes que seriam servidos logo mais aos convidados da filha. Antonio olhava Carlos arrumando um arranjo de flores sentado no sofá. Elisa, ao ver o pai com o olhar fixo no rapaz, tirou-o de suas meditações dizendo:

– Pai! Não fique aí parado. Logo Luiz chegará para levá-lo ao alfaiate.

Antonio olhou para a filha e, com um tom de desagrado na voz, respondeu:

– Não sei por que insiste que eu esteja de roupa nova em seu noivado. Estou pensando em pedir uma muda de roupa do Carlos emprestada, já que faz questão de me ver diferente.

Carlos pôs-se a rir e, voltando-se para os dois, comentou:

– Se o senhor quiser, deixo-o *fashion* em dez minutos!

Elisa pôs-se a rir. Judite, que pôde ouvir a conversa, não se conteve, indo até a sala e dizendo em zombaria:

– Esse velho está ficando gagá. Se vesti-lo com suas roupas, ninguém vai reparar.

– Olha quem fala! A rainha do modernismo! Depois de velha, resolveu usar maquiagem e penteados modernos. Não sai mais do salão de Camila, que, quando não a atende lá, tem de atendê-la aqui em casa.

Judite fez uma careta e voltou para a cozinha, deixando os três rindo prazerosamente.

Passava das dez horas quando Luiz entrou na casa acompanhado de Gabriel. Após cumprimentar os futuros sogros e dar um abraço em Carlos, aproximou-se de Elisa, dando-lhe um beijo suave.

– Miguel não veio ainda?

– Não! Pensei que vocês viriam juntos!

– Ontem falei com ele ao telefone. Disse-me que queria vir sozinho. Liguei logo cedo para sua casa e ninguém atendeu.

– Creio que logo estará aqui. Sabe, não deve ser fácil reviver o passado. Imagino o que está se passando em sua mente neste momento. Aqui também todos nós estamos ansiosos. Mamãe não falou nada, está se fazendo de forte só para eu não ficar preocupada e papai brinca o tempo inteiro, mas sei que está ansioso também.

Elisa ia terminar seu comentário, mas Gabriel, ao ver que sua atenção estava voltada para Luiz, puxou de leve sua saia, dizendo:

– Mãe, você nem me viu chegar. Só quer saber do papai.

O menino cruzou os braços. Elisa ficou emocionada. Era a primeira vez que o garoto a chamava de mãe, e foi tão espontâneo que a fez pegá-lo no colo, enchendo-o de beijos. Em seguida, colocou-o no chão, sentindo a emoção do momento. Depois, pediu licença ao noivo para ajudar Carlos na decoração.

⁕

Miguel olhava a paisagem com o coração apertado. A cidade havia mudado, prédios foram erguidos no lugar dos velhos casarões, tudo se transformara na cidade em que nascera. Quase passara a entrada da estrada que levava ao bairro onde crescera e vivera toda a adolescência.

Ao entrar na rua em que morava, sentiu um arrepio, lembrando-se da última vez que passara por ali a pé, chorando pelas dores físicas e emocionais. Ao parar seu automóvel diante da casa dos pais, sentiu suas pernas bambear.

O que fazer? O que falar ao rever a mãe adorada após tantos anos? E o pai? Como estaria o velho Antonio? O que falaria para ele? Com essas indagações, desligou o veículo. Ao abrir a porta e sair, viu a figura da irmã correndo em sua direção, o que o fez se sentir seguro, e, com os braços abertos, deu-lhe um abraço apertado. Elisa, após retribuir o abraço, olhou em seus olhos, dizendo:

– Vamos entrar? Mamãe está ansiosa. Papai saiu com Luiz. Foi ao alfaiate, mas volta logo.

Miguel não respondeu. Segurou com força a mão que a irmã lhe deu e juntos entraram no local. Ele olhava atentamente o ambiente. A casa continuava do mesmo jeito de outrora, só mudando as cores das paredes.

Judite terminava de lavar a louça quando o filho entrou na cozinha. Ao olhar a face de Miguel, não conteve a emoção e pôs-se a chorar, ficando estática. Elisa, procurando tirar a mãe do estado de torpor, falou docemente:

– Miguel está aqui, mamãe. Não vai abraçá-lo?

Judite esboçou um profundo suspiro e, com os olhos marejados de água, abraçou o filho, deixando suas lágrimas misturar-se com as dele. Alguns minutos depois, afastou-se e passou a mão sobre a face de Miguel, dizendo:

– Ah, meu menino! Quanta dor, quanto sofrimento! Nunca, nunca... Nunca imaginei que você sumiria de nossa vida após aquela tragédia. Você não pode imaginar o quanto sofri, dia após dia, sem ter notícias suas. Ah! Essa foi a paga por não ter impedido seu pai de surrá-lo.

Judite fez uma pausa para respirar.

– Mamãe, não precisa dizer mais nada! Já passou!

– Não, meu filho! Você precisa saber. Esperei amargos anos para termos essa conversa. Não imagina quantas noites frias fiquei sem dormir, pensando em como estaria. Se você estava passando frio ou fome. Em todos os momentos de minha vida essas preocupações me acompanharam e, quando se passa por momentos de angústia assim, tudo se torna tão pequeno, tão mesquinho. Eu desejava ardentemente tê-lo em meus braços, sem me importar com sua vida sexual ou pessoal. Isso era irrelevante para meu coração cansado. Eu só queria tê-lo por perto para abraçá-lo e dizer-lhe o quanto eu o amo, amo acima do bem e do mal, do certo e do errado. O que me importa se você gosta de laranja ou de uva? Esse é um gosto seu e não me diz respeito, porque não sou sua dona, não posso exigir que faça o que eu acredito que é certo! Deus, eu não sou ninguém para julgá-lo. Não cabe a mim bater o martelo e condená-lo por nada. A mim, meu filho, só cabe amá-lo, protegê-lo, enquanto eu for viva, e isso eu não fiz. Por essa razão, imploro que me perdoe, tente passar uma borracha no passado para que possamos ser uma família de verdade, sem nos preocuparmos com a opinião alheia, amando e respeitando uns aos outros.

Judite calou-se. Miguel, não conseguindo segurar sua emoção, extravasou sua dor, abraçando a mãe com força, pondo-se a chorar um choro doído, que vinha de sua alma. Naquele momento estava expulsando toda a mágoa e todo o ressentimento que ainda insistiam em ficar em seu coração.

Elisa pôs-se a chorar também e os três se abraçaram, felizes por repararem os erros e terem a oportunidade de serem felizes no presente, fazendo um futuro menos amargo.

As horas passaram depressa. Miguel, após o almoço, foi descansar, espantando-se ao entrar em seu quarto, pois Judite o conservara exatamente como ele o deixara. Até suas roupas permaneceram no armário. E foi com o cheiro do passado que acabou adormecendo por algumas horas na cama.

Ao acordar, sentiu-se um pouco atordoado, tendo a nítida impressão de que ainda era adolescente. Voltando à realidade, levantou-se e foi ao banheiro, jogando uma água no rosto. Quando voltou à sala, encontrou a irmã conversando com Carlos e juntou-se aos dois, ficando em palestra animada.

Passava das cinco da tarde quando Luiz chegou em companhia de Antonio, que, ao ver o filho, limitou-se a olhá-lo, gostando do que via. Miguel tornara-se um homem elegante, vistoso e muito parecido com ele. Maurício puxara para a família de Judite, mas Miguel era sua própria visão do passado. Elisa, ao ver o pai parado, comentou:

– O senhor não está vendo um fantasma! É Miguel, seu filho!

Miguel levantou-se, aproximou-se do pai, que lhe deu um abraço apertado, sem nada dizer. Em seguida, ajudou-o a sentar-se. Antonio pôs-se a falar trivialidades com o filho, que, ainda se recuperando das fortes emoções que tivera com a mãe horas antes, sentia-se aliviado pelo pai não ter tocado no passado.

Quando Camila chegou, trazendo uma mala de mão com seus objetos de trabalho, cumprimentou a todos, sendo apresentada a Miguel. Conversaram um pouco amigavelmente e, em seguida, ela pediu licença, sendo acompanhada por Elisa, que, alegando ter de se arrumar, deixou os homens na sala e foi para os seus aposentos, para que Camila fizesse seu cabelo e maquiagem. Luiz também se despediu. Deixara Gabriel na casa da tia, onde ficaram hospedados, prometendo voltar logo mais, já vestido a prumo para a ocasião.

Maurício só chegou à casa pouco antes dos convidados. Judite, o marido e Miguel já estavam prontos para a recepção. Maurício, ao vê-lo, deu-lhe um sincero abraço, feliz por revê-lo.

Em seguida, apresentou-lhe a mulher e o filho, que rapidamente fez amizade com o tio, ficando os irmãos a conversar.

Já passava das oito horas da noite quando os primeiros convidados chegaram. A casa estava lindamente decorada, tudo muito bem-arrumado para receber os amigos da família. Foi em clima de alegria que Luiz, mais uma vez, entrou naquele ambiente, agora não só em companhia do filho, mas dos tios também.

Logo Maurício ligou o aparelho de som. A música alegrava o ambiente. Carlos dançava ao lado de amigos de Elisa, que acabaram se tornando seus amigos também. Quando Elisa apareceu, todos pararam para vê-la. Ela estava linda: vestia um tomara que caia rosa, que contrastava com o tom de sua pele, ostentando no pescoço um delicado colar de ouro acompanhado de brincos com pequenas pedrinhas de rubi, com que Luiz a presenteara semanas antes. Ela foi abraçar o noivo, que, feliz, deu-lhe um beijo em sua destra. De mãos dadas, foram cumprimentar os amigos.

A festa ia a esmo quando Antonio pediu ao filho que parasse a música. Chamando a atenção de todos, pegou uma taça de champanhe, dizendo, após pigarrear para criar coragem:

– Bem, queridos amigos! Eu queria pedir um minuto da atenção de vocês porque vou fazer um brinde. Sei que sou um velho gagá, como Judite anda me chamando ultimamente. – Antonio fez uma pequena pausa ao ver todos rir e, em seguida, prosseguiu: – Mas esse velho que lhes fala é um profundo conhecedor da vida, que errou, sofreu e está aqui, neste momento abençoado, para fazer um brinde... Um brinde à própria vida, que, com sua sabedoria, nos conduziu a este momento de alegria. Um brinde a dois amigos do coração, Camila e seu filho Carlos, que, com bondade, ensinaram-me a enxergar o próximo de forma mais humana. Com eles aprendi que o verdadeiro amor é desinteressado e livre de preconceitos, e amar sem preconceito é respeitar o meu próximo da forma como ele vive, sem me preocupar com as aparências. – Antonio fez outra pausa. Sua voz embargara, mas ao ver que todos o fitavam, esperando sua conclusão, tornou: – Um brinde também a meu filho Miguel. Sei que errei com ele no momento em que mais precisava de minha compreensão e de meu amor. Fui cruel, não sabendo lidar com os meus nem os seus sentimentos, expulsando-o de casa. Não vou lhe pedir perdão porque naquele momento acreditei estar fazendo a coisa certa e, acreditem, perdoo-me. Estou velho demais para ficar me punindo o tempo inteiro. Já fiz isso durante amargos anos e não me fez nada bem. Hoje agradeço a Deus por tê-lo de volta e, em vez de ficar me lastimando pelo que passou, quero dizer que ele é meu filho e eu o amo com toda a força de minha alma, sendo ele exatamente com é... Enfim, um brinde à Elisa e Luiz, que é mais um filho que Deus me concede neste momento. Não sei se mereço tanta felicidade, mas agradeço a Deus por estar com todos vocês nesta noite. Obrigado!

Antonio calou-se. Enquanto algumas pessoas enxugavam discretas lágrimas, outras o aplaudiam. Em seguida, foi a vez de Luiz, que colocou uma aliança na mão de Elisa, fazendo juras de amor eterno.

Um viva aos noivos pôde ser ouvido, fazendo todos repetir, denotando a felicidade que reinaria naquela casa dali por diante.

Mercedes, que acompanhava a cena ao lado de Ricardo, emocionou-se, aproximando-se do casal e dando-lhe um abraço.

Em seguida, foi ao encontro do filho João Vítor, dando um beijo em sua face. Voltando-se para Ricardo, disse:

– Agora posso buscar novos aprendizados. Meu filho vai ficar bem, sendo cuidado por Elisa e Luiz, a quem desejo do fundo de minha alma que sejam felizes.

Ricardo abraçou a amiga e, juntos, deixaram o local. As boas vibrações que emanavam misturaram-se as dos encarnados que ali estavam, tornando o ambiente ainda mais festivo e deixando todos esperançosos e acreditando em dias melhores.

*

Os meses passaram rapidamente. Elisa, antes do casamento, insistira para que seus pais fossem morar com eles em São Paulo, mas ambos se recusaram. Não queriam deixar a cidade em que nasceram e criaram raízes. Camila comprara uma casa próxima à deles e prometeu para a amiga que cuidaria de seus pais como se fossem os seus e todos os fins de semana a família se reuniria em Ribeirão.

Quando Judite desencarnou, três anos depois, por uma parada cardiorrespiratória, deixou todos tristes. Antonio, que não queria ser cuidado pelos filhos, retornou à pátria espiritual um ano após a passagem da esposa.

Luana terminou seu curso de Psicologia. Ao fazer doutorado, conheceu um jovem da mesma turma, por quem se apaixonou. Casaram-se meses depois e fizeram a alegria de Orlando e Magali com a chegada do primeiro neto, a quem a filha fizera questão de colocar o nome de Fernando, em homenagem ao amigo de coração. Sentiam-se plenos.

Glória e Miguel juntaram-se a Orlando no centro espírita e montaram uma instituição em prol de adolescentes que abandonavam seus lares pelos mais variados motivos, chegando a recolocá-los no ambiente familiar quando assim era possível, quando não lhes davam abrigo e formação profissional, além de muito carinho e respeito.

Miguel prosperava a olhos vistos, junto com Luiz, deixando os poucos bens que acumulava para a instituição que presidia. Ele dizia que não precisava de muita coisa e tirava de seu próprio bolso, junto com Luiz e outros empresários, a subsistência da associação.

Carlinhos se mudou para a capital do estado, formou-se em Moda e conseguiu um emprego de assistente de um famoso estilista. Camila, ao se ver só em Ribeirão, decidiu abrir as portas de seu coração e arrumou um namorado, vendo o filho a cada quinze dias, quando o jovem ia a sua casa para ficar ao lado da mãe.

Ana, com a prisão de Aloísio e o desencarne do irmão, viu-se na obrigação de cuidar de sua própria vida e tornou-se frequentadora assídua do centro espírita, engajando-se às causas sociais do local e ajudando Miguel voluntariamente, tornando-se uma de suas amigas íntimas. Ela ia uma vez por mês ao presídio visitar o irmão e, numa dessas visitas, entregou-lhe um exemplar de *O Livro dos Espíritos*.

Alguns meses depois, montara um grupo de estudos dentro do presídio e muitos detentos assistiam às reuniões, o que proporcionava verdadeira mudança na vida de muitos deles, que, arrependidos de seus erros, esperavam ansiosamente o momento de retornar à sociedade para colocar em prática os ensinamentos recebidos.

CAPÍTULO XXII

PRESÍDIO ESTADUAL, 2005...

O VAIVÉM nos corredores do presídio fez Aloísio ficar impaciente. Era dia de visitas e, até aquele momento, sua irmã não aparecera. Lembrou-se da última conversa que tivera com ela e da promessa que esta lhe fizera. A essas lembranças, sentiu seu coração bater mais forte.

Viver enclausurado o deixara melancólico. Além de ter se arrependido muito nos últimos anos, aprendera a conviver em grupo, a respeitar uma hierarquia, onde os mais fortes dominavam os mais fracos, que aprendiam por bem ou por mal a ser submissos diante das vontades daqueles que "mandavam no pedaço". Ele se tornara um deles.

Quando entrou na prisão, não conhecia nada daquele universo e teve de se sujeitar a muitas humilhações e ver de tudo, lembrando-se do dito popular em que se fala que na prisão o filho chora e a mãe não vê. Mas sua mãe via, disso ele tinha certeza, pois sentia a presença benevolente de sua genitora sempre que algo de ruim lhe acontecia, como a encorajá-lo a passar com resignação pelas provas que a vida lhe impusera, uma vez que pagava pelos erros cometidos.

Meia hora se passou sem que nada acontecesse. Precisava respirar, então foi ao pátio esperar por Ana. Saiu da cela e passou por um longo corredor, sentindo por todos os cantos o forte cheiro de comida que os familiares dos detentos traziam para juntos almoçarem.

Quando, finalmente, chegou ao pátio, viu a fisionomia da irmã, que vinha em sua direção. Ao vê-la, esboçou um sincero sorriso, dando-lhe um forte abraço, que Ana retribuiu calorosamente, dizendo em seguida:

– Desculpe a demora. Chegamos tarde e, sabe, a revista é rigorosa e exaustiva.

Ana deu a mão para o irmão, conduzindo-o ao grande salão onde havia várias mesas. Ela conhecia vários detentos e seus familiares, que faziam questão de cumprimentá-los.

– Você é mais conhecida aqui dentro do que político, sabia? Para mim isso é bom, pois, convivendo bem com meus companheiros de infortúnio, corro menos risco de me envolver em encrencas, o que poderia adiar a minha condicional.

– Só por isso? Aloísio, quem o escuta falar pensa que me engajei nesse projeto de ajudar espiritualmente os que aqui habitam por sua causa!

– E não foi? – perguntou, olhando fixamente em seus olhos.

Ele tinha plena consciência das intenções da irmã e das suas, que nunca se vangloriou ou usou as boas ações que ela fazia ali dentro em benefício próprio, mas queria ouvir de sua própria boca a respeito.

– Claro que não! Não sou mais a mesma Ana. Aquela mulher submissa que vivia para você e Nando se foi. Agora sou eu mesma, aprendi a me valorizar, a fazer o que gosto e da forma como acho correto. Portanto, daqui a alguns meses, quando sair deste lugar por bom comportamento, não pense que encontrará a Ana do passado, às voltas com panelas no fogão, esperando sua vontade para servi-lo, porque essa não existe mais. Claro que vou ajudá-lo, mas seremos parceiros, amigos, antes de sermos irmãos, e um fará pelo outro.

Aloísio abriu um sorriso. Estava adorando o jeito de a irmã falar, segura de si e feliz por viver sua vida tranquilamente, o que lhe causava uma pontinha de dor e arrependimento por ter feito o que fez à família. Ana, ao vê-lo pensativo, tratou logo de chamar-lhe à realidade:

– A pessoa que prometi trazer aqui está na última mesa. – Ana apontou para o local, dizendo em seguida: – Vou conversar com alguns conhecidos. Quero deixá-los a sós.

Ana rodou os calcanhares e saiu. Aloísio olhou para a frente. Por segundos, pensou em sair correndo, mas não titubeou, indo em direção a Miguel. Pôs-se a observá-lo. Ele já não era mais o mesmo, seus cabelos começavam a ficar grisalhos e algumas rugas insistiam em aparecer em sua face. Só sua maneira de se portar continuava a mesma e foi com certa insegurança que se sentou à sua frente, sem nada a dizer.

Quando pediu a sua irmã que trouxesse seu antigo inimigo até ele, ficou imaginando o que lhe falaria, mas, diante da face daquele a quem dedicou boa parte de sua vida para prejudicar, emudeceu. Foi Miguel que, procurando manter a presença de espírito, falou:

– Você disse a Ana que queria conversar comigo. Aqui estou.

Aloísio o fitou nos olhos e, criando coragem, pôs-se a falar:

– Sabe, Miguel, imaginei essa nossa conversa durante meses. Por aqui não se tem o que fazer, então tudo toma uma proporção enorme e agora não sei por onde começar. – Aloísio fez uma pausa para tossir. Ao ver Miguel o observando com atenção, prosseguiu: – Como ia dizendo, aqui tenho tempo de sobra para pensar em tudo o que fiz. Dói lembrar que maltratei meu irmão durante anos, que deixei ser conduzido por sentimentos mesquinhos e egoístas e que, por um ato insano meu, ele deixou esta vida. Quando me lembro disso, sinto um remorso tão grande e me ponho a pensar: "Se Nando não tivesse tido a maldita coragem de se colocar na sua frente, como eu estaria pensando hoje, uma vez que teria acabado com a vida de Miguel?". E sabe qual é a resposta? Pois vou lhe falar. Estaria sentindo a mesma coisa, pois, acredite, é horripilante a ideia de brincar de ser Deus e tirar a vida dos outros. Sempre que penso nisso, meu estômago dói. Hoje tenho a plena consciência de que não tenho esse direito, mas já é tarde. Não posso mais voltar atrás e mudar o passado, mas aprendi que posso, sim, mudar meu presente e fazer um futuro melhor.

Aloísio fez nova pausa, querendo dar chance a Miguel para lhe dizer algo. Como ele permaneceu calado, tornou:

– Veja, não pense que deixei de acreditar que o homossexualismo é errado. Ao contrário, repugna-me a ideia de ver duas pessoas do mesmo sexo trocando carícias íntimas e não vou mudar, é o que penso, o que sinto e pronto! Passei anos ouvindo os outros dizer: Você não pode pensar assim, tem de aceitar as diferenças e conviver em harmonia com elas. E sabe o que penso a esse respeito, depois de tudo o que nos aconteceu? Não devo aceitar as diferenças, e esse é um direito meu. Assim como você tem o direito de viver sua vida da forma que escolheu, eu também tenho o de não aceitar sua forma de viver. A única diferença é que hoje percebo que devo viver em harmonia com o meu próximo e, da mesma forma que vocês brigam e fazem passeatas pedindo o fim do preconceito, posso me dar ao luxo de contestar e não compactuar com isso. Só que não posso impor como verdade absoluta e dizer, ou melhor, obrigar os outros a pensar como eu. Quanto ao meu irmão, vou morrer tendo remorso pelo que lhe fiz. Acredite, todos os dias revejo aquela cena dele caindo por cima de você e só me tranquilizo quando faço uma prece pedindo a ele para perdoar o meu ato. Sei que ele me perdoou de onde está, pois tinha um bom coração e não deixava o ódio tomar espaço. A você, peço que me compreenda e que possa me ver, daqui para a frente, não como o algoz, o inimigo do passado, mas como alguém que errou e, no momento atual, tenta se redimir dos erros.

Aloísio calou-se. Miguel, sem ter o que lhe responder, estendeu-lhe a mão e os dois se cumprimentaram. Só não viram o espírito de Ricardo que, silencioso, passou a mandar boas vibrações para os dois, saindo de lá com a certeza de que aquele passo era um começo para a libertação de Aloísio, que sairia da prisão de sentimentos que Miguel, com seus atos vis, impusera-lhe em sua encarnação passada. Era um começo de uma nova história entre os dois rumo a um futuro menos amargo.

E, com esses pensamentos, volitou até a porta de um pronto-atendimento na esfera umbralina. Após ser autorizado a entrar no local, foi à procura de Vânia, que conversava animadamente com uma amiga de trabalho. Ao vê-la, esboçou um sincero sorriso, dando-lhe um apertado abraço e comentando alegremente:

– Sabia que viria aqui hoje. Nosso jovem irmãozinho foi resgatado ontem, após tomar consciência de seus erros e pedir sincero perdão a Deus.

– Sabe que fico feliz com essa notícia. Poderei vê-lo?

– Sim. Ele está consciente de seus atos, à espera da caravana que passará hoje à noite, rumo à colônia São Benedito, onde se restabelecerá.

Vânia pegou no braço do amigo. Estava feliz em trabalhar naquele local, onde poderia ajudar o seu próximo, que ali chegava em precária situação moral e espiritual. Em poucos minutos, chegaram ao quarto que o jovem dividia com mais alguns espíritos resgatados na mesma diligência.

Ricardo aproximou-se de seu leito. O jovem estava magro, abatido, longe da beleza avassaladora de outrora, que lhe proporcionara perigosas conquistas amorosas. Vânia, ao ver o jovem fitando o desconhecido, tratou de lhe apresentar:

– Caio, este é Ricardo, um benevolente amigo que acompanhou sua vida na carne e que muito lhe quer bem.

Caio abriu um sorriso. A figura de Ricardo pareceu-lhe conhecida, mas não soube lhe dizer de onde.

– O senhor deve ser um anjo, não?

– Não, Caio! Sou apenas um amigo que guarda em seu coração acertos e erros, assim como você.

– Minha mãe falava a respeito de espíritos esclarecidos que ajudavam os encarnados no leito do hospital, mas eu sentia tanta dor que não conseguia entender ao certo do que se tratava. E, depois, achava que nenhum desses espíritos me ajudaria.

– E decerto se enganou, pois há sempre um mentor esperando o momento oportuno para ajudar seus tutelados. Basta que o mesmo deseje essa ajuda, o que não foi o seu caso. Desencarnou e teve de passar amargos anos de sofrimento para só depois pedir ajuda.

Caio lembrou-se do passado. Desde que desencarnara, procurava por Fernando. Achava que ele deveria ajudá-lo, uma vez que tiveram um envolvimento. Logo que os dois terminaram, Caio contraiu o vírus HIV e, após anos, a aids se manifestou.

Silvana, triste com a doença do filho, fez de tudo para que ele se voltasse para Deus, mas o jovem se rebelou ainda mais. Ela dizia que se tratava de uma doença regeneradora, necessária para frear os abusos do sexo.

Ricardo, ao ler os pensamentos do rapaz, pôs-se a esclarecê-lo:

– Silvana estava certa quanto ao esclarecimento sobre a sua doença. Quando o vírus HIV foi descoberto, achava-se que se tratava de uma doença exclusiva dos homossexuais, que era um castigo de Deus para os que se relacionavam com seus iguais, chegando a ser conhecida como a "peste gay", mas o tempo foi passando e via-se que não se tratava de tal castigo, mas de uma doença abençoada que viria justamente para frear os abusos ligados ao sexo. E, acredite, não importa qual seja a preferência sexual de um indivíduo. Quando se adquire tal síndrome, esta fica registrada na alma, o que, em encarnações futuras, leva o indivíduo a procurar ter um comportamento sexual voltado para o amor, e não para a libertinagem.

Ricardo calou-se. Caio passara por momentos difíceis e estava disposto a recomeçar. Após fazer uma prece, impôs suas mãos sobre a destra do rapaz e delas saíram feixes de luz azul-clara, que o fizeram adormecer. Em seguida, deixou o ambiente, agradecendo a Deus por mais aquela oportunidade de ajudar um espírito errante a perceber seus erros e planejar um futuro melhor.

CAPÍTULO XXIII

2008. A VIDA PEDE PASSAGEM...

O CREPÚSCULO que descia sobre a terra naquele dia prenunciava uma noite quente e estrelada, e foi olhando para o céu que Miguel entrou em um grande salão. O local ainda estava vazio, só com o vaivém de garçons e funcionários que repassavam as diferentes iluminações do lugar. No meio, uma grande passarela formava um "T", com várias cadeiras em volta.

– Miguel, que bom que chegou! Carlos está tendo um colapso. As modelos já chegaram e estão se maquiando, e nosso amigo teme a estreia como estilista. Só você para acalmá-lo.

Glória abriu um sorriso e o conduziu até o camarim, onde lindas moças conversavam animadamente. Ao ver Carlos diante de um espelho, ele foi ao seu encontro, dizendo:

– Glória me disse que está inseguro, mas por quê?

– Ah, Miguel, não sei! Sinto medo! E se não gostarem de nossa coleção?

– Deixe de ser pessimista. Você será um sucesso. Suas roupas são delicadas e modernas. Todos vão adorar.

– Também acho – interpelou Elisa, que, ao se aproximar e ouvir a conversa, colocou-se atrás do irmão e prosseguiu: – Você está subestimando Miguel. Meu irmãozinho tem faro para bons negócios. Se decidiu lançar uma marca para nossas lojas com a sua assinatura, sabe o que está fazendo.

Carlos olhou para Miguel e não ousou dizer mais nenhuma palavra. Elisa beijou o irmão e, em seguida, abraçou o amigo. Luiz entrou logo depois e eles ficaram em palestra animada.

Em pouco tempo os convidados foram chegando. Camila ajudou a maquiadora e os cabeleireiros com os penteados. Estava feliz com a ascensão profissional do filho.

Miguel foi à entrada do salão para receber os convidados. Ao ver Maíra e Adalberto entrarem de mãos dadas, cumprimentou-os alegremente. Adalberto, após dar uma breve olhada no local, comentou:

– Você é realmente um administrador nato. Sinto por ter desmembrado nossas lojas, pois fez com que a parte que coube a Luiz se tornasse uma grande potência no ramo do vestuário, e agora ousa ter uma confecção própria, lançando um estilista promissor.

– Não fiz nada de mais. Apenas observei os sinais que a vida me deu.

Maíra olhou com ternura para ele, que parecia visivelmente cansado e, ao lhe dar um leve beijo no rosto, falou-lhe ao ouvido:

– Sinto muito por tê-lo prejudicado no passado. Embora soubesse que você não teve culpa nenhuma pelo que aconteceu a minha irmã, não quis mais conviver com sua presença. Espero que possamos viver em harmonia daqui para a frente.

– E viveremos.

Miguel respondeu já em tom alto, pois acabavam de ligar o som, o que o fez se despedir do casal, que foi se sentar no lugar que lhe fora predestinado.

Na hora marcada, o locutor anunciou o começo do desfile e, em seguida, belas modelos desfilaram sob os olhares atentos da plateia e dos *flashes* dos fotógrafos. Uma por uma, foram mostrando a tendência da moda que, sob a ótica de Carlos, mandaria na estação outono-inverno.

Ao término do desfile, Carlos entrou de mãos dadas com duas modelos, em meio aos aplausos entusiasmados das pessoas, a maioria especialistas no assunto e que adoraram a coleção. Já estava para se virar quando seus olhos depararam com um senhor que o aplaudia de pé. Era seu pai, que, entusiasmado, batia palmas diante do sucesso do filho que ele abandonara por não suportar conviver com sua sexualidade. Com um misto de felicidade e emoção, voltou para o camarim e, ao ver sua mãe, foi logo dizendo:

– A senhora sabia que papai viria aqui hoje?

– Sim. Eu fui com Miguel até sua casa. Nós entregamos o convite e deixamos a decisão de querer conviver com você nas mãos dele.

Carlos abraçou a mãe e os dois extravasaram sua alegria. Quando voltaram ao salão, um coquetel estava sendo servido e, entre abraços e fotos para jornais e revistas de moda, passaram a noite.

Miguel despediu-se de todos, dando um abraço apertado em Luiz e lhe agradecendo por tudo o que ele lhe fizera. Em seguida, foi a vez de Elisa, que ele abraçou demoradamente.

Já era madrugada quando finalmente entrou em seu apartamento, acendendo todas as luzes. Olhou à sua volta. O belo imóvel, ricamente ornamentado com estilo e bom gosto, fê-lo sentir-se feliz, não por seus bens materiais, mas por tudo o que tinha ali representar sua alma. Cada móvel, cada objeto significavam que sua vida havia mudado.

Não era mais um coitado, uma vítima da sociedade preconceituosa que lhe impusera dor e sofrimento. Ao contrário, tornara-se um homem invejável por sua postura e timbre para os negócios. Ganhou a confiança e a credibilidade no mercado, não por sua sexualidade, mas por seu caráter. Mostrara a todos que poderia viver sua vida sexual sem que isso impedisse seu crescimento moral, espiritual e intelectual.

Pela primeira vez sentiu-se plenamente realizado. Andou tranquilamente pela ampla sala, e, passando diante de um porta-retratos com uma foto de Fernando, pegou-o. Em seguida, jogou-se na poltrona de couro onde, confortavelmente, costumava passar parte de seu tempo em meditação. Lembrou-se da cena do passado, quando passara a noite inteira remoendo sua revolta por ter perdido o emprego por causa de Aloísio, dizendo a si mesmo:

– O passado acabou. Você agora é feliz, e isso é o que importa.

Em seguida, passou delicadamente a mão sobre a foto de Fernando, que sorria, ficando a observá-la por várias horas.

O dia já ia clarear quando finalmente decidiu ir para o seu quarto. Ao levantar-se, sentiu uma dor aguda em seu peito e, num gesto extremo de dor, deu seu último suspiro.

EPÍLOGO

Alguns meses depois...

"NA VIDA nada fica sem respostas. Podemos ver o mundo e as pessoas da forma que achamos conveniente ou de acordo com nossas crenças e sentimentos, sejam eles positivos ou negativos e equivocados. O que não podemos nunca é julgar nosso semelhante, não somos juízes dos atos alheios, e sim de nossos próprios atos. Se encararmos a vida dessa forma, evitaremos problemas e ligações cármicas desnecessárias."

Miguel ouvia a preleção do instrutor da colônia atentamente. Era fim de tarde e sentia-se melancólico. Ao desencarnar, fora recebido por Judite e Antonio, que o levaram para um hospital de refazimento, onde meses depois acordou, ciente de sua condição como desencarnado.

Em pouco tempo, as reminiscências do passado afloraram em sua mente, tendo plena consciência de quem fora e do que fizera e, mais do que nunca, queria rever Fernando. Ao questionar Judite, esta lhe disse que ainda não era o momento para um reencontro e que ele deveria esperar com paciência o momento oportuno. Deveria aprender a viver a vida no astral e deixar o tempo agir por si só.

– Miguel, por que não vai dar uma volta no lago? Essa é a hora preferida de muitos que habitam esta colônia espiritual. O passeio vai lhe fazer bem.

Miguel olhou para o instrutor, que terminara sua bela explicação e que, vendo-o apático, tirou-o de sua meditação.

– Não, obrigado! – respondeu, com emoção na voz. – Estou neste lugar abençoado, onde a paz e a beleza reinam em cada canto; no entanto, sinto-me triste. Parece que falta um pedaço de mim. Eu não queria me sentir assim.

– Ora, meu irmão. É comum recém-desencarnados estarem de posse de tais sentimentos. O que não pode é deixá-los tomarem conta de seu espírito. Agora vá. Tenho certeza de que, se seguir meu conselho, voltará do passeio feliz.

Miguel levantou-se e, sem nada dizer, pôs-se a andar pelo gramado. À sua volta, flores de várias cores e espécies deixavam o local ainda mais encantador. Em poucos minutos, chegou ao lago. O sol estava se pondo e as águas límpidas ganhavam um tom alaranjado, proporcionando um espetáculo de rara beleza.

Sentiu uma leve brisa bater em seu rosto e, com ela, um perfume delicado o fez se lembrar de Fernando. Fechou os olhos como a guardar aquele momento em seu coração. Em seguida, lembrou-se do abraço apertado que Nando lhe dera, fazendo-o prometer que jamais se esqueceria daquele momento.

Ao abrir os olhos, não acreditou no que viu à sua frente. Do outro lado do lago estava Fernando a lhe sorrir e, com o coração aos saltos, correu ao seu encontro. Ao se aproximar, deu-lhe um abraço apertado.

Fernando sorria, sem nada dizer. Miguel pôs-se a contemplá-lo, sentindo uma irresistível vontade de beijá-lo. Fechou os olhos e não mais viu o rapaz a sua frente, e sim Marta, a bela Marta a quem amou verdadeiramente, aquela que o fizera mudar. Passara por uma encarnação dolorosa e, agora, sua recompensa estava ali.

Lembrou-se das palavras do instrutor, minutos atrás, e, com emoção, pôs-se a beijá-la carinhosamente. Em seguida, sentaram-se no gramado para observarem o crepúsculo que descia sobre a terra e, com o coração cheio de fé e esperança, passaram a fazer planos para o futuro, prometendo não mais se separarem.

Eles sabiam que aquele não era um final feliz, pois teriam outras provas a vencer e outras missões a cumprir até poderem, finalmente, viver em paz na morada do altíssimo.

Fim

IMPRESSÃO E ACABAMENTO
Bartira Gráfica e Editora S/A